OEUVRES COMPLÈTES.

DE M. LE VICOMTE

DE CHATEAUBRIAND.

TOME VI.

DE L'IMPRIMERIE DE CRAPELET,
RUE DE VAUGIRARD, N° 9.

ŒUVRES COMPLÈTES
DE M. LE VICOMTE
DE CHATEAUBRIAND,
MEMBRE DE L'ACADÉMIE FRANÇOISE.

TOME SIXIÈME.

ÉTUDES HISTORIQUES.

TOME III.

PARIS.

POURRAT FRÈRES, ÉDITEURS.

M. DCCC. XXXVI.

ÉTUDE SIXIÈME

ou

SIXIÈME DISCOURS

SUR LA CHUTE
DE L'EMPIRE ROMAIN,

LA NAISSANCE ET LES PROGRÈS

DU CHRISTIANISME
ET L'INVASION DES BARBARES.

PREMIÈRE PARTIE.

MOEURS DES BARBARES.

Tout ce qui se peut rencontrer de plus varié, de plus extraordinaire, de plus féroce dans les coutumes des Sauvages, s'offrit aux yeux de Rome : elle vit, d'abord successivement, et ensuite tout à la fois, dans le cœur et dans les provinces de son empire, de petits hommes maigres et basanés ou des espèces de géants aux yeux verts [1], à la chevelure

---

[1] .... Tum lumine glauco
Albet aquosa acies.................
(APOLLIN., *in Paneg. Major.*)

blonde lavée dans l'eau de chaux, frottée de beurre aigre ou de cendres de frêne[1]; les uns nus, ornés de colliers, d'anneaux de fer, de bracelets d'or; les autres couverts de peaux, de sayons, de larges braies, de tuniques étroites et bigarrées[2]; d'autres encore la tête chargée de casques faits en guise de mufles de bêtes féroces[3]; d'autres encore le menton et l'occiput rasés[4], ou portant longues barbes et moustaches. Ceux-ci s'escrimoient à pied avec des massues, des maillets, des marteaux, des framées, des angons à deux crochets, des haches à deux tranchants[5], des frondes, des flèches armées

[1] Calcis enim lixivia frequenter capillos lavant.
(Diod., lib. v.)

Infundens acido comam butyro...
(Apollin., carm. xii.)

[2] Strictius assuetæ vestes procera coercent. (*Franci.*)
Membra virum, patet his altato tegmine poples. (*Ibid.*)

Coloratis sagulis pube tenus amictu.
(Amm., lib. xiv, cap. iv.)

[3] Tous les cavaliers cimbres avoient des casques en forme de gueules ouvertes et de mufles de toutes sortes de bêtes étranges et épouvantables, et, les rehaussant par des panaches faits comme des ailes, et d'une hauteur prodigieuse, ils paroissoient encore plus grands. Ils étoient armés de cuirasses de fer très brillantes, et couverts de boucliers tout blancs. (Plut., *in Mar.*)

[4] Ad frontem coma tracta jacet, nudata cervix
Setarum per summa nitet.
(Apollin., *in Paneg. Major.*)

[5] Ancipitibus, securibus et angonibus præcipue rem gerunt (Franci); sunt vero angones hastæ quædam neque admodum parvæ, neque admodum magnæ ad jactu feriendum, sic ubi opus fuerit, et ubi cominus collato pede confligendum est, impetusque faciendus, accommodatæ. Hæ pleraque sui parti ferro sunt obductæ, ita ut perparum ligni a laminis ferreis nudum conspiciatur, atque adeo vix totæ imæ hastæ cuspis. (Agath., *Hist.*, lib. ii.)

d'os pointus[1], des filets et des lanières de cuir[2], de courtes et de longues épées; ceux-là enfourchoient de hauts destriers bardés de fer[3], ou de laides et chétives cavales, mais rapides comme des aigles[4]. En plaine, ces hommes hostoyoient éparpillés[5], ou formés en coin[6], ou roulés en masse; parmi les bois, ils montoient sur les arbres, objets de leur culte, et combattoient[7] portés sur les épaules et dans les bras de leurs dieux.

Des volumes suffiroient à peine au tableau des mœurs et des usages de tant de peuples.

Les Agathyrses, comme les Pictes, se tachetoient le corps et les cheveux d'une couleur bleue, les

---

[1] Sola in sagittis spes, quas inopia ferri ossibus asperant. (TAC., *de Mor. Ger.*) Missilibus telis acutis ossibus arte mira coagmentatis. (AMM., lib. XXXI, cap. II.)

[2] Contortis laciniis illigant, ut laqueatis resistentium membris equitandi vel gravandi adimant facultatem. (AMM., lib. XXXI, cap. II.) Laqueis interceperunt hostes, trahendo conficere. (POMP. MEL., lib. I, *cap. ult.*)

[3] Ceux-là enfourchoient de hauts destriers bardés de fer. (*Panegyr. veter.*, VI-VII, p. 138, 166, 167.) On voit ici que l'armure complète de fer, empruntée des Perses par les Romains, étoit connue bien avant la chevalerie. Il en est ainsi d'une foule d'autres usages qu'on a placés trop bas dans les siècles.

[4] Equis...... duris..... sed deformibus. (AMM., lib. XXXI, cap. II.)

[5] Et his artibus Hunni Gothis superiores evasere, partim enim circumequitando, partim excurrendo et opportune retrocedendo, jaculantes ex equis maximam Gothorum cædem fecere. (*Teste* ZOSIMO, p. 747; VALES. *Annot. in Amm.*, lib. XXXI, cap. II, p. 475.)

[6] Acies per cuneos componitur. (TAC.; *de Mor. Germ.*, cap. VI.)

[7] Molientibus hostium rari apparuere, qui conjunctis arborum truncis..... velut e fastigiis turrium, sagittas tormentorum ritu effudere... (GREG. TUR., lib. II, cap. IX; HERODIAN, lib. VII, cap. V.)

gens d'une moindre espèce portoient leurs mouchetures rares et petites ; les nobles les avoient larges et rapprochées [1].

Les Alains ne cultivoient point la terre ; ils se nourrissoient de lait et de la chair des troupeaux ; ils erroient avec leurs chariots d'écorces, de déserts en déserts. Quand leurs bêtes avoient consommé tous les herbages, ils remettoient leurs villes sur leurs chariots, et les alloient planter ailleurs [2]. Le lieu où ils s'arrêtoient devenoit leur patrie [3]. Les Alains étoient grands et beaux ; ils avoient la chevelure presque blonde, et quelque chose de terrible et de doux dans le regard [4]. L'esclavage étoit inconnu chez eux ; ils sortoient tous d'une source libre [5].

Les Goths, comme les Alains, de race scandinave, leur ressembloient ; mais ils avoient moins contracté les habitudes slaves, et ils inclinoient plus à la civilisation. Apollinaire a peint un conseil de vieillards goths. « Selon leur ancien usage, « leurs vieillards se réunissent au lever du soleil ; « sous les glaces de l'âge, ils ont le feu de la jeu- « nesse. On ne peut voir sans dégoût la toile qui « couvre leur corps décharné ; les peaux dont ils

---

[1] Agathyrsi interstincti colore cæruleo corpora simul et crines, et humiles quidem minutis atque raris, nobiles vero latis, fucatis et densioribus notis. (Amm. Marc., lib. xxxi, cap. ii.)

[2] Velut carpentis civitates impositas vehunt. (Amm. Marcell., lib. xiii, cap. ii.)

[3] Quocumque ierint illic genuinum existimant larem. (*Id., ibid.*)

[4] Crinibus mediocriter flavis, oculorum temperata torvitate, terribiles. (*Id., ibid.*).

[5] Le latin dit plus : *Omnes generoso semine procreati*. (Id., ibid.)

« sont vêtus leur descendent à peine au-dessous du
« genou. Ils portent des bottines de cuir de cheval,
« qu'ils attachent par un simple nœud au milieu de
« la jambe, dont la partie supérieure reste décou-
« verte [1]. » Et pourquoi ces Goths étoient-ils assemblés? pour s'indigner de la prise de Rome par un
Vandale, et pour élire un empereur romain!

Le Sarrasin, ainsi que l'Alain, étoit nomade;
monté sur son dromadaire, vaguant dans des solitudes sans bornes, changeant à chaque instant de
terre et de ciel, sa vie n'étoit qu'une fuite [2].

Les Huns parurent effroyables aux Barbares eux-
mêmes; ils considéroient avec horreur ces cavaliers au cou épais, aux joues déchiquetées, au visage noir, aplati et sans barbe, à la tête en forme
de boule d'os et de chair, ayant dans cette tête des
trous plutôt que des yeux [3], ces cavaliers dont la
voix étoit grêle et le geste sauvage. La renommée
les représentoit aux Romains comme des bêtes
marchant sur deux pieds, ou comme ces effigies
difformes que l'antiquité plaçoit sur les ponts [4]. On
leur donnoit une origine digne de la terreur qu'ils

---

[1] APOLL., *in Avit*.

[2] Errant semper per spatia longe, lateque distenta... Nec idem perferunt diutius cœlum, aut tractus unius soli illis unquam placet. Vita est illis semper in fuga. (AMM. MARC., lib. XIV, cap. V.)

[3] Eo quod erat eis species pavenda nigredine, sed velut quæ-dam (si dici fas est) deformis offa, non facies, habensque magis puncta quam lumina..... nam maribus ferro genas secant..... hinc imberbes senescunt. (JORNAND., *de reb. Get.*, cap. XXIV.) Ubi quoniam ab ipsis nascendi primitiis infantum ferro sulcantur altius genæ. (AMM. MARCELL.)

[4] Prodigiosæ formæ et pandi, ut bipedes existimes bestias, vel

inspiroient : on les faisoit descendre de certaines sorcières appelées *Aliorumna*, qui, bannies de la société par le roi des Goths Félimer, s'étoient accouplées dans les déserts avec les démons [1].

Différents en tout des autres hommes, les Huns n'usoient ni de feu, ni de mets apprêtés; ils se nourrissoient d'herbes sauvages et de viandes demi-crues, couvées un moment entre leurs cuisses ou échauffées entre leur siége et le dos de leurs chevaux [2]. Leurs tuniques, de toile colorée et de peaux de rats des champs, étoient nouées autour de leur cou; ils ne les abandonnoient que lorsqu'elles tomboient en lambeaux [3]. Ils enfonçoient leur tête dans des bonnets de peau arrondis, et leurs jambes velues dans des tuyaux de cuir de chèvre [4]. On eût

quales in commarginandis pontibus effigiati stipites dolantur incompte. (AMM., lib. XXXI, cap. II.)

[1] Sicut a nobis dictum est, reperit in populo suo (Filimer, rex Gothorum) quasdam magas mulieres quas patrio sermone *Aliorumnas* is ipse cognominat, easque habens suspectas de medio sui proturbat, longeque ab exercitu suo fugatas in solitudinem coegit terræ. Quas spiritus immundi per eremum vagantes dum vidissent, et earum se complexibus in coitu miscuissent, genus hoc ferocissimum edidere. (JORNAND., cap. XXIV.)

[2] In hominum autem figura licet insuavi ita viri sunt asperi, ut neque igni, neque saporatis indigeant cibis, sed radicibus herbarum agrestium et semicruda cujusvis pecoris carne vescantur, quam inter femora sua et equorum terga subsertam, fotu calefaciunt brevi. (AMM., lib. XXXI, cap. II.)

[3] Indumentis operiuntur linteis, vel ex pellibus silvestrium murium consarcinatis..... Sed semel obsoleti coloris tunica collo inserta non ante deponitur aut mutatur, quam diuturna carie in pannulos defluxerit defrustata. (AMM., lib. XXXI, cap. II.)

[4] Galeris incurvis capita tegunt, hirsuta crura coriis munientes hædinis. (*Id., ibid.*) S. Jérôme appelle ces bonnets des tiares, *tiaras galeis.* (*In epitaph. Nepot.*)

dit qu'ils étoient cloués sur leurs chevaux, petits et mal formés, mais infatigables. Souvent ils s'y tenoient assis comme des femmes; ils y traitoient d'affaires, délibérant, vendant, achetant, buvant, mangeant, dormant sur le cou étroit de leur bête, s'y livrant dans un profond sommeil à toutes sortes de songes [1].

Sans demeure fixe, sans foyer, sans lois, sans habitudes domestiques, les Huns erroient avec les chariots qu'ils habitoient. Dans ces huttes mobiles, les femmes façonnoient leurs vêtements, s'abandonnoient à leurs maris, accouchoient, allaitoient leurs nourrissons jusqu'à l'âge de puberté. Nul, chez ces générations ne pouvoit dire d'où il venoit, car il avoit été conçu loin du lieu où il étoit né, et élevé plus loin encore [2]. Cette manière de vivre dans des voitures roulantes étoit en usage chez beaucoup de peuples, et notamment parmi les

---

[1] Verum equis prope affixi duris quidem, sed deformibus, et muliebriter iisdem nonnunquam insidentes funguntur muneribus consuetis. Ex ipsis quivis in hac natione pernox et per dies emit et vendit, cibumque sumit et potum, et inclinatus cervici angustæ jumenti, in altum soporem adusque varietatem effunditur somniorum. (*Id., ibid.*)

    Nec plus nubigenas duplex natura biformes
    Cognatis aptavit equis. . . . .
                     (CLAUDIAN., *in Ruf., de Hunn.*, lib. I.)

[2] Omnes enim sine sedibus fixis, absque lare vel lege aut ritu stabili dispalantur, semper fugientium similes cum carpentis in quibus habitant: ubi conjuges tetra illis vestimenta contexunt, et coeunt cum maritis, et pariunt et adusque pubertatem nutriunt pueros. Nullusque apud eos interrogatus respondere unde oritur potest, alibi conceptus, natusque procul, et longius educatus. (*Id., ibid.*)

Franks. Majorien surprit un parti de cette nation :
« Le coteau voisin retentissoit du bruit d'une noce;
« les ennemis célébroient en dansant, à la manière
« des Scythes, l'hymen d'un époux à la blonde che-
« velure. Après la défaite on trouva les préparatifs
« de la fête errante, les marmites, les mets des
« convives, tout le régal prisonnier et les odorantes
« couronnes de fleurs. . . . . Le vainqueur
« enleva le chariot de la mariée [1]. »

Sidoine est un témoin considérable des mœurs
des Barbares dont il voyoit l'invasion. « Je suis,
« dit-il, au milieu des peuples chevelus, obligé d'en-
« tendre le langage du Germain, d'applaudir, avec
« un visage contraint, au chant du Bourguignon
« ivre, les cheveux graissés avec du beurre acide.....
« Heureux vos yeux, heureuses vos oreilles, qui ne
« les voient et ne les entendent point! heureux
« votre nez, qui ne respire pas dix fois le matin
« l'odeur empestée de l'ail et de l'ognon [2]! »

---

[1] . . . . fors ripæ colle propinquo,
Barbaricus resonabat hymen, scythicisque choreis
Erudebat flavo similis nova nupta marito.
. . . .
Barbarici vaga festa tori convictaque passim
Fercula captivasque dapes, cirroque madente
Ferre coronatos redolentia serta lebetes,
. . . . rapit esseda victor
Nubentemque nurum. . . . .
(APOLLIN., *in Panegyr. Major.*)

[2] Inter crinigenas situm catervas,
Et germanica verba sustinentem,
Laudantem tetro subinde vultu,
Quos Burgundio cantat esculentus,
Infundens acido comam butyro?

Tous les Barbares n'étoient pas aussi brutaux. Les Franck, mêlés depuis long-temps aux Romains, avoient pris quelque chose de leur propreté et de leur élégance. « Le jeune chef marchoit à pied au « milieu des siens ; son vêtement d'écarlate et de « soie blanche étoit enrichi d'or ; sa chevelure et « son teint avoient l'éclat de sa parure. Ses com- « pagnons portoient pour chaussure des peaux de « bêtes garnies de tous leurs poils ; leurs jambes « et leurs genoux étoient nus ; les casaques bigar- « rées de ces guerriers montoient très haut, serroient « les hanches et descendoient à peine au jarret ; les « manches de ces casaques ne dépassoient pas le « coude. Par-dessous ce premier vêtement se voyoit « une saie de couleur verte bordée d'écarlate, puis « une rhénone fourrée, retenue par une agrafe [1]. « Les épées de ces guerriers se suspendoient à un « étroit ceinturon, et leurs armes leur servoient « autant d'ornement que de défense : ils tenoient « dans la main droite des piques à deux crochets « ou des haches à lancer ; leur bras gauche étoit « caché par un bouclier aux limbes d'argent et à la « bosse dorée [2]. » Tels étoient nos pères.

Sidoine arrive à Bordeaux, et trouve auprès d'Euric, roi des Visigoths, divers Barbares qui su-

>Felices oculos tuos et aures,
>Felicemque libet vocare nasum,
>Cui non allia sordidæque cepæ
>Ruetant mane novo decem apparatus.
>(APOLLIN., carm. XII.)

[1] Sorte de manteau en usage chez les peuples des bords du Rhin.
[2] APOLLIN., lib. IV, *Epist. ad Domnit.*

bissoient le joug de la conquête. « Ici se présente le Saxon aux yeux d'azur : ferme sur les flots, il chancelle sur la terre. Ici l'ancien Sicambre, à l'occiput tondu, tire en arrière, depuis qu'il est vaincu, ses cheveux renaissants sur son cou vieilli; ici vagabonde l'Hérule aux joues verdâtres, qui laboure le fond de l'Océan, et dispute de couleur avec les algues; ici le Bourguignon, haut de sept pieds, mendie la paix en fléchissant le genou [1]. »

Une coutume assez générale chez tous les Barbares, étoit de boire la cervoise (la bière), l'eau, le lait et le vin dans le crâne des ennemis. Étoient-ils vainqueurs, ils se livroient à mille actes de férocité; les têtes des Romains entourèrent le camp de Varus, et les centurions furent égorgés sur les autels de la divinité de la guerre [2]. Étoient-ils vaincus, ils tournoient leur fureur contre eux-mêmes. Les compagnons de la première ligue des Cimbres

[1] Istic Saxona cærulum videmus,
Assuetum ante salo, solum timere.
Hic tonso occipiti, senex Sicamber,
Postquam victus est, elicit retrorsum
Cervicem ad veterem novos capillos :
Hic glaucis Herulus genis vagatur,
Imos Oceani colens recessus,
Algoso prope concolor profundo.
Hic Burgundio septipes frequenter
Flexo poplite supplicat quietem.
(APOLLIN., lib. VIII, epist. IX.)

[2] Medio campi albentia ossa, ut fugerant, ut restiterant, disjecta vel aggerata. Adjacebant fragmina telorum, equorumque artus, simul truncis arborum antefixa ora; lucis propinquis barbaræ aræ, apud quas tribunos, ac primorum ordinum centuriones mactaverant et cladis ejus superstites, pugnam aut vincula elapsi, referebant, hic cecidisse legatos, illic raptas aquilas. (TACIT., Ann. 1, 61.)

que défit Marius, furent trouvés sur le champ de bataille attachés les uns aux autres ; ils avoient voulu impossibilité de reculer et nécessité de mourir. Leurs femmes s'armèrent d'épées et de haches ; hurlant, grinçant des dents de rage et de douleur, elles frappoient et Cimbres et Romains, les premiers comme des lâches, les seconds comme des ennemis ; au fort de la mêlée, elles saisissoient avec leurs mains nues les épées tranchantes des légionnaires, leur arrachoient leurs boucliers, et se faisoient massacrer. Sanglantes, échevelées, vêtues de noir, on les vit, montées sur les chariots, tuer leurs maris, leurs frères, leurs pères, leurs fils, étouffer leurs nouveau-nés, les jeter sous les pieds des chevaux et se poignarder. Une d'entre elles se pendit au bout du timon de son chariot, après avoir attaché par la gorge deux de ses enfants à chacun de ses pieds. Faute d'arbres pour se procurer le même supplice, le Cimbre vaincu se passoit au cou un lacs coulant, nouoit le bout de la corde de ce lacs aux jambes ou aux cornes de ses bœufs : ce laboureur d'une espèce nouvelle, pressant l'attelage avec l'aiguillon, ouvroit sa tombe.[1]

On retrouvoit ces mœurs terribles parmi les Barbares du cinquième siècle. Leur cri de guerre faisoit palpiter le cœur du plus intrépide Romain : les Germains poussoient ce cri sur le bord de leurs boucliers appliqués contre leurs bouches[2].

[1] Plut., *in Vit. Marii.*
[2] Nec tam voces illæ quam virtutis concentus videntur. Adfectatur præcipue asperitas soni, et fractum murmur objectis ad os

Le bruit de la corne des Goths étoit célèbre; j'en ai parlé.

Avec des ressemblances et des différences de coutumes, ces peuples se distinguoient les uns des autres par des nuances de caractères : « Les Goths « sont fourbes, mais chastes, dit Salvien; les Alla- « mans, impudiques, mais sincères; les Franks, men- « teurs, mais hospitaliers; les Saxons, cruels, mais « ennemis des voluptés [1]. » Le même auteur fait aussi l'éloge de la pudicité des Goths, et surtout de celle des Vandales. Les Taïfales, peuplade de la Dacie, péchoient par le vice contraire. Chez eux, les jeunes garçons étoient forcés de se marier par contrat avec des hommes : la fleur de leur jeunesse se consumoit dans ces exécrables unions; ils ne pouvoient être délivrés de ces incestes qu'après avoir tué un sanglier ou un ours [2].

Les Huns, perfides dans les trèves, étoient dévorés de la soif de l'or. Abandonnés à l'instinct des brutes, ils ignoroient l'honnête et le déshonnête. Obscurs dans leur langage, libres de toute religion et de toute superstition, aucun respect divin ne les

scutis, quo plenior et gravior vox repercussu intumescat. (Tacit., *de Mor. Germ.*, III.)

[1] Gothorum gens perfida, sed pudica est : Alamanorum impudica, sed minus perfida : Franci mendaces, sed hospitales; Saxones crudelitate efferi, sed castitate mirandi. (Salvian., *de Gubern. Dei*, lib. VII, pag. 256. Parisiis, 1608.)

[2] Ut apud eos nefandi concubitus fœdere copulentur maribus puberes; ætatis viriditatem in eorum pollutis usibus consumpturi. Porro si quis jam adultus aprum exceperit solus, vel interemerit ursum immanem, colluvione liberatur incesti. (Amm., lib. XXXI, cap. IX.)

enchaînoit. Colères et capricieux, dans un même jour ils se séparoient de leurs amis sans qu'on eût rien dit pour les irriter, et leur revenoient sans qu'on eût rien fait pour les adoucir [1].

Quelques-unes de ces races étoient anthropophages. Un Sarrasin tout velu et nu jusqu'à la ceinture, poussant un cri rauque et lugubre, se précipite, le glaive au poing, parmi les Goths arrivés sous les murs de Constantinople après la défaite de Valens; il colle ses lèvres au gosier de l'ennemi qu'il avoit blessé, et en suce le sang aux regards épouvantés des spectateurs [2]. Les Scythes de l'Europe montroient ce même instinct du furet et de la hyène [3] : saint Jérôme avoit vu dans les Gaules les Atticotes, horde bretonne, qui se nourrissoient de chair humaine : quand ils rencontroient dans les bois des troupeaux de porcs et d'autre bétail, ils coupoient les mamelles des bergères et les parties les plus succulentes des pâtres, délicieux festin pour eux [4]. Les Alains arrachoient la tête de l'ennemi

---

[1] Amm. Marcell., lib. xxxi, cap. ii.

[2] Ex ea enim crinitus quidam, nudus omnia præter pubem, subraucum et lugubre strepens, educto pugione agmini se medio Gothorum inseruit, et interfecti hostis jugulo labra admovit, effusumque cruorem exsuxit. (Amm., lib. xxxi, cap. xvi.)

[3] Ipsis ex vulneribus ebibere. (Pomp. Mela, de Scyth. Europ., lib. ii, cap. i.)

[4] Quid loquar de cæteris nationibus, quum ipse adolescentulus in Gallia viderim Atticotos, gentem britannicam, humanis vesci carnibus; et quum per silvas porcorum greges et armentorum pecudumque reperiant, pastorum *nates* et feminarum, et *papillas* solere abscindere, et has solas ciborum delicias arbitrari? (S Hieron., tom. iv, pag. 201; *adv. Jovin.*, lib. ii.)

abattu, et de la peau de son cadavre ils caparaçonnoient leurs chevaux[1]. Les Budins et les Gelons se faisoient aussi des vêtements et des couvertures de cheval avec la peau des vaincus[2], dont ils se réservoient la tête[3]. Ces mêmes Gelons se découpoient les joues ; un visage tailladé, des blessures qui présentoient des écailles livides surmontées d'une crête rouge, étoient le suprême honneur[4].

L'indépendance étoit tout le fond d'un Barbare, comme la patrie étoit tout le fond d'un Romain, selon l'expression de Bossuet. Être vaincu ou enchaîné paroissoit à ces hommes de batailles et de solitudes chose plus insupportable que la mort : rire en expirant étoit la marque distinctive du héros. Saxon le grammairien dit d'un guerrier : « Il « tomba, rit et mourut[5]. » Il y avoit un nom particulier dans les langues germaniques pour désigner ces enthousiastes de la mort : le monde devoit être la conquête de tels hommes.

Les nations entières, dans leur âge héroïque, sont poëtes : les Barbares avoient la passion de la

---

[1] Interfectorum avulsis capitibus detractas pelles pro phaleris jumentis accommodant bellatoriis. (AMM. MARC., lib. XXI, cap. II.)

[2] Budini sunt et Geloni perquam feri, qui detractis cutibus hostium indumenta sibi, equisque tegmina conficiunt. (*Id., ibid.*)

[3] Illos, reliqui corporis; se, capitum..... (POMP. MELA, lib. XI, cap. IV.)

[4]   Illustri jam tum donatur celsus honore,
   Squameus et rutilis etiamnum livida crestis
   Ora gerens........
        (APOLLIN., *in Paneg. Avit.*, v. 241.)

[5] MALLET, *Introd. à l'Hist. du Danem.*, cap. XIX; SAX. GRAMM.

musique et des vers ; leur muse s'éveilloit aux combats, aux festins et aux funérailles. Les Germains exaltoient leur dieu Tuiston [1] dans de vieux cantiques : lorsqu'ils s'ébranloient pour la charge, ils entonnoient en chœur le Bardit, et de la manière plus ou moins vigoureuse dont cet hymne retentissoit, ils présageoient le destin futur du combat [2].

Chez les Gaulois, les Bardes étoient chargés de transmettre le souvenir des choses dignes de louanges [3].

Jornandès raconte qu'à l'époque où il écrivoit, on entendoit encore les Goths répéter les vers consacrés à leur législateur [4]. Au banquet royal d'Attila, deux Gépides célébrèrent les exploits des anciens guerriers : ces chansons de la gloire attablée animoient d'un attendrissement martial le visage des convives. Les cavaliers qui exécutoient autour du cercueil du héros tartare une espèce de tournoi funèbre, chantoient : « C'est ici Attila, roi des Huns;
« engendré par son père Mundzuch. Vainqueur des
« plus fières nations, il réunit sous sa puissance la
« Scythie et la Germanie, ce que nul n'avoit fait
« avant lui. L'une et l'autre capitale de l'empire
« romain chanceloient à son nom : apaisé par leur
« soumission, il se contenta de les rendre tribu-

---

[1] Celebrant carminibus antiquis Tuistonem Deum.

[2] Sunt illis hæc quoque carmina quorum relatu, quem *Barditum* vocant, accendunt animos, futuræque pugnæ fortunam ipso cantu augurantur. (Tac., *de Mor. Germ.*, iii.)

[3] Bardi, qui de laudationibus rebusque poeticis student. (Strab., lib. vi.)

[4] Jornand., lib. viii.

« taires. Attila, aimé jusqu'au bout du destin, a fini
« ses jours, non par le fer de l'ennemi, non par la
« trahison domestique, mais sans douleur, au mi-
« lieu de la joie. Est-il une plus douce mort que
« celle qui n'appelle aucune vengeance[1]? »

Un manuscrit originaire de l'abbaye de Fulde, maintenant à Cassel[2], a par hasard sauvé de la destruction le fragment d'un poëme teutonique qui réunit les noms d'Hildebrand, de Théodoric, d'Hermanric, d'Odoacre et d'Attila. Hildebrand, que son fils ne veut pas reconnoître, s'écrie : « Quelle des-
« tinée est la mienne! J'ai erré hors de mon pays
« soixante hivers et soixante étés, et maintenant il
« faut que mon propre enfant m'étende mort avec
« sa hache, ou que je sois son meurtrier. »

L'Edda (l'aïeule), recueil de la mythologie scandinave, les Sagga ou les traditions historiques des mêmes pays, les chants des Scaldes rappelés par Saxon le grammairien, ou conservés par Olaüs Wormius, dans sa *Littérature runique*, offrent une multitude d'exemples de ces poésies. J'ai donné ailleurs une imitation du poëme lyrique de Lod-

---

[1] Præcipuus Hunnorum rex Attila, patre genitus Mundzucco, fortissimarum gentium dominus, qui inaudita ante se potentia solus scythica et germanica regna possedit, nec non utraque romanæ urbis imperia captis civitatibus terruit, et ne præda reliqua subderent, placatus precibus, annuum vectigal accepit. Quumque hæc omnia proventu felicitatis egerit, non vulnere hostium, non fraude suorum, sed gente incolumi inter gaudia lætus, sine sensu doloris occubuit. Quis ergo hunc dicat exitum, quem nullus æstimat vindicandum? (JORNAND., cap. XLV.)

[2] Voyez ci-après la note 1, pag. 18.

brog, guerrier scalde et pirate. « Nous avons com-
« battu avec l'épée. . . . . Les aigles
« et les oiseaux aux pieds jaunes poussoient des cris
« de joie. . . . . Les vierges ont pleuré
« long-temps. . . . . Les heures de la
« vie s'écoulent : nous sourirons quand il faudra
« mourir[1]. » Un autre chant tiré de l'Edda reproduit la même énergie et la même férocité.

Hogni et Gunar, deux héros de la race des Nifflungs, sont prisonniers d'Attila. On demande à
Gunar de révéler où est le trésor des Nifflungs,
et d'acheter sa vie pour de l'or.

Le héros répond :

« Je veux tenir dans ma main le cœur d'Hogni,
« tiré sanglant de la poitrine du vaillant héros, arra-
« ché avec un poignard émoussé du sein de ce fils
« de roi.

« Ils arrachèrent le cœur d'un lâche qui s'appe-
« loit Hialli ; ils le posèrent tout sanglant sur un
« plat et l'apportèrent à Gunar.

« Alors Gunar, ce chef du peuple, chanta : « Ici je
« vois le cœur sanglant d'Hialli ; il n'est pas comme
« le cœur d'Hogni le brave ; il tremble sur le plat où

---

[1] *Martyrs,* liv. VI.

Pugnavimus ensibus. . . . .
. . . .
Vitæ elapsæ sunt horæ ;
Ridens moriar.

Le texte scandinave de cette ode a été publié en lettres runiques
par Wormius, *Litt. run.*, p. 197, et transporté dans le recueil de
Biorner : elle a ving-neuf strophes.

« il est placé; il trembloit la moitié davantage quand
« il étoit dans le sein du lâche. »

« Quand on arracha le cœur d'Hogni de son sein
« il rit; le guerrier vaillant ne songea pas à gémir.
« On posa son cœur sanglant sur un plat, et on le
« porta à Gunar.

« Alors ce noble héros, de la race des Nifflungs,
« chanta : « Ici je vois le cœur d'Hogni le brave; il
« ne ressemble pas au cœur d'Hialli le lâche; il
« tremble peu sur le plat où on l'a placé; il trem-
« bloit la moitié moins quand il étoit dans la poi-
« trine du brave.

« Que n'es-tu, ô Atli (Attila), aussi loin de mes
« yeux que tu le seras toujours de nos trésors! En ma
« puissance est désormais le trésor caché des Nif-
« flungs; car Hogni ne vit plus.

« J'étois toujours inquiet quand nous vivions tous
« les deux; maintenant je ne crains rien; je suis
« seul [1]. »

Ce dernier trait est d'une tendresse sublime.

---

[1] Je dois ce chant, tiré de l'Edda, et le fragment du poëme épique du manuscrit de Fulde, à M. Ampère, dont j'ai parlé dans la préface de ces Études. On sera bien aise d'entendre ce jeune littérateur, plein de savoir et de talent, sur un genre d'étude qu'il a approfondi, et qui manquoit à la France. Mon travail auroit paru moins aride aux lecteurs, si j'avois toujours pu l'enrichir de morceaux pareils à celui qui va terminer cette note.

« La grande famille des nations germaniques (c'est M. Ampère
« qui parle) peut se diviser en trois branches, la branche gothi-
« que, la branche teutonique et la branche scandinave.

« Il ne reste d'autre monument des langues gothiques que la
« traduction de la Bible par Ulphilas.

« Un plus ancien monument des langues teutoniques est un

Ce caractère de la poésie héroïque primitive est le même parmi tous les peuples barbares; il se

« fragment épique conservé dans un manuscrit contenant le livre
« de la Sagesse et quelques autres traités religieux. Ce manuscrit,
« originaire de l'abbaye de Fulde, est maintenant à Cassel, où je
« l'ai vu. Dans l'intérieur de la couverture, une main inconnue
« avoit tracé le fragment dont je parle, le tout du huitième siècle
« ou de la première moitié du neuvième *. Les personnages qui
« paroissent dans ce court morceau, ceux dont on parle, leur si-
« tuation respective, et les événements auxquels il est fait allusion,
« tout cela appartient à ce grand cycle épique de l'ancienne poésie
« allemande, dont les *Niebelungen* et *le Livre des Héros* sont des re-
« fontes plus modernes. Cette page du manuscrit de Cassel est
« donc le plus ancien et le plus curieux débris de ce cycle. Il
« nous intéresse à double titre, car ce monument germanique est
« pour nous un monument national. La langue dans laquelle il est
« écrit est le haut allemand, dont l'idiome des Francs étoit un
« dialecte. Ce morceau faisoit probablement partie de ces poëmes
« *barbares et déjà très anciens* au commencement du neuvième
« siècle, que Charlemagne avoit fait recueillir, et transcrits de sa
« propre main **.

« Ce fragment contient le récit d'une rencontre entre deux
« guerriers du cycle dont j'ai parlé : le vieil Hildebrand et son
« fils Hadebrand. Hildebrand est l'ami, le mentor du héros par
« excellence, de Théodoric. Selon la légende, et non pas selon
« l'histoire, Théodoric avoit été forcé de laisser son royaume aux
« mains d'Hermanric, qui, à l'instigation d'Odoacre, s'en étoit em-
« paré. Le héros fugitif avoit trouvé un asile chez le roi des Huns,
« Attila. Ainsi s'étoit groupé, d'une manière fabuleuse, le souvenir
« de ces quatre noms historiques restés confusément dans la mé-
« moire des peuples. L'usurpateur étant mort, Théodoric revenoit
« dans ses états avec le vieil Hildebrand, quand celui-ci rencontre
« son fils Hadebrand, qui étoit resté à *Bern* (Vérone). Ils ne se
« connoissoient ni l'un ni l'autre. Ici commence le fragment dont
« le grand style rappelle l'école homérique. »

Grimm die Beyden ältesten deutschen gedichte. Cassel, 1812, pag. 35.
** L'opinion si souvent énoncée que Charlemagne ne savoit pas écrire pourroit bien être une fable. Voici ce que dit de lui un contemporain : *Item
barbara et antiquissima carmina quibus veterum actus et bella cantabantur scripsit
memoriæque mandavit.* (EGINH., *Vita Car. Magni*, cap. XXIX.)

retrouve chez l'Iroquois qui précéda la société dans les forêts du Canada, comme chez le Grec redevenu

« J'ai ouï dire que se provoquèrent dans une rencontre Hildebrand et Hadebrand, le père et le fils. Alors les héros arrangèrent leur sarrau* de guerre, se couvrirent de leur vêtement de bataille, et par-dessus ceignirent leurs glaives. Comme ils lançoient les chevaux pour le combat, Hildebrand, fils d'Herebrand, parla : c'étoit un homme noble, d'un esprit prudent. Il demanda brièvement qui étoit son père parmi la race des hommes, ou: De quelle famille es-tu? Si tu me l'apprends je te donnerai un vêtement de guerre à triple fil; car je connois, ô guerrier! toute la race des hommes.

« Hadebrand, fils d'Hildebrand, répondit : Des hommes vieux et sages dans mon pays, qui maintenant sont morts, m'ont dit que mon père s'appeloit Hildebrand : je m'appelle Hadebrand. Un jour il s'en alla vers l'est; il fuyoit la haine d'Odoacre (Othachr); il étoit avec Théodoric (Theothrich) et un grand nombre de ses héros. Il laissa seuls, dans son pays, sa jeune épouse, son fils encore petit, ses armes qui n'avoient plus de maître; il s'en alla du côté de l'est. Depuis, quand commencèrent les malheurs de mon cousin Théodoric, quand il fut un homme sans amis, mon père ne voulut plus rester avec Odoacre. Mon père étoit connu des guerriers vaillants; ce héros intrépide combattoit toujours à la tête de l'armée; il aimoit trop à combattre; je ne pense pas qu'il soit encore en vie. — Seigneur des hommes, dit Hildebrand, jamais du haut du ciel tu ne permettras un combat semblable entre hommes du même sang. Alors il ôta un précieux bracelet d'or, qui entouroit son bras, et que le roi des Huns lui avoit donné. Prends-le, dit-il à son fils, je te le donne en présent. Hadebrand, fils d'Hildebrand, répondit : C'est la lance à la main, pointe contre pointe, qu'on doit recevoir de semblables présents. Vieux Hun! tu es un mauvais compagnon; espion rusé, tu veux me tromper par tes paroles, et moi je veux te jeter bas avec ma lance. Si vieux, peux-tu forger de tels mensonges? Des hommes de mer, qui avoient navigué sur la mer des Vendes, m'ont parlé d'un combat dans lequel a été tué Hildebrand, fils d'Herebrand. Hildebrand, fils d'Herebrand, dit : Je vois bien à ton armure que tu ne sers aucun chef illustre, et que dans ce royaume tu n'as rien fait de vaillant. Hélas! hélas! Dieu puissant! quelle destinée est la mienne! J'ai erré hors de mon pays soixante hivers et soixante étés. On me plaçoit toujours à la tête des combattants; dans aucun fort, on ne m'a mis les

* Ce mot est d'origine germanique : il est ici employé dans le texte (saro). Je l'ai conservé, ne sachant comment le remplacer.

HISTORIQUES. 21

sauvage, qui survit à la société sur ces montagnes du Pinde où il n'est resté que la muse armée. « Je

chaînes aux pieds, et maintenant il faut que mon propre enfant me pourfende avec son glaive, m'étende mort avec sa hache, ou que je sois son meurtrier. Il peut t'arriver facilement, si ton bras te sert bien, que tu ravisses à un homme de cœur son armure, que tu pilles son cadavre; fais-le, si tu crois en avoir le droit, et que celui-là soit le plus infâme des hommes de l'Est qui te détourneroit de ce combat, dont tu as un si grand désir. Bons compagnons qui nous regardez, jugez dans votre courage qui de nous deux aujourd'hui peut se vanter de mieux lancer un trait, qui saura se rendre maître de deux armures. Alors ils firent voler leurs javelots à pointes tranchantes, qui s'arrêtèrent dans leurs boucliers; puis ils s'élancèrent l'un sur l'autre. Les haches de pierre résonnoient..... Ils frappoient pesamment sur leurs blancs boucliers; leurs armures étoient ébranlées, mais leurs corps demeuroient immobiles.....

« Ici s'arrête le fragment. Je cite les premiers vers du texte pour
« donner idée de l'allemand d'alors; on verra qu'il étoit beaucoup
« plus sonore que l'allemand d'aujourd'hui :

Ik gihorta that seggen, that sih urhettun anon muotin.
Hildibrant enti Hathubrant untar heriuntuem.
Sunu fatar ungo. Iro saro rithun,
Garutun se iro guthamun, gurtur sih iro suert ana,
Helidos, uber ringa do si to dero hiltu ritum.

« Comme exemple de l'ancienne poésie scandinave, je citerai
« le trait suivant, tiré de l'Edda. Ici nous trouverons autant de
« grandeur, mais moins de calme; plus de violence et de férocité,
« mais une férocité sublime. »

(Ici M. Ampère donne le chant de Gunar tel que je l'ai transporté dans mon récit, pag. 17.)

« Voici, continue le savant traducteur, un échantillon de la
« langue scandinave ancienne, dans laquelle existe ce morceau
« remarquable, comme en général tous ceux de l'Edda, par un
« caractère sombre et grand :

Hiarta skal mér Havgna
i hendi liggja
Blòthugt ôr briósti
Scorit bald-ritha
Saxi slithr-beito
Syni thio thaus.

« ne crains pas la mort, disoit l'Iroquois; je me ris
« des tourments. Que ne puis-je dévorer le cœur
« de mes ennemis! »

« Mange, oiseau (c'est une tête qui parle à un aigle
« dans l'énergique traduction de M. Fauriel); mange,
« oiseau, mange ma jeunesse; repais-toi de ma bra-
« voure, ton aile en deviendra grande d'une aune,
« et ta serre d'un empan [1]. »

Les lois même étoient du domaine de la poésie. Un homme d'un rare talent dans l'histoire, M. Thierry, a fort ingénieusement remarqué que les *premières lignes du prologue* de la loi salique semblent être le texte littéral d'une ancienne chanson; il les rend ainsi d'un style ferme et noble :

« La nation des Franks, illustre, ayant Dieu pour
« fondateur, forte sous les armes, ferme dans les
« traités de paix, profonde en conseil, noble et saine
« de corps, d'une blancheur et d'une beauté singu-
« lière, hardie, agile et rude au combat, depuis peu
« convertie à la foi catholique, libre d'hérésie; lors-
« qu'elle étoit encore sous une croyance barbare,
« avec l'inspiration de Dieu, recherchant la clef de
« la science, selon la nature de ses qualités, dési-
« rant la justice, gardant sa pitié; la *loi salique* fut
« dictée par les chefs de cette nation, qui en ce
« temps commandoient chez elle. . . . . . .

        Skaro their hiarta
        Hjalla òr briosti
        Blothuet that a bjoth langtho
        Ok baro for gunar.

[1] Chants populaires de la Grèce.

« Vive le Christ qui aime les Franks! Qu'il regarde
« leur royaume..... Cette nation est celle qui, petite
« en nombre, mais brave et forte, secoua de sa tête
« le dur joug des Romains. »

La métaphore abondoit dans les chants des scaldes : les fleuves sont la *sueur de la terre et le sang des vallées*, les flèches sont les *filles de l'infortune*, la hache est la *main de l'homicide*, l'herbe est la *chevelure de la terre*, la terre est le *vaisseau qui flotte sur les âges*, la mer est le *champ des pirates*, un vaisseau est leur *patin* ou le *coursier* des flots.

Les Scandinaves avoient de plus quelques poésies mythologiques. « Les déesses qui président aux com-
« bats, les belles Walkyries, étoient à cheval, cou-
« vertes de leur casque et de leur bouclier. Allons,
« disent-elles, poussons nos chevaux au travers de
« ces mondes tapissés de verdure qui sont la de-
« meure des dieux. »

Les premiers préceptes moraux étoient aussi confiés en vers à la mémoire : « L'hôte qui vient chez
« vous a les genoux froids, donnez-lui du feu. Il
« n'y a rien de plus inutile que de trop boire de
« bière : l'oiseau de l'oubli chante devant ceux qui
« s'enivrent, et leur dérobe leur âme. Le gourmand
« mange sa mort. Quand un homme allume du
« feu, la mort entre chez lui avant que ce feu soit
« éteint. Louez la beauté du jour quand il sera fini.
« Ne vous fiez ni à la glace d'une nuit, ni au serpent
« qui dort, ni au tronçon de l'épée, ni au champ
« nouvellement semé. »

Enfin les Barbares connoissoient aussi les chants

d'amour : « Je me battis dans ma jeunesse avec les
« peuples de Devonstheim, je tuai leur jeune roi ;
« cependant une fille de Russie me méprise. »

« Je sais faire huit exercices : je me tiens ferme à
« cheval, je nage, je glisse sur des patins, je lance
« le javelot, je manie la rame ; cependant une fille
« de Russie me méprise [1]. »

Plusieurs siècles après la conquête de l'empire
romain, l'usage des hymnes guerriers continua : les
défaites amenoient des complaintes latines dont l'air
est quelquefois noté dans les vieux manuscrits : Angelbert gémit sur la bataille de Fontenay et sur la
mort de Hugues, bâtard de Charlemagne. La fureur
de la poésie étoit telle, qu'on trouve des vers de toutes
mesures jusque dans les diplômes du huitième, du
neuvième et du dixième siècle [2]. Un chant teutonique conserve le souvenir d'une victoire remportée sur les Normands, l'an 881, par Louis, fils de
Louis-le-Bègue. « J'ai connu un roi appelé le sei-
« gneur Louis, qui servoit Dieu de bon cœur, parce
« que Dieu le récompensoit... Il saisit la lance et le
« bouclier, monta promptement à cheval, et vola
« pour tirer vengeance de ses ennemis [3]. » Personne
n'ignore que Charlemagne avoit fait recueillir les
anciennes chansons des Germains.

La chronique saxonne donne en vers le récit d'une
victoire remportée par les Anglois sur les Danois,

---

[1] *Les deux Edda, les Sagha;* WORM., *Litt. rùnic.* ; MALLET, *Hist. de Danem.*

[2] Voyez entre autres une charte de l'an 835.

[3] *Rerum Gall. et Franc. script.*, tom. IX, pag. 90.

et l'Histoire de Norwége, l'apothéose d'un pirate du Danemark, tué avec cinq autres chefs de corsaires sur les côtes d'Albion [1].

Les nautoniers normands célébroient eux-mêmes leurs courses; un d'entre eux disoit : « Je suis né « dans le haut pays de Norwége, chez des peuples « habiles à manier l'arc; mais j'ai préféré hisser ma « voile, l'effroi des laboureurs du rivage. J'ai aussi « lancé ma barque parmi les écueils, *loin du séjour* « *des hommes.* » Et ce scalde des mers avoit raison, puisque les *Danes* ont découvert le Vineland ou l'Amérique.

Ces rhythmes militaires se viennent terminer à la chanson de Roland, qui fut comme le dernier chant de l'Europe barbare. « A la bataille d'Hastings, » dit admirablement le grand peintre d'histoire que je viens de citer, « un Normand appelé Taillefer « poussa son cheval en avant du front de la bataille, « et entonna le chant des exploits, fameux dans « toute la Gaule, de Charlemagne et de Roland. En « chantant il jouoit de son épée, la lançoit en l'air « avec force, et la recevoit dans sa main droite; les « Normands répétoient ces refrains ou crioient : Dieu « aide! Dieu aide [2]! »

Wace nous a conservé le même fait dans une autre langue :

> Taillefer, qui moult bien chantoit,
> Sur un cheval qui tost alloit,

---

[1] Voyez ces chants dans l'*Histoire de la conquête de l'Angleterre par les Normands*, de M. A. Thierry, t. 1, p. 131 de la 3ᵉ édit.

[2] Thierry, *Hist. de la conquête de l'Angleterre par les Normands*, tom. 1, pag. 213.

Devant eus alloit chantant
De Karlemagne et de Rollant ;
Et d'Olivier et des vassaux
Qui moururent à Rainschevaux.

Cette ballade héroïque, qui se devroit retrouver dans le roman de Rollant et d'Olivier, de la bibliothèque des rois Charles V, VI et VII [1], fut encore chantée à la bataille de Poitiers.

Les poésies nationales des Barbares étoient accompagnées du son du fifre, du tambour et de la musette. Les Scythes, dans la joie des festins, faisoient résonner la corde de leur arc [2]. La cithare ou la guitare étoit en usage dans les Gaules [3], et la harpe dans l'île des Bretons : il y avoit trois choses qu'on ne pouvoit saisir pour dettes chez un homme libre du pays de Galles : son cheval, son épée et sa harpe.

Dans quelles langues tous ces poëmes étoient-ils écrits ou chantés ? Les principales étoient la langue celtique, la langue slave, les langues teutonique et scandinave : il est difficile de savoir à quelle racine appartenoit l'idiome des Huns. L'oreille dédaigneuse des Grecs et des Romains n'entendoit dans les entretiens des Franks et des Tartares que des croassements de corbeaux [4] ou des sons non articulés, sans aucun rapport avec la voix humaine [5]; mais

---

[1] Du Cange, voce *Cantilena Rollandi*; *Mém. de l'Ac. des Inscript.*, t. 1, part. 1, p. 317; *Hist. litt. de la France*, t. VII, Avertiss., p. 73.
[2] Diod. Sic.
[3] Plut. *in Demetr.*
[4] Julian. *Op.*
[5] Nec alia voce notum, nisi quæ humani sermonis imaginem assignabat. (Jornand., cap XXIV, *de Reb. Get.*)

quand les Barbares triomphèrent, force fut de comprendre les ordres que le maître donnoit à l'esclave. Sidoine Apollinaire félicite Syagrius de s'exprimer avec pureté dans la langue des Germains : « Je ris, « dit le littérateur puéril, en voyant un *Barbare* « craindre devant vous de faire un *barbarisme* dans « sa langue [1]. » Le quatrième canon du concile de Tours ordonne que chaque évêque traduira ses sermons latins en langue romane et tudesque [2]. Louis-le-Débonnaire fit mettre la *Bible* en vers teutons. Nous savons par Loup de Ferrières, que sous Charles-le-Chauve on envoyoit les moines de Ferrières à Pruym pour se familiariser avec la langue germanique [3]. On fit connoître à la même époque les caractères dont les Normands se servoient pour garder la mémoire de leurs chansons ; ces caractères s'appeloient *runstabath;* ce sont les lettres runiques : on y joignit celles qu'Éthicus avoit inventées auparavant, et dont saint Jérôme avoit donné les signes.

La parole usitée dans les forêts est dès sa naissance une parole complète pour la poésie : sous le rapport des passions et des images, elle dégénère en se perfectionnant. L'homme perd en imagination ce qu'il gagne en intelligence ; enchaîné dans la sociabilité, l'esprit s'effraie d'une expression indépendante, et dépouille sa libre et fière allure. Il n'y a

---

[1] Æstimari minime potest, quanto mihi cæterisque sit risui, quoties audio quod te præsenti formidet facere linguæ suæ Barbarus barbarismum. (*Rer. Gall. et Franc. script.*, t. 1, pag. 794.)

[2] *Concil. Gall.*

[3] Lup. Ferr., ep. lxx et xci.

rien d'aussi vivant que le grec d'Homère, depuis long-temps passé avec Ulysse et Achille; ce ne sont pas les langues primitives qui sont mortes, c'est le génie qui n'est plus là pour les parler et les entendre.

Quelques monuments des langues de nos ancêtres nous restent; on est obligé d'avouer qu'elles étoient plus douces et plus harmonieuses dans leur âge héroïque qu'elles ne le sont aujourd'hui dans leur âge humain. L'évêque des Goths, Ulphilas, traduisit dans son idiome paternel, au quatrième siècle, les Évangiles : conservés jusqu'à nos jours, ils ont été imprimés avec des glossaires et de savantes recherches [1]. Si vous comparez le teutonique d'Ulphilas avec le teutonique du serment de Charles et de Louis, tel que Nithard [2] nous l'a transmis, et avec le teutonique du chant de victoire de Louis, fils de Louis-le-Bègue [3], vous reconnoîtrez qu'à mesure que l'on descend vers l'allemand moderne, la prononciation devient plus rude et plus difficile. Les mots de l'idiome d'Ulphilas se terminent très souvent par des voyelles, et surtout par la voyelle *a* : *wisandona* (existence), *Gotha* (Dieu), *waldufuja* (puissance), *godamma* (bon), etc. Ce gothique a beaucoup de rapport avec le scandinave du fragment manuscrit de Fulde et

---

[1] Ulphilas, *Gothische Bibel übersgtzung.* (Édit. de Jean Christ. Zahn, Weissenfels, 1805.)

[2] Nithardi *Hist.*, lib. III, p. 227, *in Rer. Gall. script.*, tom. VII.

[3] *Rer. Gall. script.*, tom. IX, pag. 99.

du chant de Gunar, tiré de l'*Edda*[1]. On ne voit pas même, dans le *fac simile* du texte d'Ulphilas, les lettres qu'il fut, dit-on, obligé d'inventer pour rendre la prononciation de ses compatriotes; on y remarque seulement quelques ligatures grecques mêlées aux caractères latins, mais ne présentant pas dans leur agrégation le même pouvoir labial, lingual et guttural qu'elles expriment dans le grec.

D'après un passage d'Hérodote, un système assez plausible assigne aux peuples de la Finlande et de la Gothie une origine asiatique; on les fait descendre d'une colonie des Mèdes, et l'on a trouvé des analogies entre la langue des Perses et celle des Suédois et des Danois. Des noms propres surtout ont paru les mêmes dans les deux idiomes : le *Gustaff* ou *Gustaw* des Suédois répond au *Gustapse* ou *Hystaspe* des Perses; *Oten*, *Olstanus*, *Ostanus*, rois de Suède, portent les noms persans d'*Otanus*, *Olstanes* et *Ostanes*. Gibert[2], à l'appui de son système (aujourd'hui étendu et reproduit), auroit pu remarquer que l'*Edda* mentionne un peuple conquérant venu de l'Asie dans les régions septentrionales de la Baltique. Le savant Robert Henri, ministre de la communion calviniste à Édimbourg, a enrichi son *Histoire d'Angleterre* de différents *specimen* des dialectes bretons et anglo-saxons à différentes époques : le tableau placé à la fin de ce volume vous donnera une idée des lan-

---

[1] Voyez plus haut, pag. 17 et 18, note 1, ce chant et ce fragment.

[2] *Mémoires pour servir à l'Hist. des Gaules*, pag. 241.

gues que parloient les destructeurs du monde romain.

Passons à la religion des Barbares. Les historiens nous disent que les Huns n'en avoient aucune[1]; nous voyons seulement qu'ils croyoient, comme les Turcs, à une certaine fatalité. Les Alains, comme les peuples d'origine celtique, révéroient une épée nue fichée en terre[2]. Les Gaulois avoient leur terrible *Dis*, père de la Nuit, auquel ils immoloient des vieillards sur le *dolmin*, ou la pierre druidique[3]; les Germains adoroient la secrète horreur des forêts[4]. Autant la religion de ceux-ci étoit simple, autant celle des Scandinaves étoit compliquée.

Le géant Ymer fut tué par les trois fils de Bore : Odin, Vil et Ve. La chair de Ymer forma la terre, son sang la mer, son crâne le ciel[5]. Le soleil ne

---

[1] Sine lare, vel lege aut ritu stabili. (AMM. MARC.)

[2] Gladius barbarico ritu humi figitur nudus. (*Id.*, lib. XXXI, cap. IX.)

[3] TERTULL. et AUGUST.

[4] TACIT. *de Mor. Germ.*

[5] Texte scandinave :

Or ymis holdi
Var iðrp vm skavpvd,
En or sveita sær,
. . . .
En or hausi himin.

Traduction latine :

Ex Ymeris carne
Terra creata est;
Ex sanguine autem mare;
. . . .
Ex cranio autem cœlum.

(*Edda sæmundar hinns froda*, 58. Hafniæ, 1787.)

savoit pas alors où étoit son palais, la lune ignoroit ses forces, et les étoiles ne connoissoient point la place qu'elles devoient occuper.

Un autre géant appelé Norv fut le père de la Nuit. La Nuit, mariée à un enfant de la famille des dieux, enfanta le Jour. Le Jour et la Nuit furent placés dans le ciel, sur deux chars conduits par deux chevaux; Hrim-Fax (crinière gelée) conduit la Nuit; les gouttes de ses sueurs font la rosée : Skin-Fax (crinière lumineuse) mène le Jour [1]. Sous chaque cheval se trouve une outre pleine d'air : c'est ce qui produit la fraîcheur du matin.

Un chemin ou un pont conduit de la terre au firmament : il est de trois couleurs et s'appelle l'arc-en-ciel. Il sera rompu quand les mauvais génies, après avoir traversé les fleuves des enfers, passeront à cheval sur ce pont.

La cité des dieux est placée sous le chêne Ygg-Drasill [2] qui ombrage le monde. Plusieurs villes existent dans le ciel.

---

[1] *Skin-Faxi* (juba splendens) vocatur
Qui serenum trahit
Diem super humanum genus.
. . . .
Hrim-Faxi (juba pruinosus) vocatur
Qui singulas trahit,
Noctes super benefica numina.
De lupatis stillare facit guttas
Quovis mane,
Inde venit ros in convalles.
(*Edda*, pag. 8 et 9.)

[2] Subtus ab arbore Ygg-Drasilli.
. . . .
Qui curret
Per æsculum Ygg-Drasilli.

Le dieu Thor est fils aîné d'Odin ; Tyr est la divinité des victoires. Heindall aux dents d'or a été engendré par neuf vierges. Loke est l'artisan des tromperies. Le loup Fenris est fils de Loke[1]; enchaîné avec difficulté par les dieux, il sort de sa bouche une écume qui devient la source du fleuve Vam (les vices).

Frigga est la principale des déesses guerrières, qui sont au nombre de douze; elles se nomment Walkyries : Gadur, Rosta et Skulda (l'avenir), la plus jeune des douze fées, vont tous les jours à cheval choisir les morts[2].

Il y a dans le ciel une grande salle, le Valhalla, où les braves sont reçus après leur vie. Cette salle a cinq cent quarante portes; par chacune de ces portes sortent huit cents guerriers morts pour se battre contre le loup[3]. Ces vaillants squelettes s'amusent à se briser les os, et viennent ensuite dîner ensemble : ils boivent le lait de la chèvre Heidruna qui broute les feuilles de l'arbre Lœrada[4]. Ce lait

---

[1] Snor. Edda, fab. xxix.   [2] *Id., ibid.*

[3]   Quingenta ostiorum
       Et ultra quadraginta,
       Ita puto in *Valhalla* esse :
       Octingenti *Einheriorum*
       Exeunt simul per unum ostium,
       Cum contra lupum pugnatum eunt.
              (*Edda sæmundar hinns fróda*, pag. 53.)

[4]   *Heidruna* vocatur capra
       Quæ stat supra aulam Odini
       Et pabulum sibi carpit ex *Læradi* ramis :
       Craterem illa (quotidie) implebit
       Liquidi illius melonis.
       Non potis est iste potus deficere.   (*Id., ibid.*)

Voyez aussi Mallet, *Introd. à l'Histoire de Danemark,* et les *Mo-*

est de l'hydromel : on en remplit tous les jours une cruche assez large pour enivrer les héros décédés. Le monde finira par un embrasement.

Des magiciens ou des fées, des prophétesses, des dieux défigurés empruntés de la mythologie grecque, se retrouvoient dans le culte de certains Barbares. Le surnaturel est le naturel même de l'esprit de l'homme : est-il rien de plus étonnant que de voir des Esquimaux assemblés autour d'un *sorcier* sur leur mer solide, à l'entrée même de ce passage si long-temps cherché, qu'une éternelle barrière de glace fermoit au vaisseau de l'intrépide capitaine Parry [1] ?

De la religion des Barbares descendons à leurs gouvernements.

Ces gouvernements paroissent avoir été en général des espèces de républiques militaires dont les chefs étoient électifs, ou passagèrement héréditaires par l'effet de la tendresse, de la gloire, ou de la tyrannie paternelle. Toute l'antiquité européenne du paganisme et de la barbarie n'a connu que la souveraineté élective : la souveraineté héréditaire fut l'ouvrage du christianisme; souveraineté même qui ne s'établit qu'au moyen d'une sorte de surprise, laissant dormir le droit à côté du fait.

La société naturelle présente les variétés de gou-

---

numents de la mythologie des anciens Scandinaves, pour servir de preuve à cette introduction, par le même auteur, in-4°. Copenhague, 1766.

[1] Second voyage du capitaine Parry pour découvrir le passage au nord-ouest de l'Amérique.

vernement de la société civilisée : le despotisme, la monarchie absolue, la monarchie tempérée, la république aristocratique ou démocratique[1]. Souvent même les nations sauvages ont imaginé des formes politiques d'une complication et d'une finesse prodigieuses, comme le prouvoit le gouvernement des Hurons. Quelques tribus germaniques, par l'élection du roi et du chef de guerre, créoient deux autorités souveraines indépendantes l'une de l'autre; combinaison extraordinaire.

Les peuples sortis de l'orient de l'Asie différoient en constitutions des peuples venus du nord de l'Europe : la cour d'Attila offroit le spectacle du sérail de Stamboul ou des palais de Pékin, mais avec une différence notable; les femmes paroissoient publiquement chez les Huns; Maximin fut présenté à Cerca, principale reine ou sultane favorite d'Attila; elle étoit couchée sur un divan; ses suivantes brodoient assises en rond sur les tapis qui couvroient le plancher. La veuve de Bléda avoit envoyé en présents aux ambassadeurs de belles esclaves.

Les Barbares, qui en raison de quelques usages particuliers ressembloient aux sauvages que j'ai vus au Nouveau-Monde, différoient d'eux essentiellement sous d'autres rapports. Une centaine de Hurons, dont le chef tout nu portoit un chapeau bordé à trois cornes, servoient autrefois le gouverneur françois du Canada : les pourroit-on comparer

---

[1] Voyez, dans le vol. XII de cette édition, le *Voyage en Amérique*, gouvernement des Sauvages, pag. 229.

à ces troupes de race slave ou germanique, auxiliaires des troupes romaines? Les Iroquois, au temps de leur plus grande prospérité, n'armoient pas plus de dix mille guerriers : les seuls Goths mettoient, comme un excédant de leur conscription militaire, un corps de cinquante mille hommes à la solde des empereurs; dans le quatrième et dans le cinquième siècle les légions entières étoient composées de Barbares. Attila réunissoit sous ses drapeaux sept cent mille combattants, ce qu'à peine seroit en état de fournir aujourd'hui la nation la plus populeuse de l'Europe. On voit aussi dans les charges du palais et de l'Empire, des Franks, des Goths, des Suèves, des Vandales : nourrir, vêtir, équiper tant d'hommes, est le fait d'une société déjà poussée loin dans les arts industriels; prendre part aux affaires de la civilisation grecque et romaine suppose un développement considérable de l'intelligence. La bizarrerie des coutumes et des mœurs n'infirme pas cette assertion : l'état politique peut être très avancé chez un peuple, et les individus de ce peuple conserver les habitudes de l'état de nature.

L'esclavage étoit connu de toutes ces hordes ameutées contre le Capitole. Cet affreux droit, émané de la conquête, est pourtant le premier pas de la civilisation : l'homme entièrement sauvage tue et mange ses prisonniers; ce n'est qu'en prenant une idée de l'ordre social, qu'il leur laisse la vie afin de les employer à ses travaux.

La noblesse étoit connue des Barbares comme

l'esclavage; c'est pour avoir confondu l'espèce d'égalité militaire, qui naît de la fraternité d'armes, avec l'égalité des rangs, que l'on a jamais pu douter d'un fait avéré. L'histoire prouve invinciblement que différentes classes sociales existoient dans les deux grandes divisions du sang scandinave et caucasien. Les Goths avoient leurs *Ases*, ou demi-dieux : deux familles dominoient toutes les autres, les Amali et les Baltes.

Le droit d'aînesse étoit ignoré de la plupart des Barbares; ce fut avec beaucoup de peine que la loi canonique parvint à le leur faire adopter. Non-seulement le partage égal subsistoit chez eux, mais quelquefois le dernier né d'entre les enfants, étant réputé le plus foible, obtenoit un avantage dans la succession. « Lorsque les frères ont partagé le « bien de leur père, dit la loi gallique, le plus jeune « a la meilleure maison, les instruments de labou-« rage, la chaudière de son père, son couteau et sa « cognée[1]. » Loin que l'esprit de ce qu'on appelle la *loi salique* fût en vigueur dans la véritable loi salique, la ligne maternelle étoit appelée avant la ligne paternelle dans les héritages et les affaires résultant d'iceux. On va bientôt en voir un exemple à propos de la peine d'homicide[2].

Le gouvernement suivoit la règle de la famille;

---

[1] *Leg. Wall.*, lib. II, cap. XVII.

[2] On trouve une très bonne note sur la succession de la *Terre salique*, art. v du titre LXII, dans la nouvelle traduction des lois des Franks, par M. J.-F.-A. Peyré. J'aime à rendre d'autant plus de justice à cet estimable auteur, qu'on a peu ou point parlé de

un roi, en mourant, partageoit sa succession entre ses enfants, sauf le consentement ou la ratification populaire : la loi politique n'étoit dans sa simplicité que la loi domestique.

Chez plusieurs tribus germaniques la possession étoit annale ; propriétaire de ce qu'on avoit cultivé, le fonds, après la moisson, retournoit à la communauté [1]. Les Gaulois étendoient le pouvoir paternel jusque sur la vie de l'enfant ; les Germains ne disposoient que de sa liberté [2]. Au pays de Galles, le Pencénedlt ou chef du clan gouvernoit toutes les familles [3].

Les lois des Barbares, en les séparant de ce que le christianisme et le code romain y ont introduit, se réduisent à des lois pénales pour la défense des personnes et des choses. La loi salique s'occupe du vol des porcs, des bestiaux, des brebis, des chèvres et des chiens, depuis le cochon de lait jusqu'à la truie qui marche à la tête d'un troupeau, depuis le veau de lait jusqu'au taureau, depuis l'agneau de lait jusqu'au mouton, depuis le chevreau jusqu'au bouc, depuis le chien conducteur de meutes jusqu'au chien de berger. La loi gallique défend de jeter une pierre au bœuf attaché à la charrue, et de lui trop serrer le joug [4].

son travail, auquel M. Isambert a joint une préface. On ne sauroit trop encourager ces études sérieuses, qui coûtent tant de peine et rapportent si peu de gloire.

[1] Arva per annos mutant. (Tacit., *de Mor. Germ.*, cap. XXVI.)
[2] Cæsar, *de Bell. Gall.*, lib. VI, cap. XIX.
[3] *Leg. Wall.*, pag. 164.
[4] *Leg. Wall.*, lib. III, cap. IX.

Le cheval est particulièrement protégé : celui qui a monté un cheval ou une jument sans la permission du maître est mis à l'amende de quinze ou de trente sous d'or. Le vol du cheval de guerre d'un Frank, d'un cheval hongre, d'un cheval entier et de ses cavales, entraîne une forte composition [1]. La chasse et la pêche ont leurs garants : il y a rétribution pour une tourterelle ou un petit oiseau dérobés aux lacs où ils s'étoient pris, pour un faucon happé sur un arbre, pour le meurtre d'un cerf privé qui servoit à embaucher les cerfs sauvages, pour l'enlèvement d'un sanglier forcé par un autre chasseur, pour le déterrement du gibier ou du poisson cachés, pour le larcin d'une barque ou d'un filet à anguilles. Toutes les espèces d'arbres sont mises à l'abri par des dispositions spéciales ; veiller à la vie des forêts [2], c'étoit faire des lois pour la patrie.

L'association militaire, ou la responsabilité de la tribu et la solidarité de la famille, se retrouvent dans l'institution des co-jurants ou compurgateurs : qu'un homme soit accusé d'un délit ou d'un crime, il peut, selon la loi allemande et plusieurs autres, échapper à la pénalité, s'il trouve un certain nombre de ses *pairs* pour jurer avec lui qu'il est innocent. Si l'accusé étoit une femme, les compurgateurs devoient être femmes [3].

Le courage étant la première qualité du Barbare,

---

[1] *Lex Salic.*, tit. xxv. — *Lex Rip.*, tit. xlii.
[2] *Lex Salic.*, tit. viii. — *Lex Rip.*, tit. lxviii.
[3] *Leg. Wall.*

toute injure qui en suppose le défaut est punie;
ainsi, appeler un homme LEPUS, *lièvre*, ou CONCA-
CATUS, *embrené*, amène une composition de trois
ou de six sous d'or [1]; même tarif pour le reproche
fait à un guerrier d'avoir jeté son bouclier en présence de l'ennemi.

La barbarie se montre tout entière dans la législation des blessures; la loi saxonne est la plus dé-
taillée à cet égard : quatre dents cassées au devant
de la bouche ne valent que six schillings; mais une
seule dent cassée auprès de ces quatre dents doit
être payée quatre schillings ; l'ongle du pouce est
estimé trois schillings, et une des membranes du
nez le même prix [2].

La loi ripuaire s'exprime plus noblement : elle
demande trente-six sous d'or pour la mutilation du
doigt qui sert à décocher les flèches [3] : elle veut
qu'un ingénu paie dix-huit sous d'or pour la blessure d'un autre ingénu dont le sang aura coulé jusqu'à terre [4]. Une blessure à la tête, ou ailleurs, sera
compensée par trente-six sous d'or s'il est sorti de
cette blessure un os d'une grosseur telle, qu'il rende
un son en étant jeté sur un bouclier placé à douze

[1] *Lex Salic.*, tit. XXXII.

Renart se pense qu'il fera,
Et comment le chunchiera.
(*Roman du Renart*, apud Cang. gloss., voce *Concac.*)

[2] *Lex anglo-saxonic.*, p. 7.

[3] Si secundus digitus, unde sagittatur. (*Lex Ripuar.*, tit. V,
art. XII.)

[4] Ut sanguis exeat, terram tangat. (*Id.*, tit. II. art. XII.)

pieds de distance[1]. L'animal domestique qui tue un homme est donné aux parents du mort avec une composition; il en est ainsi de la pièce de bois tombée sur un passant. Les Hébreux avoient des règlements semblables.

Et néanmoins ces lois, si violentes dans les choses qu'elles peignent, sont beaucoup plus douces en réalité que nos lois : la peine de mort n'est prononcée que cinq fois dans la loi salique et six fois dans la loi ripuaire; et, chose infiniment remarquable! ce n'est jamais, un seul cas excepté, pour châtiment du meurtre : l'homicide n'entraîne point la peine capitale, tandis que le rapt, la prévarication, le renversement d'une charte, sont punis du dernier supplice; encore pour tous ces crimes ou délits, y a-t-il la ressource des co-jurants.

La procédure relative au seul cas de mort en réparation d'homicide est un tableau de mœurs. Quiconque a tué un homme et n'a pas de quoi payer la composition, doit présenter douze co-jurants, lesquels déclarent que le délinquant n'a rien ni dans la terre, ni hors la terre, au-delà de ce qu'il offre pour la composition. Ensuite l'accusé entre chez lui, et prend de la terre aux quatre coins de sa maison; il revient à la porte, se tient debout sur le seuil, le visage tourné vers l'intérieur du logis; de la main gauche, il jette la terre par-dessus ses épaules sur son plus proche parent. Si son père, sa mère et ses frères ont fait l'abandon de tout ce

---

[1] Os exinde exierit, quod, super viam duodecim pedum in scuto jactum, sonaverit. (*Lex Ripuar.*, tit. LXX, art. 1.)

qu'ils avoient, il lance la terre sur la sœur de sa mère ou sur les fils de cette sœur, ou sur les trois plus proches parents de la ligne maternelle[1]. Cela fait, déchaussé et en chemise, il saute à l'aide d'une perche par-dessus la haie dont sa maison est entourée ; alors les trois parents de la ligne maternelle se trouvent chargés d'acquitter ce qui manque à la composition. Au défaut de parents maternels, les parents paternels sont appelés. Le parent pauvre qui ne peut payer jette à son tour la terre recueillie aux quatre coins de la maison, sur un parent plus riche. Si ce parent ne peut achever le montant de la composition, le demandeur oblige le défendeur meurtrier à comparoître à quatre audiences successives ; et enfin, si aucun des parents de ce dernier ne le veut rédimer, il est mis à mort : *de vita componat*.

De ces précautions multipliées pour sauver les jours d'un coupable, il résulte que les Barbares traitoient la loi en tyrans et se prémunissoient contre elle ; ne faisant aucun cas de leur vie ni de celle des autres, ils regardoient comme un droit naturel de tuer ou d'être tués. Un roi même, dans la loi des Saxons, pouvoit être occis ; on en étoit quitte pour payer sept cent vingt livres pesant d'argent. Le Germain ne concevoit pas qu'un être abstrait, qu'une loi pût verser son sang. Ainsi, dans la société commençante, l'instinct de l'homme repoussoit la peine de mort, comme dans la société achevée la raison

---

[1] Voilà l'exemple de la préférence dans la ligne maternelle.

de l'homme l'abolira : cette peine n'aura donc été établie qu'entre l'état purement sauvage et l'état complet de civilisation, alors que la société n'avoit plus l'indépendance du premier état, et n'avoit pas encore la perfection du second.

SIXIÈME DISCOURS.

SECONDE PARTIE.

SUITE DES MOEURS DES BARBARES.

Les conducteurs des nations barbares avoient quelque chose d'extraordinaire comme elles. Au milieu de l'ébranlement social, Attila sembloit né pour l'effroi du monde; il s'attachoit à sa destinée je ne sais quelle terreur, et le vulgaire se faisoit de lui une opinion formidable. Sa démarche étoit superbe, sa puissance apparoissoit dans les mouvements de son corps, et dans le roulement de ses regards. Amateur de la guerre, mais sachant contenir son ardeur, il étoit sage au conseil, exorable aux suppliants, propice à ceux dont il avoit reçu la foi. Sa courte stature, sa large poitrine, sa tête plus large encore, ses petits yeux, sa barbe rare, ses cheveux grisonnants, son nez camus, son teint basané, annonçoient son origine[1].

---

[1] Vir in concussionem gentis natus in mundo, terrarum omnium metus : qui nescio qua sorte terrebat cuncta, formidabili de se opinione vulgata. Erat namque superbus incessu, huc atque illuc circumferens oculos, ut elati potentia ipso quoque motu corporis appareret. Bellorum quidem amator, sed ipse manu temperans, consilio validissimus, supplicantibus exorabilis, propitius in fide semel receptis. Forma brevis, lato pectore, capite

Sa capitale étoit un camp ou grande bergerie de bois, dans les pacages du Danube : les rois qu'il avoit soumis veilloient tour à tour à la porte de sa baraque ; ses femmes habitoient d'autres loges autour de lui. Couvrant sa table de plats de bois et de mets grossiers, il laissoit les vases d'or et d'argent, trophée de la victoire et chefs-d'œuvre des arts de la Grèce, aux mains de ses compagnons [1]. C'est là qu'assis sur une escabelle, le Tartare recevoit les ambassadeurs de Rome et de Constantinople. A ses côtés siégeoient, non les ambassadeurs, mais des Barbares inconnus, ses généraux et capitaines : il buvoit à leur santé, finissant, dans la munificence du vin, par accorder grâce aux maîtres du monde [2]. Lorsque Attila s'achemina vers la Gaule, il menoit une meute de princes tributaires qui attendoient, avec crainte et tremblement, un signe du commandeur des monarques pour exécuter ce qui leur seroit ordonné [3].

grandiori, minutis oculis, rarus barba, canis aspersus, simo naso, teter colore, originis suæ signa restituens. (JORNAND., cap. XXXV, de reb. Get.)

[1] Attilæ in quadra lignea, et nihil præter carnes. Conviviis aurea et argentea pocula quibus bibebant suppeditabantur. Attilæ poculum erat ligneum. (*Ex Prisc. rhetore gothicæ Historiæ excerpta, Carolo Cantoclaro interprete*, p. 60. Parisiis, 1606.)

[2] Tum convivarum primum ordinem, ad Attilæ dextram sedere constituerunt, secundum ad lævam : in quo nos et Berichus, vir apud Scythas nobilis, sed Berichus superiore loco. (*Ex Prisc. rhet., goth. Hist. excerpt.*, p. 48.)

Sedentes ordines salutavit. Reliquis deinceps ad hunc modum honore affectis, Attila nos, ex Thracum instituto, ad parium poculorum certamen provocavit. (*Id.*, p. 49.)

[3] Turba regum, diversarumque nationum ductores, ac si satel-

Peuples et chefs remplissoient une mission qu'ils ne se pouvoient eux-mêmes expliquer : ils abordoient de tous côtés aux rivages de la désolation, les uns à pied, les autres à cheval ou en chariots, les autres traînés par des cerfs [1] ou des rennes, ceux-ci portés sur des chameaux, ceux-là flottant sur des boucliers [2] ou sur des barques de cuir et d'écorce [3]. Navigateurs intrépides parmi les glaces du nord et les tempêtes du midi, ils sembloient avoir vu le fond de l'Océan à découvert [4]. Les Vandales qui passèrent en Afrique avouoient céder moins à leur volonté qu'à une impulsion irrésistible [5].

Ces conscrits du Dieu des armées n'étoient que les aveugles exécuteurs d'un dessein éternel : de là cette fureur de détruire, cette soif de sang qu'ils ne pouvoient éteindre ; de là cette combinaison de

lites, absque aliqua murmuratione cum timore et tremore unusquisque adstabat, aut certe quod jussus fuerat exsequebatur. (JORNAND., cap. XXXVIII, *de reb. Get.*)

[1] Fuit alius currus quatuor cervis junctus, qui fuisse dicitur regis Gothorum. (VOPISC., in *Vit. Aurelian.*)

[2] Enatantes super parma positi amnem, in ulteriorem egressi sunt ripam. (GREG. TUR., lib. III, p. 15.)

[3]   Quin et Aremoricus piratum Saxona tractus
    Superabat, cui pelle salum sulcare Britannum
    Ludus, et aperto glaucum mare findere lembo.
                  (APOLL., in *Panegyr. Avit.*)

[4] Imos Oceani colens recessus. (*Id.*, lib. VIII, epist. IX.)

[5] Cœlestis manus ad punienda Hispanorum flagitia, etiam ad vastandam Africam transire cogebat. Ipsi denique fatebantur non suum esse quod facerent, agi enim se divino jussu ac perurgeri. (SALVIAN., *de Gubernat. Dei*, lib. VII, p. 250.)

toutes choses pour leurs succès, bassesse des hommes, absence de courage, de vertu, de talent, de génie. Genseric étoit un prince sombre, sujet aux accès d'une noire mélancolie; au milieu du bouleversement du monde, il paroissoit grand, parce qu'il étoit monté sur des débris. Dans une de ses expéditions maritimes, tout étoit prêt, lui-même embarqué : où alloit-il ? il ne le savoit pas. « Maître, « lui dit le pilote, à quels peuples veux-tu porter la « guerre ? — A ceux-là, répond le vieux Vandale, « contre qui Dieu est irrité [1]. »

Alaric marchoit vers Rome : un ermite barre le chemin au conquérant; il l'avertit [2] que le ciel venge les malheurs de la terre : « Je ne puis m'arrêter, « dit Alaric, quelqu'un me presse, et me pousse à « saccager Rome. » Trois fois il assiége la ville éternelle avant de s'en emparer : Jean et Brazilius, qu'on lui député lors du premier siége pour l'engager à se retirer, lui représentent que s'il persiste dans son entreprise, il lui faudra combattre une multitude au désespoir. « L'herbe serrée, repart l'abat-

---

[1] Cum e Carthaginis portu velis passis soluturus esset, interrogatus a nauclero, quo tendere populabundus vellet, respondisse : Quo Deus impulerit. (Zosim., *de Bello Vandalico*, lib. I, p. 188.)

Narrant cum e Carthaginis portu solvens a nauta interrogaretur quo bellum inferre vellet, respondisse : In eos quibus iratus est Deus. (Procop., *Hist. Vand.*, lib. I.).

[2] Probus, aliquis monachus ex his qui in Italia erant, Romam festinanti Alarico consuluisse ut urbi parceret, nec se tantorum malorum auctore constitueret. Alaricus respondisse dicitur, se non volentem hoc tentare, sed esse quemdam qui se obtundendo urgeat, ac præcipiat ut Romam evertat. (Sozom., lib. IX, cap. VI, p. 481.)

« teur d'hommes, se fauche mieux[1]. » Néanmoins il se laisse fléchir, et se contente d'exiger des suppliants tout l'or, tout l'argent, tous les ameublements de prix, tous les esclaves d'origine barbare : « Roi, s'écrient les envoyés du sénat, que restera-t-il « donc aux Romains ? » — « La vie[2]. »

Je vous ai déjà dit ailleurs qu'on dépouilla les images des dieux, et que l'on fondit les statues d'or du Courage et de la Vertu. Alaric reçut cinq mille livres pesant d'or, trente mille pesant d'argent, quatre mille tuniques de soie, trois mille peaux teintes en écarlate, et trois mille livres de poivre[3]. C'étoit avec du fer que Camille avoit racheté des Gaulois les anciens Romains.

Ataulphe, successeur d'Alaric, disoit : « J'ai eu la passion d'effacer le nom romain de la terre, et de substituer à l'empire des Césars l'empire des Goths, sous le nom de Gothie. L'expérience m'ayant démontré l'impossibilité où sont mes compatriotes de supporter le joug des lois, j'ai changé de résolution ; alors, j'ai voulu devenir le restaurateur de l'empire romain, au lieu d'en être le destructeur. »

---

[1] Ipsius, inquit, fœnum rariore facilius resecatur. (Zosim., lib. v, p. 106.)

[2] Aiebat enim non aliter se finem obsidionis facturum nisi aurum omne, quod in urbe foret, et argentum accepisset, præterea quidquid supellectilis in urbe reperiret : itemque mancipia barbara. Huic cum dixisset alter legatorum si quidem hæc abstulisset quid eis tandem relinqueret in urbe qui essent ? Animas, respondit. (*Id.*, *ibid.*)

[3] Quinquies mille libras auri, et præter has tricies mille libras argenti, quater mille tunicas sericas, et ter mille pelles coccineas, et piperis pondus quod ter mille libras æquaret. (*Id.*, p. 107.)

C'est un prêtre nommé Jérôme, qui raconte en 416, dans sa grotte de Bethléem, à un prêtre nommé Orose, cette nouvelle du monde [1] : autre merveille.

Une biche ouvre le chemin aux Huns à travers les Palus-Méotides, et disparoît [2]. La génisse d'un pâtre se blesse au pied dans un pâturage ; ce pâtre découvre une épée cachée sous l'herbe ; il la porte au prince tartare : Attila saisit le glaive, et sur cette épée, qu'il appelle l'épée de Mars [3], il jure ses droits à la domination du monde. Il disoit : « L'étoile

---

[1] Nam ego quoque ipse virum quemdam Narbonensem, illustris sub Theodosio militiæ, etiam religiosum prudentemque et gravem apud Bethleem oppidum Palestinæ, beatissimo Hieronymo presbytero referente, audivi se familiarissimum Ataulpho apud Narbonam fuisse : ac de eo sæpe sub testificatione didicisse quod ille, quum esset animo, viribus ingenioque nimius, referre solitus esset se in primis ardenter inhiasse, ut obliterato romano nomine romanum omne solum Gothorum imperium et faceret et vocaret : essetque, ut vulgariter loquar, Gothia quod Romania fuisset. . . . . At ubi multa experientia probavisset, neque Gothos ullo modo parere legibus posse propter effrenatam barbariem, neque reipublicæ interdici leges oportere, elegisse se saltem, ut gloriam sibi et restituendo in integrum augendoque romano nomine, Gothorum viribus, quæreret, haberetque apud posteros Romanæ restitutionis auctor, postquam esse non poterat immutator. (Oros., lib. vii.)

[2] Mox quoque ut Scythica terra ignotis apparuit, cerva disparuit. (Jornand., *de Reb. Get.*, cap. xxiv.)

[3] Quum pastor quidam gregis unam buculam conspiceret claudicantem, nec causam tanti vulneris inveniret, sollicitus vestigia cruoris insequitur : tandemque venit ad gladium, quem depascens herbas bucula incaute calcaverat, effossumque protinus ad Attilam defert. Quo ille munere gratulatus, ut erat magnanimus, arbitratur se totius mundi principem constitutum, et per Martis gladium potestatem sibi concessam esse bellorum. (Prisc. *ap. Jornand.*, cap. xxxv.)

« tombe, la terre tremble ; je suis le marteau de
« l'univers. » Il mit lui-même parmi ses titres le nom
de *Fléau de Dieu*, que lui donnoit la terre [1].

C'étoit cet homme que la vanité des Romains
traitoit de *général au service de l'Empire;* le tribut
qu'ils lui payoient étoit à leurs yeux ses *appointements :* ils en usoient de même avec les chefs des
Goths et des Burgondes. Le Hun disoit à ce propos :
« Les généraux des empereurs sont des valets, les
« généraux d'Attila des empereurs [2]. »

Il vit à Milan un tableau où des Goths et des
Huns étoient représentés prosternés devant des
empereurs; il commanda de le peindre, lui Attila,
assis sur un trône, et les empereurs portant sur
leurs épaules des sacs d'or qu'ils répandoient à ses
pieds [3].

« Croyez-vous, demandoit-il aux ambassadeurs
« de Théodose II, qu'il puisse exister une forteresse
« ou une ville, s'il me plaît de la faire disparoître
« du sol [4] ? »

---

[1] *Stella cadit; tellus tremit; en ego malleus orbis.* Seque, juxta eremitæ dictum, *Flagellum Dei* jussit appellari. (*Rerum hungararum scriptores varii.* Francofurti, 1660.)

[2] Jam tum enim cum irascebatur dicebat exercituum duces, suos esse servos : qui quidem Attilæ, non tamen imperatoribus romanis, erant honore et dignitate pares. (*Ex Prisc. rhet. Gothic. hist. excerpt.*, p. 46.)

[3] Cum autem in pictura vidisset Romanorum quidem reges, in aureis thronis sedentes, Scythas vero cæsos et ante pedes ipsorum jacentes, pictorem accersitum jussit se pingere sedentem in solio : Romanorum vero reges ferentes saccos in humeris, et ante ipsius pedes aurum effundentes. (Suid., *in voc.* Μεδιολανον, p. 517.)

[4] Quæ enim urbs, quæ arx qua late patet Romanorum imperium, salva et incolumis evadere potuit quam evertere aut di-

Après avoir tué son frère Bléda, il envoya deux Goths, l'un à Théodose, l'autre à Valentinien porter ce message : « Attila, mon maître et le vôtre, vous ordonne de lui préparer un palais [1]. »

« L'herbe ne croît plus, disoit encore cet exter-« minateur, partout où le cheval d'Attila a passé. »

L'instinct d'une vie mystérieuse poursuivoit jusque dans la mort ces mandataires de la Providence. Alaric ne survécut que peu de temps à son triomphe : les Goths détournèrent les eaux du Busentum, près Cozence ; ils creusèrent une fosse au milieu de son lit desséché ; ils y déposèrent le corps de leur chef avec une grande quantité d'argent et d'étoffes précieuses ; puis ils remirent le Busentum dans son lit, et un courant rapide passa sur le tombeau d'un conquérant [2]. Les esclaves employés à cet ouvrage furent égorgés, afin qu'aucun témoin ne pût dire où reposoit celui qui avoit pris Rome, comme si l'on eût craint que ses cendres ne fussent recherchées pour cette gloire ou pour ce crime.

Attila, expiré sur le sein d'une femme, est d'abord exposé dans son camp entre deux longs rangs de tentes de soie. Les Huns s'arrachent les cheveux

ruere apud se constitutum habuerit. (*Excerpta ex historia Gothica Prisci rhetoris de legationibus, in corpore historiæ Byzant.*, p. 53.)

[1] Imperat tibi per me dominus meus et dominus tuus Attila, uti sibi palatium seu regiam Romæ egregie adornes. (*Chronicon Alexandrinum*, p. 734.)

[2] Hujus ergo in medio alveo, collecto captivorum agmine, sepulturæ locum effodiunt. In cujus fodiæ gremio Alaricum multis opibus obruunt : rursusque aquas in suum alveum reducentes, ne a quoquam quandoque locus cognosceretur, fossores omnes interemerunt. (JORNAND., *de reb. Get.*, cap. XXX.)

et se découpent les joues pour pleurer Attila, non avec des larmes de femme, mais avec du sang d'homme [1]. Des cavaliers tournent autour du catafalque en chantant les louanges du héros. Cette cérémonie achevée, on dresse une table sur le tombeau préparé, et les assistants s'asseyent à un festin mêlé de joie et de douleur. Après le festin, le cadavre est confié à la terre dans le secret de la nuit; il étoit enfermé en un triple cercueil d'or, d'argent et de fer. On met avec le cercueil des armes enlevées aux ennemis, des carquois enrichis de pierreries, des ornements militaires et des drapeaux. Pour dérober à jamais aux hommes la connoissance de ces richesses, les ensevelisseurs sont jetés avec l'enseveli [2].

Au rapport de Priscus, la nuit même où le Tartare mourut, l'empereur Marcien vit en songe, à

---

[1] Ut præliator eximius non femineis lamentationibus et lacrymis, sed sanguine lugeretur virili. (JORNAND., cap. XLIX.)

[2] Nam de tota gente Hunnorum electissimi equites in eo loco quo erat positus, in modum circensicum cursibus ambientes, facta ejus cantu funereo tali ordine referebant. . . . . Postquam talibus lamentis est defletus, stravam super tumulum ejus, quam appellant ipsi, ingenti comessatione concelebrant, et contraria invicem sibi copulantes, luctum funereum mixto gaudio explicabant, noctuque secreto cadaver est terra reconditum. Cujus fercula primum auro, secundo argento, tertio ferri rigore communiunt. . . . . Addunt arma hostium cædibus acquisita, phaleras vario gemmarum fulgore pretiosas, et diversi generis insignia, quibus colitur aulicum decus. Et ut tot et tantis divitiis humana curiositas arceretur, operi deputatos detestabili mercede trucidarunt, emersitque momentanea mors sepelientibus cum sepulto. (JORNAND., *de reb. Get.*, cap. XLIX.)

4.

Constantinople, l'arc rompu d'Attila[1]. Ce même Attila, après sa défaite par Aëtius, avoit formé le projet de se brûler vivant sur un bûcher composé des selles et des harnois de ses chevaux, pour que personne ne se pût vanter d'avoir pris ou tué le maître de tant de victoires[2]; il eût disparu dans les flammes comme Alaric dans un torrent : images de la grandeur et des ruines dont ils avoient rempli leur vie et couvert la terre.

Les fils d'Attila, qui formoient à eux seuls un peuple[3], se divisèrent. Les nations que cet homme avoit réunies sous son glaive se donnèrent rendez-vous dans la Pannonie, au bord du fleuve Netad, pour s'affranchir et se déchirer. Une multitude de soldats sans chef[4], le Goth frappant de l'épée, le Gépide balançant le javelot, le Hun jetant la flèche, le Suève à pied, l'Alain et l'Hérule, l'un pesamment, l'autre légèrement armés[5], se massacrèrent

---

[1] Arcum Attilæ in eadem nocte fractum ostenderet. (PRISC. *in Jornand.*, cap. XL.)

[2] Equinis sellis construxisse pyram, seseque, si adversarii irrumperent, flammis injicere voluisse; ne aut aliquis ejus vulnere lætaretur, aut in potestatem hostium tantorum hostium gentium dominus perveniret. . . . . . . Multarum victoriarum dominus. (JORNAND., *de reb. Get.*, cap. XL-XLIII.)

[3] Filii Attilæ, quorum per licentiam libidinis pene populus fuit. (JORNAND., cap. L.)

[4] Committitur in Pannonia juxta flumen cui nomen est *Netad*. Illic concursus factus est gentium variarum, quas in sua Attila tenuerat ditione. Dividuntur regna cum populis, fiuntque ex uno corpore membra diversa, nec quæ unius passioni compaterentur, sed quæ exciso capite invicem insanirent; quæ nunquam contra se pares invenerant, nisi ipsi mutuis se vulneribus sauciantes, se ipsos discerperent fortissimæ nationes. (*Id., ibid.*)

[5] Pugnantem Gothum ense furentem, Gepidam in vulnere suo-

à l'envi : trente mille Huns restèrent sur la place, sans compter leurs alliés et leurs ennemis. Ellac, fils chéri d'Attila, fut tué de la main d'Aric, chef des Gépides. L'héritage du monde qu'avoit laissé le roi des Huns n'avoit rien de réel; ce n'étoit qu'une sorte de fiction ou d'enchantement produit par son épée : le talisman de la gloire brisé, tout s'évanouit. Les peuples passèrent avec le tourbillon qui les avoit apportés. Le règne d'Attila ne fut qu'une invasion.

L'imagination populaire, fortement ébranlée par des scènes répétées de carnage, avoit inventé une histoire qui semble être l'allégorie de toutes ces fureurs et de toutes ces exterminations. Dans un fragment de Damascius, on lit qu'Attila livra une bataille aux Romains, aux portes de Rome : tout périt des deux côtés, excepté les généraux et quelques soldats. Quand les corps furent tombés, les âmes restèrent debout, et continuèrent l'action pendant trois jours et trois nuits : ces guerriers ne combattirent pas avec moins d'ardeur morts que vivants [1].

Mais, si d'un côté les Barbares étoient poussés

rum cuncta tela frangentem, Suevum pede, Hunnum sagitta præsumere, Alanum gravi, Herulum levi armatura aciem instruere. (JORNAND., cap. L.)

[1] Commissa pugna contra Scythas ante conspectum urbis Romæ, tanta utrinque facta est cædes, ut nemo pugnantium ab utraque parte servaretur, præter quam duces paucique satellites eorum : cum cecidissent pugnantes, corpore defatigati, animo adhuc erecti, pugnabant tres integras noctes et dies, nihil viventibus pugnando inferiores, neque manibus neque animo. (PHOT., *Bibl.*, p. 1039.)

à détruire, d'un autre ils étoient retenus : le monde ancien, qui touchoit à sa perte, ne devoit pas entièrement disparoître dans la partie où commençoit la société nouvelle. Quand Alaric eut pris la ville éternelle, il assigna l'église de Saint-Paul et celle de Saint-Pierre pour retraite à ceux qui s'y voudroient renfermer. Sur quoi saint Augustin fait cette belle remarque : Que si le fondateur de Rome avoit ouvert dans sa ville naissante un asile, le Christ y en établit un autre plus glorieux que celui de Romulus [1].

Dans les horreurs d'une cité mise à sac, dans une capitale tombée pour la première fois et pour jamais du rang de dominatrice et de maîtresse de la terre, on vit des soldats (et quels soldats !) protéger la translation des trésors de l'autel. Les vases sacrés étoient portés un à un et à découvert; des deux côtés marchoient des Goths l'épée à la main; les Romains et les Barbares chantoient ensemble des hymnes à la louange du Christ [2].

Ce qui fut épargné par Alaric n'auroit point échappé à la main d'Attila : il marchoit à Rome;

---

[1] Romulus et Remus asylum constituisse perhibentur quærentes creandæ multitudinem civitatis : mirandum in honorem Christi præcessit exemplum. Hoc constituerunt eversores urbis quod instituerant antea conditores. (AUG., *Civ.*, lib. I, cap. XXXIV, p. 22. Basileæ.)

[2] Super capita elata palam, aurea atque argentea vasa portantur, exsertis undique ad defensionem gladiis pia pompa munitur. Hymnis Deo, Romanis Barbarisque concinentibus, canitur. — Personat late in excidio urbis salutis tuba.... (OROS., *Historiar.*, lib. VII, cap. XXXIX, pag. 574. Lugduni Batavorum, 1767.)

saint Léon vient au-devant de lui; le fléau de Dieu est arrêté par le prêtre de Dieu [1], et le prodige des arts a fait vivre le miracle de l'histoire dans le nouveau Capitole, qui tombe à son tour.

Devenus chrétiens, les Barbares mêloient à leur rudesse les austérités de l'anachorète: Théodoric, avant d'attaquer le camp de Litorius, passa la nuit vêtu d'une haire [2], et ne la quitta que pour reprendre le sayon de peau.

Si les Romains l'emportoient sur leurs vainqueurs par la civilisation, ceux-ci leur étoient supérieurs en vertus. « Lorsque nous voulons insulter un en-« nemi, dit Luitprand, nous l'appelons *Romain*, « ce nom signifie bassesse, lâcheté, avarice, débau-« che, mensonge; il renferme seul tous les vices [3]. » Les Barbares rejetoient l'étude des lettres, disant: « L'enfant qui tremble sous la verge ne pourra re-« garder une épée sans trembler [4]. » Dans la loi salique le meurtre d'un Frank est estimé deux cents sous d'or; celui d'un Romain propriétaire, cent sous, la moitié d'un homme [5].

---

[1] Occurrente sibi (Attila) extra portas sancto Leone episcopo, cujus supplicatio ita eum Deo agente lenivit, ut cum omnia in potestate ipsius essent, tradita sibi civitate, ab igne tamen et cæde atque suppliciis abstineret. (Prosp. *Chronic.*)

[2] Indutus cilicio pernoctavit. (Salvian., *de Gubern. Dei*, p. 165.)

[3] Vocamus Romanum, hoc solo, id est quidquid luxuriæ, quidquid mendacii, imo quidquid vitiorum est comprehendentes. (Luitprand. *legat. apud. Murat., Scriptor. Ital.*, vol. II, part. I, p. 481.)

[4] Eos nunquam hastam aut gladium despecturos mente intrepida, si scuticam tremuissent. (Procop., *de Bell. gothico*, lib. I, p. 312.)

[5] Si quis ingenuus Francum, aut hominem barbarum, occi-

Dignités, âge, profession, religion, n'arrêtèrent point les fureurs de la débauche; au milieu des provinces en flamme, on ne se pouvoit arracher aux jeux du cirque et du théâtre : Rome est saccagée, et les Romains fugitifs viennent étaler leur dépravation aux yeux de Carthage encore romaine pour quelques jours [1]. Quatre fois Trèves est envahie, et le reste de ses citoyens s'assied, au milieu du sang et des ruines, sur les gradins déserts de son amphithéâtre.

« Fugitifs de la ville de Trèves, s'écrie Salvien, « vous vous adressez aux empereurs afin d'obtenir « la permission de rouvrir le théâtre et le cirque : « mais où est la ville, où est le peuple pour qui « vous présentez cette requête [2] ? »

Cologne succombe au moment d'une orgie générale; les principaux citoyens n'étoient pas en état de sortir de table, lorsque l'ennemi, maître des remparts, se précipitoit dans la ville [3].

---

derit, qui lege salica vivit, vin denariis qui faciunt solidos cc, culpabilis judicetur. (Tit. xliii, art. i.) Si romanus homo possessor occisus fuerit, iv denariis qui faciunt solidos c, culpabilis judicetur. (Tit. xliii, art. vii.)

[1] Quæ (pestilentia dæmonum) animos miserorum adeo obcæcavit tenebris, tanta deformitate fœdavit ut etiam modo, romana urbe vastata fugientes, Carthaginem venire potuerunt, in theatris quotidie certatim pro histrionibus delirarent. . . . . Vos nec contriti ab hoste luxuriam repressistis : perdidistis utilitatem calamitatis et miserrimi facti estis, et pessimi permansistis. (Aug., de Civ. Dei, lib. i, cap. xxxii.)

[2] Theatra igitur quæritis, circum a principibus postulatis : quæso cui statui, cui populo, cui civitati? (Salvian., de Gubern. Dei, lib. vi, p. 217.)

[3] Ad gressum nutabundi (p. 213). Barbaris pene in conspectu

Presque toutes les maisons de Carthage étoient des maisons de prostitution : des hommes erroient dans les rues, couronnés de fleurs, répandant au loin l'odeur des parfums, habillés comme des femmes, la tête voilée comme elles, et vendant aux passants leurs abominables faveurs [1]. Genseric arrive : au dehors le fracas des armes, au dedans le bruit des jeux ; la voix des mourants, la voix d'une populace ivre, se confondent ; à peine le cri des victimes de la guerre se peut-il distinguer des acclamations de la foule au cirque [2].

Souvenez-vous, pour ne pas perdre de vue le train du monde, qu'à cette époque Rutilius mettoit en vers son voyage de Rome en Étrurie, comme Horace, aux beaux jours d'Auguste, son voyage de Rome à Brindes ; que Sidoine Apollinaire chantoit ses délicieux jardins, dans l'Auvergne envahie par les Visigoths ; que les disciples d'Hypatia ne res-

---

omnium sitis, nullus metus erat hominum, non custodia civitatum. (SALV., *de Gubern. Dei,* lib. VI, pag. 214.)

[1] Adeo omnia pene compita, omnes vias, quasi foveæ libidinum..... Fœtebant, ut ita dixerim, cuncti urbis illius cives cœno libidinis spurcum sibimetipsis mutuo impudicitiæ nidorem inhalantes (pag. 260).
Indicia sibi quædam monstruosæ impuritatis innectebant ut femineis tegminum illigamentis capita velarent atque publice in civitate (pag. 266). Latrono quodam modo excubias videret (pag. 269). (SALV., *de Gubern. Dei,* lib. VII.)

[2] Fragor, ut ita dixerim, extra muros et intra muros, præliorum et ludicrorum confundebantur : vox morientium voxque bacchantium : ac vix discerni forsitan poterat plebis ejulatio quæ cadebat in bello, et sonus populi qui clamabat in circo. (SALVIAN., *de Gubern. Dei,* lib. VI, pag. 210.)

piroient que pour elle, dans les douces relations de la science et de l'amour; que Damascius, à Athènes, attachoit plus d'importance à quelque rêverie philosophique qu'au bouleversement de la terre; qu'Orose et saint Augustin étoient plus occupés du schisme de Pélage que de la désolation de l'Afrique et des Gaules; que les eunuques du palais se disputoient des places qu'ils ne devoient posséder qu'une heure; qu'enfin il y avoit des historiens qui fouilloient comme moi les archives du passé au milieu des ruines du présent, qui écrivoient les annales des anciennes révolutions au bruit des révolutions nouvelles; eux et moi prenant pour table dans l'édifice croulant, la pierre tombée à nos pieds, en attendant celle qui devoit écraser nos têtes.

On ne se peut faire aujourd'hui qu'une foible idée du spectacle que présentoit le monde romain, après les incursions des Barbares : le tiers (peut-être la moitié) de la population de l'Europe et d'une partie de l'Afrique et de l'Asie fut moissonné par la guerre, la peste et la famine.

La réunion de tribus germaniques, pendant le règne de Marc-Aurèle, laissa sur les bords du Danube des traces bientôt effacées; mais lorsque les Goths parurent au temps de Philippe et de Dèce, la désolation s'étendit et dura. Valérien et Gallien occupoient la pourpre quand les Franks et les Allamans ravagèrent les Gaules et passèrent jusqu'en Espagne.

Dans leur première expédition navale, les Goths

saccagèrent le Pont; dans la seconde ils retombèrent sur l'Asie-Mineure; dans la troisième la Grèce fut mise en cendres. Ces invasions amenèrent une famine et une peste qui dura quinze ans; cette peste parcourut toutes les provinces et toutes les villes : cinq mille personnes mouroient dans un seul jour [1]. On reconnut par le registre des citoyens qui recevoient une rétribution de blé à Alexandrie, que cette cité avoit perdu la moitié de ses habitants [2].

Une invasion de trois cent vingt mille Goths, sous le règne de Claude, couvrit la Grèce; en Italie, du temps de Probus, d'autres Barbares multiplièrent les mêmes malheurs. Quand Julien passa en Gaule, quarante-cinq cités venoient d'être détruites par les Allamans : les habitants avoient abandonné les villes ouvertes, et ne cultivoient plus que les terres encloses dans les murs des villes fortifiées. L'an 412, les Barbares parcoururent les dix-sept provinces des Gaules, chassant devant eux, comme un troupeau, sénateurs et matrones, maîtres et esclaves, hommes et femmes, filles et garçons. Un captif qui cheminoit à pied au milieu des chariots et des armes n'avoit d'autre consolation que d'être auprès de son évêque, comme lui prisonnier : poëte et chrétien, ce captif prenoit pour sujet de ses chants

---

[1] Nam et pestilentia tanta existebat vel Romæ, vel in Achaicis urbibus, ut uno die quinque millia hominum pari morbo perirent. (*Hist. Aug.*, pag. 177.)

[2] Quærunt etiam quamobrem civitas ista maxima, non amplius tantam habitatorum multitudinem ferat, quantam senum.... quorum nomina in tabulas publicas pro divisione frumenti factitatas. (Euseb., *Hist. eccl.*, lib. vii, cap. xxi.)

les malheurs dont il étoit témoin et victime. « Quand
« l'Océan auroit inondé les Gaules, il n'y auroit point
« fait de si horribles dégâts que cette guerre. Si l'on
« nous a pris nos bestiaux, nos fruits et nos grains,
« si l'on a détruit nos vignes et nos oliviers, si
« nos maisons à la campagne ont été ruinées par
« le feu ou par l'eau, et si, ce qui est encore plus
« triste à voir, le peu qui en reste demeure désert
« et abandonné, tout cela n'est que la moindre par-
« tie de nos maux. Mais, hélas! depuis dix ans, les
« Goths et les Vandales font de nous une horrible
« boucherie. Les châteaux bâtis sur les rochers, les
« bourgades situées sur les plus hautes montagnes,
« les villes environnées de rivières, n'ont pu garantir
« les habitants de la fureur de ces barbares, et l'on
« a été partout exposé aux dernières extrémités. Si
« je ne puis me plaindre du carnage que l'on a fait
« sans discernement, soit de tant de peuples, soit de
« tant de personnes considérables par leur rang, qui
« peuvent n'avoir reçu que la juste punition des
« crimes qu'ils avoient commis, ne puis-je au moins
« demander ce qu'ont fait tant de jeunes enfants
« enveloppés dans le même carnage, eux dont l'âge
« étoit incapable de pécher? Pourquoi Dieu a-t-il
« laissé consumer ses temples [1]? »

L'invasion d'Attila couronna ces destructions; il
n'y eut que deux villes de sauvées au nord de la
Loire, Troyes et Paris. A Metz, les Huns égorgèrent

---

[1] Si totus Gallos sese effudisset in agros
Oceanus, vastis plus superesset aquis, etc.
(*De Provid. div.*, trad. de TILLEMONT, *Hist. des Emp.*)

tout, jusqu'aux enfants que l'évêque s'étoit hâté de baptiser ; la ville fut livrée aux flammes : long-temps après on ne reconnoissoit la place où elle avoit été, qu'à un oratoire échappé seul à l'incendie [1]. Salvien avoit vu des cités remplies de corps morts ; des chiens et des oiseaux de proie, gorgés de la viande infecte des cadavres, étoient les seuls êtres vivants dans ces charniers [2].

Les Thuringes qui servoient dans l'armée d'Attila exercèrent, en se retirant à travers le pays des Franks, des cruautés inouïes que Théodoric, fils de Khlovigh, rappeloit quatre-vingts ans après pour exciter les Franks à la vengeance. « Se ruant sur « nos pères, ils leur ravirent tout. Ils suspendirent « leurs enfants aux arbres par le nerf de la cuisse. « Ils firent mourir plus de deux cents jeunes filles « d'une mort cruelle : les unes furent attachées par « les bras au cou des chevaux qui, pressés d'un ai- « guillon acéré, les mirent en pièces ; les autres « furent étendues sur les ornières des chemins, et « clouées en terre avec des pieux : des charrettes « chargées passèrent sur elles ; leurs os furent bri- « sés, et on les donna en pâture aux corbeaux et aux « chiens [3]. »

---

[1] Nec remansit in ea locus inustus, præter oratorium beati Stephani, primi martyris ac levitæ. (Greg. Tur., lib. II, cap. VI.)

[2] Jacebant si quidem passim, quod ipse vidi atque sustinui, utriusque sexus cadavera nuda, lacerata, urbis oculos incestantia, avibus canibusque laniata. (Salv., *de Gubern. Dei*, lib. VI, p. 216.)

[3] Inruentes super parentes nostros, omnem substantiam abstulerunt, pueros per nervum femoris ad arbores appendentes, puellas amplius ducentas crudeli nece interfecerunt : ita ut ligatis

Les plus anciennes chartes de concessions de terrains à des monastères déclarent que ces terrains sont soustraits des forêts[1], qu'ils sont déserts, *eremi*, ou plus énergiquement, qu'ils sont pris du désert[2], *ab eremo*. Les canons du concile d'Angers (4 octobre 453) ordonnent aux clercs de se munir de lettres épiscopales pour voyager; ils leur défendent de porter des armes; ils leur interdisent les violences et les mutilations, et excommunient quiconque auroit livré des villes : ces prohibitions témoignent des désordres et des malheurs de la Gaule.

Le titre quarante-septième de la loi salique : *De celui qui s'est établi dans une propriété qui ne lui appartient point, et de celui qui la tient depuis douze mois*, montre l'incertitude de la propriété et le grand nombre de propriétés sans maîtres. « Qui« conque aura été s'établir dans une propriété étran« gère, et y sera demeuré douze mois sans contesta« tion légale, y pourra demeurer en sûreté comme « les autres habitants[3]. »

Si sortant des Gaules vous vous portez dans l'est

---

brachiis super equorum cervicibus ipsique acerrimo moti stimulo per diversa petentes, diversas in partes feminas diviserunt. Aliis vero super orbitas viarum extensis, sudibusque in terram confixis, plaustra desuper onerata transire fecerunt, confractisque ossibus, canibus, avibusque eas in cibaria dederunt. (GREG. TUR., lib. III, cap. VII.)

[1] *Act. S. Sever.*
[2] *S. Bernard. Vit.*
[3] Si autem quis migraverit in villam alienam, et ei aliquid infra duodecim menses secundum legem contestatum, non fuerit, securus ibidem consistat sicut et alii vicini. (Art. IV.)

de l'Europe, un spectacle non moins triste frappera vos yeux. Après la défaite de Valens, rien ne resta dans les contrées qui s'étendent des murs de Constantinople au pied des Alpes Juliennes ; les deux Thraces offroient au loin une solitude verte, bigarrée d'ossements blanchis. L'an 448 des ambassadeurs romains furent envoyés à Attila : treize jours de marche les conduisirent à Sardique incendiée, et de Sardique à Naïsse : la ville natale de Constantin n'étoit plus qu'un monceau informe de pierres ; quelques malades languissoient dans les décombres des églises, et la campagne à l'entour étoit jonchée de squelettes [1]. « Les cités furent dé-
« vastées, les hommes égorgés, dit saint Jérôme ;
« les quadrupèdes, les oiseaux et les poissons même
« disparurent ; le sol se couvrit de ronces et d'é-
« paisses forêts [2]. »

L'Espagne eut sa part de ces calamités. Du temps d'Orose, Taragone et Lérida étoient dans l'état de désolation où les avoient laissées les Suèves et les Franks ; on apercevoit quelques huttes plantées dans l'enceinte des métropoles renversées. Les Vandales

---

[1] Venimus Naissum quæ ab hostibus fuerat eversa et solo æquata ; itaque eam desertam hominibus ostendimus, præter quam quod in ruinis sacrarum ædium erant quidam ægroti. Omnia enim circa ripam erant plena ossibus eorum qui bello ceciderant. (*Excerpta e legationibus ex Hist. Goth.* Prisci *rhetoris, in corp. Byz. Histor.*, pag. 59. Parisiis, e typographia regia, 1660.)

[2] Vastatis urbibus, hominibusque interfectis, solitudinem et raritatem bestiarum quoque fieri, et volatilium pisciumque. . . . crescentes vepres et condensa sylvarum cuncta perierunt. (Hier. *ad Sophon.*)

et les Goths glanèrent ces ruines; la famine et la peste achevèrent la destruction. Dans les campagnes, les bêtes, alléchées par les cadavres gisants, se ruoient sur les hommes qui respiroient encore : dans les villes, les populations entassées, après s'être nourries d'excréments, se dévoroient entre elles; une femme avoit quatre enfants; elle les tua et les mangea tous [1].

Les Pictes, les Calédoniens, ensuite les Anglo-Saxons exterminèrent les Bretons, sauf les familles qui se réfugièrent dans le pays de Galles ou dans l'Armorique. Les insulaires adressèrent à Ætius une lettre ainsi suscrite : « *Le gémissement de la Bretagne à Ætius, trois fois consul.* » Ils disoient : « Les Barbares nous chassent vers la mer et la mer « nous repousse vers les Barbares; il ne nous reste « que le genre de mort à choisir, le glaive ou les « flots [2]. »

Gildas achève le tableau : « D'une mer à l'autre, « la main sacrilége des Barbares venus de l'Orient « promena l'incendie : ce ne fut qu'après avoir brûlé « les villes et les champs sur presque toute la sur-

---

[1] Fames dira grassatur, adeo ut humanæ carnes ab humano genere vi famis fuerunt devoratæ, matres quoque necatis vel coctis per se natorum suorum sint pastæ corporibus.

Bestiæ occisorum gladio, fame, pestilentia, cadaveribus adsuetæ, quousque hominum fortiores interimunt. (IDATII *episcop. Chronicon.*, pag. 11. Lutetiæ Parisiorum, 1619.)

[2] « *Ætio ter consuli gemitus Britannorum.* » — Et in processu epistolæ ita calamitates suas explicant : Repellunt Barbari ad mare, mare ad Barbaros. Inter hæc oriuntur duo genera funerum, aut jugulamur aut mergimur. (BEDÆ *presbyt.*, *Hist. eccl. gentis Anglorum*, cap. XIII. Coloniæ, anno 1612.)

« face de l'île, et l'avoir balayée comme d'une langue
« rouge, jusqu'à l'Océan occidental, que la flamme
« s'arrêta. Toutes les colonnes croulèrent au choc
« du bélier; tous les habitants des campagnes avec
« les gardiens des temples, les prêtres et le peuple
« périrent par le fer ou par le feu. Une tour véné-
« rable à voir s'élève au milieu des places publi-
« ques; elle tombe : les fragments de murs, les
« pierres, les sacrés autels, les tronçons de cadavres
« pétris et mêlés avec du sang, ressembloient à du
« marc écrasé sous un horrible pressoir.

« Quelques malheureux échappés à ces désastres
« étoient atteints et égorgés dans les montagnes ;
« d'autres, poussés par la faim, revenoient et se
« livroient à l'ennemi pour subir une éternelle ser-
« vitude, ce qui passoit pour une grâce signalée;
« d'autres gagnoient les contrées d'outre-mer, et,
« pendant la traversée, chantoient avec de grands
« gémissements, sous les voiles : *Tu nous as, ô Dieu!*
« *livrés comme des brebis pour un festin; tu nous as*
« *dispersés parmi les nations*[1]. »

La misère de la Grande-Bretagne est peinte tout

---

[1] De mari usque ad mare, ignis orientali sacrilegorum manu exageratus, et finitimas quasque civitates agrosque populans, qui non quievit accensus donec cunctam pene exurens insulæ superficiem rubra occidentalem trucique Oceanum lingua delamberet. Ita ut cunctæ columnæ crebro impetu, crebris arietibus, omnesque coloni cum præpositis ecclesiæ, cum sacerdotibus ac populo, mucronibus undique micantibus, ac flammis crepitantibus, simul solo sternerentur; et, venerabili visu, in medio platearum una turrium, edito carmine evulsarum, murorumque celsorum, saxa, sacra altaria, cadaverum frusta, crustis ac gelan-

entière dans une des lois galliques ; cette loi déclare qu'aucune compensation ne sera reçue pour le larcin du lait d'une jument, d'une chienne ou d'une chatte[1].

L'Afrique dans ses terres fécondes fut écorchée par les Vandales, comme elle l'est dans ses sables stériles par le soleil[2]. « Cette dévastation, dit Posi-
« donius, témoin oculaire, rendit très amer à saint
« Augustin le dernier temps de sa vie ; il voyoit les
« villes ruinées, et à la campagne les bâtiments abat-
« tus, les habitants tués ou mis en fuite, les églises
« dénuées de prêtres, les vierges et les religieux
« dispersés. Les uns avoient succombé aux tour-
« ments, les autres péri par le glaive ; les autres,
« encore réduits en captivité, ayant perdu l'intégrité
« du corps, de l'esprit et de la foi, servoient des
« ennemis durs et brutaux. . . . . . . Ceux qui s'en-
« fuyoient dans les bois, dans les cavernes et les
« rochers, ou dans les forteresses, étoient pris et
« tués, ou mouroient de faim. De ce grand nombre
« d'églises d'Afrique, à peine en restoit-il trois, Car-

---

tibus purpurei cruoris tecta velut in quodam horrendo torculari mixta viderentur.

Itaque nonnulli miserarum reliquiarum in montibus deprehensi acervatim jugulabantur; alii, fame confecti accedentes, manus hostibus dabant in ævum servituri. . . . . quod altissimæ gratiæ stabat in loco. Alii transmarinas petebant regiones cum ululatu magno, hoc modo sub velarum sinibus cantantes : *Dedisti nos tanquam oves escarum, et in gentibus dispersisti nos, Deus.* (*Histor. Gildæ, liber querulus de excidio Britanniæ,* p. 8, *in Hist. Brit. et Angl. script.,* tom. II.)

[1] *Leges Wallicæ,* lib. III, cap. III, pag. 207-260.
[2] Buffon, *Hist. natur.*

« thage, Hippone et Cirthe, qui ne fussent pas rui-
« nées, et dont les villes subsistassent [1]. »

Les Vandales arrachèrent les vignes, les arbres
à fruit, et particulièrement les oliviers, pour que
l'habitant retiré dans les montagnes ne pût trouver de nourriture [2]. Ils rasèrent les édifices publics
échappés aux flammes : dans quelques cités, il ne
resta pas un seul homme vivant. Inventeurs d'un
nouveau moyen de prendre les villes fortifiées, ils
égorgeoient les prisonniers autour des remparts;
l'infection de ces voiries sous un soleil brûlant se
répandoit dans l'air, et les Barbares laissoient au
vent le soin de porter la mort dans des murs qu'ils
n'avoient pu franchir [3].

Enfin l'Italie vit tour à tour rouler sur elle les
torrents des Allamans, des Goths, des Huns et des
Lombards; c'étoit comme si les fleuves qui descendent des Alpes, et se dirigent vers les mers oppo-
sées, avoient soudain, détournant leur cours, fondu
à flots communs sur l'Italie. Rome, quatre fois assiégée et prise deux fois, subit les maux qu'elle avoit

---

[1] Traduct. de Fleury, *Hist. eccles.*
[2] Sed nec arbustis fructiferis parcebant ne forte quos antra montium occultaverant, post eorum transitum, illis pabulis nutrirentur; ab eorum contagione nullus remansit locus immunis. (VICTOR, *Vitensis episc.*, lib. I, *de Persecutione africana*, pag. 2. Divione, 1664.)
[3] Ubi vero munitiones aliquæ videbantur, quas hostilitas barbarici furoris oppugnare nequiret, congregatis in circuitu castrorum innumerabilis turbis, gladiis feralibus cruciabant, ut putrefactis cadaveribus, quos adire non poterant arcente murorum defensione, corporum liquescentium enecarent fœtore. (*Id*, pag. 3.)

infligés à la terre: « Les femmes, selon saint Jérôme,
« ne pardonnèrent pas même aux enfants qui pen-
« doient à leurs mamelles, et firent rentrer dans
« leur sein le fruit qui ne venoit que d'en sortir¹.
« Rome devint le tombeau des peuples dont elle
« avoit été la mère..... La lumière des nations fut
« éteinte; en coupant la tête de l'empire romain, on
« abattit celle du monde². » — « D'horribles nouvelles
« se sont répandues, s'écrioit saint Augustin du haut
« de la chaire, en parlant du sac de Rome : carnage,
« incendie, rapine, extermination ! Nous gémis-
« sons, nous pleurons, et nous ne sommes point
« consolés³. »

On fit des règlements pour soulager du tribut
les provinces de la Péninsule, notamment la Cam-
panie, la Toscane, le Picenum, le Samnium, l'Apu-
lie, la Calabre, le Brutium et la Lucanie; on donna
aux étrangers qui consentoient à les cultiver, les

[1] Ad. . . . .
. . . . ; dum mater non parcit lactenti infantiæ, et
suo recipit utero quem paulo ante effuderat. (HIERON., ep. XVI,
pag. 121. *Epistolæ tribus prioribus contentæ in eodem volumine*,
tom. II, pag. 486. Parisiis, 1579.)

[2] Quis credat ut totius orbis exstructa victoriis Roma corrueret,
ut ipsa suis populis et mater fieret et sepulchrum. . . . .
Postquam vero clarissimum terrarum omnium lumen extinctum
est, imo romani imperii truncatum caput, et, ut verius dicam, in
una urbe totus orbis interiret. . . . . obmutui. (HIERON., *in
Ezech.*)

[3] Horrenda nobis nuntiata sunt : strages facta, incendia, ra-
pinæ, interfectiones, excruciationes hominum... Omnia gemuimus,
sæpe flevimus, vix consolati sumus. (AUG., *de Urb. excidio*, t. VI,
pag. 624.)

terres restées en friche[1]. Majorien[2] et Théodoric
s'occupèrent de réparer les édifices de Rome, dont
pas un seul n'étoit resté entier, si nous en croyons
Procope[3]. La ruine alla toujours croissant avec
les nouveaux temps, les nouveaux siéges, le fanatisme des chrétiens et les guerres intestines : Rome
vit renaître ses conflits avec Albe et Tibur; elle se
battoit à ses portes; les espaces vides que renfermoit son enceinte devinrent le champ de ces batailles qu'elle livroit autrefois aux extrémités de la
terre. Sa population tomba de trois millions d'habitants au-dessous de quatre-vingt mille [4]. Vers le
commencement du huitième siècle, des forêts et
des marais couvroient l'Italie; les loups et d'autres
animaux sauvages hantoient ces amphithéâtres qui
furent bâtis pour eux; mais il n'y avoit plus d'hommes à dévorer.

Les dépouilles de l'Empire passèrent aux Barbares; les chariots des Goths et des Huns, les barques des Saxons et des Vandales, étoient chargés

---

[1] *Cod. Theodos.*, lib. xi, xiii, xv.

[2] Antiquarum ædium dissipatur speciosa constructio, et, ut aliquid reparetur, magna diruuntur, etc. (Nov. Majorian., tit. vi, pag. 35.)

[3] .... Omnique direpta, magna Romanorum cæde edita, pergunt alio. (Procop., *Hist. Vand.*) La Chronique de Marcellin ajoute : *Partem urbis Romæ cremavit;* et Philostorge va bien au-delà.

[4] Brottier et Gibbon ne portent cette population qu'à douze cent mille, évaluation visiblement trop foible, comme celle de Juste-Lipse et de Vossius est trop forte; il s'agiroit, d'après ces derniers auteurs, de quatre, de huit et de quatorze millions. Un critique moderne italien a rassemblé avec beaucoup de sagacité les divers recensements de l'ancienne Rome.

de tout ce que les arts de la Grèce et le luxe de Rome avoient accumulé pendant tant de siècles; on déménageoit le monde comme une maison que l'on quitte. Genseric ordonna aux citoyens de Carthage de lui livrer, sous peine de mort, les richesses dont ils étoient en possession : il partagea les terres de la province proconsulaire entre ses compagnons; il garda pour lui-même le territoire de Byzance, et des terres fertiles en Numidie et en Gétulie[1]. Ce même prince dépouilla Rome et le Capitole, dans la guerre que Sidoine appelle la quatrième guerre Punique[2] : il composa d'une masse de cuivre, d'airain, d'or et d'argent, une somme qui s'élevoit à plusieurs millions de talents[3].

Le trésor des Goths étoit célèbre : il consistoit dans les cent bassins remplis d'or, de perles et de diamants offerts par Ataulphe à Placidie; dans soixante calices, quinze patènes et vingt coffres précieux pour renfermer l'Evangile[4]. Le *Missorium*, partie de ces richesses, étoit un plat d'or de cinq

---

[1] Procop., *de Bell. Vand.*, lib. I, cap. v; Victor. Vitens., *de Persecut. Vandal.*, lib. I, cap. IV.

[2] Sid. Apoll., *Paneg. Avit.*

[3] Ne æs quidem, aut quicquam aliud unde pretium fieri posset in palatio reliquerat. Diripuerat et Capitolium, Jovis templum, tegularumque partem abstulerat alteram, quæ ex ære purissimo factæ, auroque largiter oblitæ, magnificam plane mirandamque speciem præbebant. (Procop.. *Hist. Vand.*, lib. I.)

[4] Nam sexaginta calices, quindecim patenas, viginti Evangeliorum capsas detulit, omnia ex auro puro, ac gemmis pretiosis ornata. Sed non est passus ea confringi. (Greg. Turon., lib. III, cap. x.)

Les Gestes des Franks, pag. 557, répetent le même fait.

cents livres de poids, élégamment ciselé. Un roi goth, Sisenand, l'engagea à Dagobert pour un secours de troupes ; le Goth le fit voler sur la route, puis il apaisa le Frank par une somme de deux cent mille sous d'or, prix jugé fort inférieur à la valeur du plat [1]. Mais la plus grande merveille de ce trésor étoit une table formée d'une seule émeraude : trois rangs de perles l'entouroient ; elle se soutenoit sur soixante-cinq pieds d'or massif incrustés de pierreries ; on l'estimoit cinq cent mille pièces d'or ; elle passa des Visigoths aux Arabes [2] : conquête digne de leur imagination.

L'histoire, en nous faisant la peinture générale des désastres de l'espèce humaine à cette époque, a laissé dans l'oubli les calamités particulières, insuffisante qu'elle étoit à redire tant de malheurs. Nous apprenons seulement par les apôtres chrétiens quelque chose des larmes qu'ils essuyoient en secret. La société, bouleversée dans ses fondements, ôta même à la chaumière l'inviolabilité de son indigence ; elle ne fut pas plus à l'abri que le palais : à

---

[1] In hujus beneficii repensionem missorium aureum nobilissimum ex thesauris Gothorum...... Dagoberto dare promisit, pensantem auri pondus quingentos..... Cumque a Sisenando rege missorius ille legatariis fuisset traditus, a Gothis per vim tollitur, nec eum exinde exhibere permiserunt. Postea discurrentibus legatis ducenta millia solidorum missorii hujus pretii Dagobertus a Sisenando accipiens, ipsumque pensavit. (FREDEG., *Chron.*, cap. LXXIII.)

Le troisième fragment de Frédégaire, et les *Gestes* de Dagobert, chapitre XXIX, redisent cette anecdote.

[2] *Histoire de l'Afrique et de l'Espagne sous la domination des Arabes*, par M. Cardonne.

cette époque, chaque tombeau renferma un misérable.

Le concile de Brague, en Lusitanie, souscrit par dix évêques, donne une idée naïve de ce que l'on faisoit et de ce que l'on souffroit pendant les invasions. L'évêque Pancratien prit la parole : « Vous « voyez, mes frères, dit-il, comme l'Espagne est « ravagée par les Barbares. Ils ruinent les églises, « tuent les serviteurs de Dieu, profanent la mé- « moire des saints, leurs os, leurs sépulcres, les « cimetières.............
«............Mettez devant les yeux de « notre troupeau l'exemple de notre constance, en « souffrant pour Jésus-Christ quelque partie des « tourments qu'il a soufferts pour nous[1]......
«.........» Alors Pancratien fit la profession de foi de l'Église catholique, et à chaque article, les évêques répondoient : *Nous le croyons*[2]. « Ainsi, que ferons-nous maintenant des reliques « des saints ? » dit Pancratien. Clipand de Coimbre dit : « Que chacun fasse selon l'occasion; les Bar- « bares sont chez nous et pressent Lisbonne; ils « tiennent Mérida et Astracan; au premier jour ils « viendront sur nous; que chacun s'en aille chez soi, « qu'il console les fidèles; qu'il cache doucement « les corps des saints, et nous envoie la relation des

---

[1] Notum vobis est, et fratres socii mei, quomodo barbaræ gentes devastant universam Hispaniam : templa evertunt, servos Christi occidunt in ore gladii, et memorias sanctorum, ossa, sepulchra, cœmeteria profanant. (*Lab. Concil.*, pag. 1508.)

[2] Similiter et nos credimus. (*Id., ibid.*)

« lieux ou des cavernes où on les aura mis, de peur
« qu'il ne les oublie avec le temps. » Pancratien dit :
« Allez en paix. Notre frère Pontamius demeurera
« seulement à cause de la destruction de son église
« d'Éminie, que les Barbares ravagent. » Pontamius
dit : « Que j'aille aussi consoler mon troupeau et
« souffrir avec lui pour Jésus-Christ. Je n'ai pas
« reçu la charge d'évêque pour être dans la pros-
« périté, mais dans le travail. » Pancratien dit :
« C'est très bien dit. Dieu vous conserve. » Tous les
évêques dirent : « Dieu vous conserve. » Tous ensemble : « Allons en paix à Jésus-Christ[1]. »

Lorsque Attila parut dans les Gaules, la terreur
se répandit devant lui : Geneviève de Nanterre ras-
sura les habitants de Paris; elle exhortoit les femmes
à prier réunies dans le Baptistère, et leur promet-
toit le salut de la ville : les hommes qui ne croyoient
point aux prophéties de la bergère s'excitoient à
la lapider ou à la noyer[2]. L'archidiacre d'Auxerre
les détourna de ce mauvais dessein, en les assurant
que saint Germain publioit les vertus de Geneviève :

---

[1] *Pancratianus dixit :* Abite in pace omnes, solus remaneat frater noster propter destructionem ecclesiæ suæ quam Barbari vexant.

Pontamius dixit : Abeam et ego ut confortem oves meas, et simul cùm eis pro nomine Christi patiar labores et anxietates; non enim suscepi munus episcopi in prosperitate, sed in labore.

Pancrat. : Optimum verbum, justum consilium : profertum approbo. Deus te conservet.

Omnes episcopi : Servet te Deus.

Omnes simul : Abeamus in pace Jesu Christi. (*Conc.*, tom. II, pag. 1509.)

[2] Dies aliquot in Baptisterio vigilias exercentes jejuniis et orationibus ac vigiliis insisterent ut suaserat Genovefa, Deo vaca-

les Huns ne passèrent point sur les terres des Parisii[1]. Troyes fut épargnée, à la recommandation de saint Loup. Dans sa retraite, le Fléau de Dieu se fit escorter par le saint[2] : saint Loup, esclave et prisonnier protégeant Attila, est un grand trait de l'histoire de ces temps.

Saint Agnan, évêque d'Orléans, étoit renfermé dans sa ville que les Huns assiégeoient; il envoie sur les murailles attendre et découvrir des libérateurs : rien ne paroissoit. « Priez, dit le saint, priez avec « foi; » et il envoie de nouveau sur les murailles. Rien ne paroît encore : « Priez, dit le saint, priez « avec foi; » et il envoie une troisième fois regarder du haut des tours. On apercevoit comme un petit nuage qui s'élevoit de terre. « C'est le secours du « Seigneur ! » s'écrie l'évêque[3].

---

runt. Viris quoque suadebat ne bona sua a Parisio auferrent. Urbem Parisium fore incontaminatam ab inimicis. Insurrexerunt in eam cives, dicentes pseudoprophetissam : tractaverunt ut Genovefam, aut lapidibus obrutam, aut vasto gurgite submersam punirent. (Boll. III, pag. 139.)

[1] Interea adveniente Autissiodorensi urbe archidiacono, qui olim audierat sanctum Germanum magnificum testimonium de Genovefa dedisse. . . . . . . dixit : Nolite tantum admittere facinus. . . . . . Prædictum exercitum ne Parisium circumdaret procul abegit. (Vita S. Genov. ap. Boll., 3 janv.)

[2] Redux in Gallias, Lupus urbem suam ab Attilæ Hunnorum regis furore servavit, an 451, qui post vastas romani imperii plurimas provincias, Thraciam, Illyriam, etc., Galliam quoque invaserat, ubi Remos Cameracum, Lingonas Autissiodorum aliasque urbes ferro flammisque vastarat. Attilam Rhenum usque comitatus Lupus, inde reversus tum ut se arctius vocationibus divinis implicaret. (Gal. Christ., t. XII, pag. 485 ; Vit. S. Lup. ap. Suri., pag. 348.)

[3] Adspicite de muro civitatis, si Dei miseratio jam succurrat...

Genseric emmena de Rome en captivité Eudoxie et ses deux filles, seuls restes de la famille de Théodose [1]. Des milliers de Romains furent entassés sur les vaisseaux du vainqueur : par un raffinement de barbarie, on sépara les femmes de leurs maris, les pères de leurs enfants [2]. Deogratias, évêque de Carthage, consacra les vases saints au rachat des prisonniers. Il convertit deux églises en hôpitaux, et, quoiqu'il fût d'un grand âge, il soignoit les malades qu'il visitoit jour et nuit. Il mourut, et ceux qu'il avoit délivrés crurent retomber en esclavage [3].

Lorsque Alaric entra dans Rome, Proba, veuve du préfet Pétronius, chef de la puissante famille Ancienne, se sauva dans un bateau sur le Tibre [4];

. . . . . Adspicientes autem de muro, neminem viderunt. Et ille : Orate, inquit, fideliter. . . . . Orantibus autem illis, ait : Adspicite iterum. Et cum adspexissent, neminem viderunt qui ferret auxilium. Ait eis tertio : Si fideliter petitis, Dominus velociter adest. Exacta quoque oratione, tertio juxta senis imperium adspicientes de muro, viderunt a longe quasi nebulam de terra consurgere. Quod renuntiantes, ait sacerdos : Domini auxilium est. (GREG. TUR., lib. II, pag. 161.)

Du récit des guerriers *combattant après leur mort*, et de l'histoire de saint Agnan à Orléans, on peut conclure que des poëmes et des contes, devenus populaires dans le dernier siècle, ont leur origine, pour le fond ou pour la forme, dans les chroniques du cinquième au quinzième siècle.

[1] At Eudoxiam Gizerichus filiasque ejus ex Valentiniano duas, Eudociam et Placidiam, captivas abduxit. (PROCOP., *Hist. Vand.*, lib. I.)

[2] VICTOR. VITENS., lib. I, cap. VIII.

[3] *Id., ibid.;* FLEURY, *Hist. eccl.*, tom. VI, pag. 491.

[4] Probam fuisse matronam inter senatorias fama ac divitiis in-

sa fille Læta, et sa petite-fille Démétriade, l'accompagnèrent : ces trois femmes virent de leur barque fugitive les flammes qui consumoient la Ville éternelle. Proba possédoit de grands biens en Afrique; elle les vendit pour soulager ses compagnons d'exil et de malheur [1].

Fuyant les Barbares de l'Europe, les Romains se réfugioient en Afrique et en Asie; mais, dans ces provinces éloignées, ils rencontroient d'autres Barbares : chassés du cœur de l'empire aux extrémités, rejetés des frontières au centre, la terre étoit devenue un parc où ils étoient traqués dans un cercle de chasseurs.

Saint Jérôme reçut quelques débris de tant de grandeurs dans cette grotte où le Roi des rois étoit né pauvre et nu. Quel spectacle et quelle leçon que ces descendants des Scipions et des Gracques réfugiés au pied du Calvaire ! Saint Jérôme commentoit alors Ézéchiel; il appliquoit à Rome les paroles du prophète sur la ruine de Tyr et de Jérusalem : « Je « ferai monter contre vous plusieurs peuples, comme « la mer fait monter les flots. Ils détruiront les murs « jusqu'à la poussière..... Je mettrai sur les enfants « de Juda le poids de leurs crimes..... Ils verront « venir épouvante sur épouvante [2]. » Mais lorsque

signem. . . . . . Jam et portum et amnem, potito hoste, familiæ suæ præcepisse, ut noctu portam panderent. (PROCOP., *Hist. Vand.*, lib. I.)

[1] HIER., *epist.* VIII, *ad Demet.*, t. I, p. 62-73; SULP. XXIX, N. ult.; TILL., *Vie de saint Augustin.*

[2] Cap. VII, v. 26; cap. XII, v. 11.

lisant ces mots; *ils passeront d'un pays à un autre et seront emmenés captifs;* le solitaire jetoit les yeux sur ses hôtes, il fondoit en larmes.

Et pourtant la grotte de Bethléem n'étoit pas un asile assuré; d'autres ravageurs dépouilloient la Phénicie, la Syrie et l'Égypte[1]. Le désert, comme entraîné par les Barbares et changeant de place avec eux, s'étendoit sur la face des provinces jadis les plus fertiles; dans les contrées qu'avoient animées des peuples innombrables, il ne restoit que la terre et le ciel[2]. Les sables mêmes de l'Arabie, qui faisoient suite à ces champs dévastés, étoient frappés de la plaie commune; saint Jérôme avoit à peine échappé aux mains des tribus errantes, et les religieux du Sina venoient d'être égorgés : Rome manquoit au monde, et la Thébaïde aux solitaires.

Quand la poussière qui s'élevoit sous les pieds de tant d'armées, qui sortoit de l'écroulement de tant de monuments, fut tombée; quand les tourbillons de fumée qui s'échappoient de tant de villes en flammes furent dissipés; quand la mort eut fait taire les gémissements de tant de victimes; quand le bruit de la chute du colosse romain eut cessé, alors on aperçut une croix, et au pied de cette croix un monde nouveau. Quelques prêtres, l'Évan-

---

[1] Invasis excisisque civitatibus atque castellis. . . . . . . (AMM. MARCELL.)

[2] . . . . Ubi præter cœlum et terram. . . . . . cuncta perierunt. (HIERON. *ad Sophron.*)

gile à la main, assis sur des ruines, ressuscitoient la société au milieu des tombeaux, comme Jésus-Christ rendit la vie aux enfants de ceux qui avoient cru en lui.

ANALYSE RAISONNÉE
DE
L'HISTOIRE DE FRANCE.

ANALYSE RAISONNÉE

DE

L'HISTOIRE DE FRANCE,

DEPUIS LE RÈGNE DE KHLOVIGH JUSQU'A CELUI
DE PHILIPPE VI, DIT DE VALOIS.

PREMIÈRE RACE.

Qu'étoient devenues les trois vérités de l'ordre social quand l'empire d'Occident s'écroula ?

La vérité religieuse avoit fait un pas immense : le polythéisme étoit détruit, et avec le dogme d'un Dieu s'établissoient les vérités corollaires de ce dogme.

La vérité philosophique étoit rentrée dans la vérité religieuse comme au berceau de la civilisation.

La vérité politique avoit suivi les progrès de la vérité religieuse. Les destructeurs du monde romain étoient libres ; ils trouvèrent sur leur chemin une société organisée dans la servitude : la jeune liberté sauvage s'assit d'abord sur cette société, comme le vieux despotisme romain l'avoit fait : des républiques militaires, frankes, burgondes, visigothes, saxonnes, gouvernèrent des esclaves à l'instar des anciennes républiques civiles, grecques et latines.

Voilà le point où avoient abouti les faits nés du choc des générations païennes, chrétiennes et barbares, à partir du règne d'Auguste pour arriver à celui d'Augustule.

Maintenant les trois vérités fondamentales, combinées d'une autre façon, vont produire aussi les faits du moyen-âge : la vérité religieuse, dominant tout, ordonnera la guerre et commandera la paix, favorisera la vérité politique (la liberté) dans les rangs inférieurs de la société, ou soutiendra partiellement le pouvoir dans des intérêts privés ; elle poursuivra avec le fer et le feu la vérité philosophique échappée de nouveau du sanctuaire sous l'habit de quelque moine savant ou hérétique. Ainsi continuera la lutte jusqu'au jour où les trois vérités, se pondérant, produiront la société perfectionnée des temps actuels.

J'ai dit que l'empire romain-latin étoit devenu l'empire romain-barbare un siècle et demi avant la chute d'Augustule. Cet empire mixte subsista plus de quatre siècles encore après la déposition de ce prince. Les Franks, les Bourguignons et les Visigoths en Gaule, les Ostrogoths et les Lombards en Italie, furent des possesseurs que les populations connoissoient, qu'elles avoient vus dans les légions, et qui, soumis à leurs lois nationales, laissoient au monde assujetti ses mœurs, ses habitudes, souvent même ses propriétés : une religion commune étoit le lien commun entre les vaincus et les vainqueurs. Ce n'est qu'après l'invasion des Normands, sous les derniers rois franks de la race karlovingienne, que la transformation sociale commence à frapper les yeux.

Il n'y eut jamais de complète barbarie, comme on se l'est persuadé. On ne peut pas dire qu'un peuple soit entièrement barbare, quand il a conservé la culture de l'intelligence et la connoissance de l'administration. Or, l'étude des lettres, de la philosophie et de la théologie continua parmi le clergé; l'administration municipale, fiscale, publique et domestique demeura long-temps ce qu'elle avoit été sous l'empire. La science militaire périt dans la discipline, mais l'art de la fortification ne se détériora point, et même les machines de guerre se perfectionnèrent. Il n'y a donc rien de nouveau à remarquer sous les deux premières races, si ce n'est les mœurs particulières des familles investies du pouvoir, l'achèvement de la monarchie de l'Église, et les hautes sources qui, comme des écluses, lâchèrent sur l'Europe le torrent des siècles féodaux.

Toutefois, deux observations doivent être faites. Le chef du gouvernement étoit électif sous la race mérovingienne et sous la race karlovingienne, de même qu'il l'avoit été au temps des Césars; mais auprès du gouvernement des Franks se trouvoit une institution qui le faisoit différer de l'antiquité romaine : des conseils, composés d'évêques et de chefs militaires, décidoient les affaires avec le roi; des assemblées générales, ou plutôt les grandes revues des mois de mars et de mai, recevoient une communication assez légère de la besogne traitée

6.

dans ces assemblées particulières : celles-ci étoient nées de la tradition des États des Gaules rétablis un moment par Arcade et Honorius; mais elles s'étoient surtout modelées sur l'organisation des conciles. Si l'on veut avoir une idée juste de ces temps, sans y chercher des nouveautés qui n'y sont pas, il faut reconnoître que la société entière prit la forme ecclésiastique : tout se gouverna pour l'Église et par l'Église, depuis les nations jusqu'aux rois, dont le sacre étoit purement le sacre d'un évêque. Que les laïques fussent admis à siéger avec le clergé, ce n'étoit pas coutume insolite : dans plusieurs conventions religieuses, les empereurs romains présidoient, et les grands-officiers de la couronne délibéroient. Nous avons vu des philosophes et des païens même assister au concile de Nicée.

La seconde observation sur cette époque historique est relative aux maires du palais. Le premier maire dont il soit fait mention est Goggon, qui fut envoyé à Athanaghilde de la part de Sighebert, pour lui demander la main de Brunehilde.

Deux origines doivent être assignées à la *mairie*, l'une romaine, l'autre franke ou germanique. Le *maire* représentoit le *magister officiorum;* celui-ci acquit dans le palais des empereurs la puissance que le *maire* obtint dans la maison du roi frank. Considérée dans son origine romaine, la charge de maire du palais fut temporaire sous Sighebert et ses devanciers, viagère sous Khlother, héréditaire sous Khlovigh II : elle étoit incompatible avec la qualité de prêtre et d'évêque. Elle porte dans les auteurs le nom de *magister palatii, præfectus aulæ, rector aulæ, gubernator palatii, major domus, rector palatii, moderator palatii, præpositus palatii, provisor aulæ regiæ, provisor palatii.*

Pris dans son origine, franke ou germanique, le maire du palais étoit ce *duc* ou chef de guerre, dont l'élection appartenoit à la nation tout aussi bien que l'élection du roi : *Reges ex nobilitate, duces ex virtute sumunt.* J'ai déjà indiqué ce qu'il y avoit d'extraordinaire dans cette institution, qui créoit chez un même peuple deux pouvoirs suprêmes indépendants. Il devoit arriver, et il arriva que l'un de ces deux pouvoirs prévalut. Les maires, s'étant trouvés de plus grands hommes que les souverains, les supplantèrent. Après avoir commencé par abolir les assemblées générales, ils confisquèrent la royauté à leur profit, s'emparant à la fois du pouvoir et de la liberté. Les maires n'étoient point des rebelles; ils avoient le droit de conquérir, parce que leur autorité émanoit du peuple ou de ce qui étoit censé le représenter, et non du monarque : leur élection nationale, comme chefs de l'armée, leur donnoit une puissance légitime. Il faut donc réformer ces vieilles idées de sujets oppresseurs de leurs maîtres et détenteurs de leur couronne. Un roi et un général d'armée, également souverains par une élection séparée (*reges et duces sumunt*), s'attaquent; l'un triomphe de l'autre, voilà tout. Une des dignités périt, et la mairie se confondit avec la royauté par une seule et même élection. On n'auroit pas perdu tant de lecture et de recherches à blâmer ou à justifier l'usurpation des maires du palais ; on se seroit épargné de profondes considérations sur les dangers d'une charge trop prépondérante, si l'on eût fait attention à la double origine de cette charge, si l'on n'eût pas toujours voulu voir un *grand-maître de la maison du roi,* là où il falloit aussi reconnoître un chef militaire librement choisi par ses compagnons : « *Omnes Austrasii, cum eligerent Chrodinum majorem domus.* »

J'ai déjà fait observer qu'il ne seroit pas rigoureusement exact de comparer les nations germaniques et slaves aux hordes sauvages de l'Amérique. Dans le tableau général que j'ai tracé des mœurs des Barbares, celles des Franks occupent une place considérable ; j'ai donc peu de chose à ajouter ici. Cependant je dois remarquer que les Franks passoient encore pour le peuple le moins grossier de tous ces peuples ; le témoignage d'Agathias est formel : « Les Franks, dit-il, ne ressemblent point aux « autres Barbares qui ne veulent vivre qu'aux champs « et ont horreur du séjour des villes. . . . . « Ils sont très soumis aux lois, très polis ; ils ne « diffèrent guère de nous que par le langage et le « vêtement : *nihiloque a nobis differre quam solum « modo barbarico vestitu et linguæ proprietate.* » Long-temps avant le sixième siècle, leurs relations avec les Romains avoient urbanisé leurs coutumes, sinon humanisé leur caractère. Salvien dit qu'ils étoient *hospitaliers,* ce qui signifie ici *sociables.* Dans le tombeau de Khildéric Ier, découvert en 1653 à Tournay, se trouve une pierre gravée: l'empreinte représentoit un homme fort beau, portant les cheveux longs, séparés sur le front et rejetés en arrière, tenant un javelot de la main droite; autour de la figure étoit écrit le nom de Khildéric en lettres romaines; un globe de cristal, signe de la puissance, un style avec des tablettes, des anneaux, des médailles de plusieurs empereurs, des lambeaux d'une étoffe de pourpre, étoient mêlés à des ossements : il n'y a rien dans tout cela de trop barbare. On lit aux histoires que les Germains adoucissoient leur rudesse au-delà du Rhin par le voisinage des Franks. Selon Constantin Porphyrogénète, Constantin-le-Grand fut l'auteur d'une loi qui permettoit aux empereurs de s'allier au sang des Franks, tant ce sang paroissoit noble.

Mais, quel que fût le degré de sociabilité des Franks, il me semble qu'il n'en faut faire ni un peuple civilisé ni un peuple sauvage, et qu'il faut lui laisser surtout sa perfidie, sa légèreté, sa cruauté, sa fureur militaire, attestées par les auteurs contemporains. Vopiscus, et après lui Procope, accusent les Franks de se faire un jeu de violer leur foi, et Salvien leur reproche le peu d'importance qu'ils attachent au parjure. « Les Franks, dit Nazaire, sur-« passent toutes les nations barbares en férocité. » Un panégyriste anonyme prétend qu'ils se nourrissoient de la chair des bêtes féroces, et Libanius assure que la paix étoit pour eux une horrible calamité.

L'opinion dominante fait des Franks une ligue

de quelques tribus germaniques associées pour la défense de leur liberté : c'est encore une de ces opinions sans preuve, qu'aucun document historique n'appuie. Les Franks étoient tout simplement des Germains, comme le témoignent saint Jérôme, Procope et Agathias. Que nos ancêtres aient reçu leur nom de la liberté, ou qu'ils le lui aient communiqué, notre orgueil national n'a rien à souffrir de l'une ou de l'autre hypothèse. Libanius, altérant le nom de *Frank* pour lui trouver une étymologie grecque, le fait dériver de φρακτοί, *habiles à se fortifier;* d'autres veulent qu'il signifie *indomptable* dans une langue nommée *lingua attica* ou *hattica*, sans nous dire ce que c'est que cette langue. Le savant et judicieux greffier du Tillet, frère du savant évêque de Meaux, avance que le nom de *Frank* vient de deux mots teutons *Freien ansen,* libres jeunes hommes, ou libres compagnies, prononcés par synérèse *Fransen;* il remarque qu'un privilége de marchands octroyé par Louis-le-Gros a retenu le mot *anse, société.* Une grande autorité (M. Thierry) suppose au mot tudesque *Frank* ou *Frak,* la puissance du mot latin *ferox :* nous en restons toujours à la chanson des soldats de Probus pour autorité première. *Francus* étoit-il un sobriquet militaire donné par les soldats de Probus à cette poignée de Germains qu'ils vainquirent dans les environs de Mayence? Que vouloit dire ce sobriquet? Un savant[1] l'explique du mot *Fram* ou *Framée*, comme

---

[1] GIBERT.

si les soldats de Probus avoient entendu les Barbares crier : A la lance ! à la lance ! aux armes ! aux armes ! Mais alors les Germains se seroient tous appelés Franks, puisqu'ils portoient tous la framée : *Frameas gerunt angusto et brevi ferro*, dit Tacite.

Quoi qu'il en soit, les Franks habitoient de l'autre côté du Rhin, à peu près au lieu où les place la carte de Peutinger, dans ce pays qui comprend aujourd'hui la Franconie, la Thuringe, la Hesse et la Westphalie. Ils ravagèrent les Gaules sous Gallien, et pénétrèrent jusqu'en Espagne ; ils reparurent sous Probus, sous Constance et sous Constantin. Constance transplanta une de leurs colonies dans le pays d'Amiens, de Beauvais, de Langres, de Troyes, et conclut un traité avec le reste. Après cette époque, des Franks entrèrent au service des empereurs. On voit successivement Sylvanus, Mellobald, Mérobald, Balton, Rikhomer, Carietton, Arbogaste, revêtus des grandes charges militaires de l'empire. Mais d'autres Franks indépendants, Genobalde, Markhomer et Sunnon, restèrent ennemis, et firent, du temps de Maxime, une irruption dans les Gaules ; ils paroissoient s'y être fixés pendant le règne d'Honorius, vers l'an 420, et on leur donne pour conducteur le roi Pharamond. Comprenons toujours bien que ce nom de roi ne signifie que *chef* militaire (*coning*) de différents degrés : sur-roi, sous-roi, demi-roi : *ober*, *under*, *half-koning* (THIERRY).

Il n'est pas du tout sûr qu'il ait existé un Pharamond, et que ce Pharamond fût le père de Khlodion ; mais il est certain que Khlodion, ou plutôt Khlodion-le-Chevelu, étoit roi des Franks occidentaux en 427, et qu'il s'empara de Tournay et de Cambrai en 445. Aëtius le chassa de ses conquêtes en deçà du Rhin. Khlodion mourut en 447 ou 448.

Les uns lui donnent deux fils, les autres trois, parmi lesquels se trouveroit Auberon, dont on feroit descendre Ansbert, tige de la famille de la seconde race.

On ignore quel fut le père de Mérovée ou Mérovigh, successeur de Khlodion : étoit-il son fils ? avoit-il un frère aîné, lequel implora le secours d'Attila, tandis que Mérovigh se jeta sous la protection des Romains ? Il est prouvé que Mérovigh n'étoit pas ce beau jeune Frank qui portoit une longue chevelure blonde, qu'Aëtius adopta pour fils, et que Priscus avoit vu à Rome. Les savants ont fort disserté sur tout cela, sans réfléchir que la royauté, ou plutôt la *cheftainerie* étant élective chez les Franks, il n'y avoit rien de plus naturel que de trouver des chefs successifs qui n'étoient pas fils les uns des autres. Ricoron dit qu'après la mort de Khlodion, Mérovigh fut élu roi des Franks. Frédégher raconte que la femme de Khlodion, se baignant un jour dans la mer, fût surprise par un monstre dont elle eut Mérovigh : fable mêlée de mythologie grecque et scandinave.

« Selon un certain poëte, appelé *Virgile*, dit le « même auteur, Priam fut le premier roi des Franks, « et Friga fut le successeur de Priam. Troie étant

« prise, les Franks se séparèrent en deux bandes ;
« l'une commandée par le roi Francio, s'avança en
« Europe, et s'établit sur les bords du Rhin. » L'auteur des *Gestes des Rois franks*, Paul Diacre, Roricon, Aimoin, Sighebert de Ghemblours, font le même récit. Annius de Viterbe, enchérissant sur ces chroniques, compose une généalogie des rois gaulois et des rois franks ; il donne vingt-deux rois aux Gaulois avant la guerre de Troie. Sous Rémus, le dernier de ces rois, arriva la prise de Troie ; et Francus, fils d'Hector, vint épouser dans les Gaules la fille de Rémus. On veut que les Franks qui combattirent dans l'armée romaine, aux champs catalauniques, fussent commandés par Mérovigh.

Mérovigh eut pour successeur, l'an 456, Khildérik Ier, son fils. Khildérik, enlevé encore enfant par un parti de l'armée des Huns, fut délivré par un Frank nommé Viomade. Khildérik étoit un chef dissolu que les Franks chassèrent. Il se retira en Thuringe, auprès d'un roi nommé Bisingh. Les Franks se donnèrent pour chef Égidius, commandant les armées romaines. Au bout de huit ans, Khildérik fut rappelé ; Viomade lui renvoya la moitié d'une pièce d'or qu'ils avoient rompue, et qui devoit être le signe d'une réconciliation avec son pays. Le vrai de tout cela, c'est que Khildérik étoit allé à Constantinople, d'où l'empereur le dépêcha en Gaule pour contre-balancer l'autorité suspecte d'Égidius.

Bazine, femme du roi de Thuringe, accourut auprès de son hôte Khildérik, et lui dit : « Je viens

« habiter avec toi ; si je savois qu'il y eût outre-mer
« quelqu'un qui me fût plus utile que toi, je l'eusse
« été chercher pour dormir avec lui. » Khildérik se
réjouit et la prit à femme. La première nuit de
leur mariage, Bazine dit à Khildérik : « Abstenons-
« nous ; lève-toi, et ce que tu verras dans la cour
« du logis, tu le viendras dire à ta servante. » Khildérik se leva, et vit passer des bêtes qui ressembloient à des lions, à des licornes et à des léopards.
Il revint vers sa femme, et lui dit ce qu'il avoit vu,
et sa femme lui dit : « Maître, va derechef, et ce
« que tu verras, tu le raconteras à ta servante. »
Khildérik sortit de nouveau, et vit passer des bêtes
semblables à des ours et à des loups. Ayant raconté
cela à sa femme, elle le fit sortir une troisième fois,
et il vit des bêtes d'une race inférieure. Là-dessus
Bazine explique à Khildérik toute sa postérité, et
elle engendra un fils nommé Khlovigh : celui-ci fut
grand, guerrier illustre, et semblable à un lion
parmi les rois. Voici déjà poindre l'imagination du
moyen-âge ; elle se retrouve dans l'histoire du mariage de Khlothilde, ou Khrotechilde, fille de Khilpérik et nièce de Gondebald, roi de Bourgogne.

Le Gaulois Aurélien, déguisé en mendiant, portant sur son dos une besace au bout d'un bâton,
est chargé du message : il devoit remettre à Khlothilde un anneau que lui envoyoit Khlovigh, afin
qu'elle eût foi dans les paroles du messager. Aurélien, arrivé à la porte de la ville (Genève), y
trouva Khlothilde assise avec sa sœur Sœdehleuba :
les deux sœurs exerçoient l'hospitalité envers les

voyageurs, car elles étoient chrétiennes. Khlothilde s'empresse de laver les pieds d'Aurélien. Celui-ci se penche vers elle, et lui dit tout bas : « Maîtresse, « j'ai une grande nouvelle à t'annoncer, si tu me « veux conduire dans un lieu où je te puisse parler « en secret. » — « Parle, » lui répond Khlothilde. Aurélien dit : « Khlovigh, roi des Franks, m'envoie « vers toi ; si c'est la volonté de Dieu, il désire vive- « ment t'épouser, et, pour que tu me croies, voilà « son anneau. » Khlothilde l'accepte, et une grande joie reluit sur son visage ; elle dit au voyageur : « Prends ces cent sous d'or pour récompense de « ta peine, avec mon anneau. Retourne vers ton « maître ; dis-lui que s'il me veut épouser, il envoie « promptement des ambassadeurs à mon oncle « Gondebald. » C'est une scène de l'*Odyssée*.

Aurélien part ; il s'endort sur le chemin ; un mendiant lui vole sa besace, dans laquelle étoit l'anneau de Khlothilde ; le mendiant est pris, battu de verges, et l'anneau retrouvé. Khlovigh dépêche des ambassadeurs à Gondebald qui n'ose refuser Khlothilde. Les ambassadeurs présentent un sou et un denier, selon l'usage, fiancent Khlothilde au nom de Khlovigh et l'emmènent dans une basterne. Khlothilde trouve qu'on ne va pas assez vite ; elle craint d'être poursuivie par Aridius, son ennemi, qui peut faire changer Gondebald de résolution. Elle saute sur un cheval, et la troupe franchit les collines et les vallées.

Aridius, sur ces entrefaites, étant revenu de Marseille à Genève, remontre à Gondebald qu'il a égorgé son frère Khilpérik, père de Khlothilde; qu'il a fait attacher une pierre au cou de la mère de sa nièce, et l'a précipitée dans un puits; qu'il a fait jeter dans le même puits les têtes des deux frères de Khlothilde; que Khlothilde ne manquera pas d'accourir se venger, secondée de toute la puissance des Franks. Gondebald, effrayé, envoie à la poursuite de Khlothilde; mais celle-ci, prévoyant ce qui devoit arriver, avoit ordonné d'incendier et de ravager douze lieues de pays derrière elle. Khlothilde sauvée s'écrie : « Je te rends grâces, Dieu tout-« puissant, de voir le commencement de la ven-« geance que je devois à mes parents et à mes « frères [1] ! » Véritables mœurs barbares, qui n'excluent pas la mansuétude des mœurs chrétiennes mêlées dans Khlothilde aux passions de sa nature sauvage.

Avant son mariage, Khlovigh, âgé de vingt ans, avoit attaqué la Gaule. Les monuments historiques prouvent que son invasion fut favorisée, surtout dans le midi de la France, par les évêques catholiques, en haine des Visigoths ariens. Khlovigh battit les Romains à Soissons, et les Allemands à Tolbiak. Il se fit ensuite chrétien : saint Remi lui conféra le baptême le jour de Noël, l'an 496.

Les Bourguignons et les Visigoths subirent tour à tour les armes de Khlovigh. Les Armoriques (la Bretagne), depuis long-temps soustraites à l'autorité des Romains, consentirent à reconnoître celle

---

[1] *Hist. Franc.*, epit.

du fils de Mérovigh. Anastase, empereur d'Orient, envoya à Khlovigh le titre et les insignes de patrice, de consul et d'auguste.

Ce fut à peu près à cette époque que Khlovigh vint à Paris : Khildérik, son père, avoit occupé cette ville quand il pénétra dans les Gaules.

Khlovigh tua ou fit tuer tous ses parents, petits rois de Cologne, de Saint-Omer, de Cambrai et du Mans.

Le premier concile de l'Église gallicane se tint sous Khlovigh à Orléans, l'an 511. On y trouve les principes du droit de régale, droit qui faisoit rentrer au fisc les revenus d'un bénéfice laissé sans maître pendant la vacance du bénéfice. Khlovigh ne comprit sans doute ce droit que comme un impôt que les prêtres lui accordoient sur leurs biens : quelques legs testamentaires du chef des Franks me font présumer qu'il ne parloit pas latin. Il suffit de mentionner ce droit de régale pour entrevoir les abîmes qui nous séparent du passé : étrangers à notre propre histoire, ne nous semble-t-il pas qu'il s'agisse de quelque coutume de la Perse ou des Indes? On fixe à cette même année 511 la rédaction de la loi salique, la mort de sainte Genovefe (Geneviève) et celle de Khlovigh. La bergère gauloise et le roi frank furent inhumés dans l'église de Saint-Pierre et de Saint-Paul, qui prit dans la suite le nom de la patronne de Paris; on célébroit encore au commencement de la révolution une messe pour le repos de l'âme du Sicambre, dans l'église même où il avoit été enterré.

La vérité religieuse a une vie que la vérité philosophique et la vérité politique n'ont pas : combien de fois les générations s'étoient-elles renouvelées, combien de fois la société avoit-elle changé de mœurs, d'opinions et de lois, dans l'espace de 1280 ans ! Qui s'étoit souvenu de Khlovigh à travers tant de ruines et de siècles ? un prêtre sur un tombeau.

Khlovigh laissa quatre fils : Thierry, fils d'une concubine; Khlodomir, Khildebert, Khlother, fils de Khlothilde. Le royaume fut partagé selon la loi salique comme un bien de famille; on en fit quatre lots qui furent tirés au sort : il n'y avoit point de droit d'aînesse; nous avons vu que les lois des Barbares favorisoient le cadet. La France s'étendoit alors du Rhin aux Pyrénées et de l'Océan aux Alpes; elle possédoit de plus la terre natale des Franks, au-delà du Rhin, jusqu'à la Westphalie: mais ces limites changeoient à tout moment. Une section géographique plus fixe avoit lieu; le royaume de ce côté-ci de la Loire se divisoit en oriental et occidental, Oster-Rike et Neoster-Rike l'Austrasie comprenoit le pays entre le Rhin, la Meuse et la Moselle; la Neustrie embrassoit le territoire entre la Meuse, la Loire et l'Océan. Au-delà de la Saône et de la Loire étoit la Gaule conquise sur les Burgondes ou Bourguignons et les Visigoths. Les chroniqueurs et les hagiographes disent souvent la *France* et la *Gaule,* distinguant l'une de l'autre.

Les quatre rois, pour succéder à la couronne,

obtinrent le consentement des Franks. Les quatre royaumes étoient fédératifs sous une même loi politique; il y avoit une assemblée commune qui délibéroit sur les affaires communes aux quatre États.

Les fils de Khlovigh eurent à soutenir la guerre contre Théodoric, roi d'Italie, contre Amalaric, roi des Visigoths d'Espagne, contre Balric, roi de Thuringe, contre Sighismond et Gondemar, rois de Bourgogne. La Bourgogne fut subjuguée et réunie à la France : ce royaume des Burgondes avoit subsisté cent vingt ans. Khlodomir, roi d'Orléans, fut tué à la bataille de Véseronce près de Vienne.

Il laissa trois fils : Théodebert, Gonther et Khlodoald, élevés par Khlothilde, veuve de Khlovigh. Khildebert et Khlother, pour s'emparer de ces jeunes enfants, députent Arcade à Khlothilde : c'étoit un sénateur de la ville de Clermont, homme choisi parmi ces vaincus qui ne refusent aucune condition de l'esclave, et qu'on attache au crime comme à la glèbe. Il portoit à Khlothilde des ciseaux et une épée nue, et il lui dit : « O glorieuse « reine, tes fils, nos seigneurs, désirent connoître « ta volonté concernant tes petits-enfants : ordon- « nes-tu qu'on leur coupe les cheveux, ou qu'on les « égorge ? » A ce message, Klothilde, saisie de terreur, regardant tour à tour l'épée nue et les ciseaux, répondit : « Si mes petits-enfants ne doivent « pas régner, je les aime mieux voir morts que « tondus. » Arcade ne laissant pas à l'aïeule le temps

de s'expliquer plus clairement, revint trouver les
deux rois, et leur dit : « Accomplissez votre dessein;
« la reine étant favorable se veut bien rendre à votre
« conseil. » Paroles ambiguës qu'on pouvoit expliquer dans un sens divers, selon l'événement. Khlother saisit le plus âgé des enfants, le jette contre
terre, et lui enfonce son couteau sous l'aisselle. A
ses cris son frère se prosterne aux pieds de Khildebert, embrasse ses genoux, et lui dit tout en larmes : « Secours-moi, mon très cher père, afin qu'il
« ne soit pas fait à moi comme à mon frère. » Alors
Khildebert se prit à pleurer, et dit : « Je t'en prie,
« mon très doux frère, que ta générosité m'accorde
« la vie de celui-ci. Ce que tu me demanderas, je
« te l'accorderai, pourvu qu'il ne meure point. »
Khlother obstiné au meurtre dit : « Rejette l'enfant
« loin de toi, ou meurs pour lui : tu as été l'instiga-
« teur de la chose, et maintenant tu me veux fausser
« la foi ! » Khildebert entendant ceci repoussa l'enfant, et Khlother lui perça le côté avec son couteau, comme il avoit fait à son frère; ensuite Khlother et Khildebert tuèrent les nourriciers et les
enfants compagnons de leurs neveux : l'un étoit
âgé de dix ans, l'autre de sept. Khlodoald, le troisième fils de Khlodomir, fut sauvé par le secours
d'hommes puissants[1]. Khlodoald, devenu grand,
abandonna le royaume de la terre, passa à Dieu,
coupa ses cheveux, et persistant dans les bonnes
œuvres, sortit prêtre de cette vie (7 septembre 560).

---

[1] Viros fortes. . . . . qui postea vulgo barones appellati sunt.

Il bâtit un monastère au bourg de Noventium, qui changea son nom pour prendre celui du petit-fils de Khlovigh. Et Saint-Cloud vient de voir partir pour un dernier exil le dernier successeur du premier de nos rois!

Dans ces crimes de Khlother et de Khildebert, distinguez ce qui appartient à la civilisation de ce qui tient à la barbarie. Le massacre par les propres mains de Khlother est du sauvage; le désir d'envahir un trône et d'accroître un État est de l'homme civilisé. Tous les frères de Khlother étant morts, il hérite d'eux : il livre bataille à son fils Khramn qui s'étoit déjà révolté; il le défait, et le brûle avec toute sa famille dans une chaumière. Khlother meurt à Compiègne (562).

Ses quatre fils partagèrent de nouveau ses États, toujours avec l'assentiment des Franks; mais les quatre royaumes n'eurent pas les mêmes limites.

Sighebert épousa Brunehilde, fille puînée d'Athanaghilde, roi des Visigoths : elle étoit arienne, et se fit catholique. Khilpérik Ier eut pour maîtresse Frédégonde, qu'il épousa lorsque Galswinte, sa femme, sœur aînée de Brunehilde, fut morte.

Les démêlés et les fureurs de ces deux belles femmes amènent des guerres civiles, des empoisonnements, des meurtres, et occupent les règnes confus de Karibert, de Gontran, de Sighebert Ier, de Khilpérik Ier, de Khildebert II, de Khlother II, de Thierry Ier, de Théodebert II. Khlother II se trouve enfin seul maître du royaume des Franks en 613.

Les Lombards s'étoient établis en Italie (563) seize ans après l'extinction du royaume des Ostrogoths. L'exarchat de Ravenne avoit commencé sous le patrice Longin, envoyé de l'empereur Justin. Les maires du palais firent sentir leur autorité croissante dans l'Austrasie et la Bourgogne.

Les Gascons ou Wascons, vers l'an 593, descendirent des Pyrénées et s'établirent dans la Novempopulanie, à laquelle ils donnèrent leur nom; ils s'étendirent peu à peu jusqu'à la Garonne. Il y eut guerre avec ces peuples : Théodebert II, après les avoir défaits, leur donna pour chef Genialis, qui fut le premier duc de Gascogne.

Il ne faut croire ni tout le bien que Fortunat, Grégoire de Tours et saint Grégoire, pape, ont dit de Brunehilde, ni tout le mal qu'en ont raconté Frédégher, Aimoin et Adon, qui d'ailleurs n'étoient pas contemporains de cette princesse : c'étoit à tout prendre une femme de génie, et dont les monuments sont restés. Si elle fut mise à la torture pendant trois jours, promenée sur un chameau au milieu d'un camp, attachée à la queue d'un cheval, déchirée et mise en pièces par la course de cet animal fougueux, ce ne fut pas pour la punir de ses adultères, puisqu'elle avoit près de quatre-vingts ans. Si elle avoit fait mourir dix rois (ce qui est prouvé faux), il eût été plus juste de lui faire un crime des princes qu'elle avoit mis au monde, que de ceux dont elle avoit délivré la France.

Khlother décéda l'an 628. Il eut deux fils : Dagobert et Karibert. Karibert mourut vite, et Dagobert donna du poison à Khildérik, fils aîné de Karibert. Un autre fils de ce prince, Bogghis, se contenta de l'Aquitaine à titre de duché héréditaire.

Le roi Dagobert menoit toujours avec lui grande tourbe de concubines, c'est-à-dire des meschines qui pas n'étoient ses épouses, sans autres qu'il avoit autre part, qui avoient et nom et aornement de roynes. (Mer des Hist. et chron.) Grégoire de Tours cite trois reines : Nanthilde, Vulfgunde et Berthilde; il se dispense de nommer les concubines, parce qu'elles sont, dit-il, en trop grand nombre. Les trésors de Dagobert et de Saint-Denis sont demeurés fameux. *En chasses le roi se déportoit a-coustumément.* (*Mer des Hist.*) Il y a une belle et poétique histoire d'un cerf qui se réfugia dans une petite chapelle bâtie à *Catulliac* par sainte Genovefe, sur les corps de saint Denis et de ses compagnons. Ce fut là que Dagobert jeta les fondements de ce Capitole des François où se conservoient leurs chroniques avec les cendres royales, comme les pièces à l'appui des faits. Buonaparte fit reconstruire les souterrains dévastés, et leur promit sa poussière en indemnité des vieilles gloires spoliées : il a déçu sa tombe. Louis XVIII occupe à peine un coin obscur des caveaux vides, avec les restes plus ou moins retrouvés de Marie-Antoinette, de Louis XVI, et quelques ossements rapportés de l'exil. Puis s'est venu cacher auprès de son père, le dernier des Condé, devant le cercueil duquel Bossuet fût demeuré muet. Et enfin le duc de Berry attend inutilement son père, son frère et son fils dans ces sépulcres d'espérance. Que sert-il de préparer d'avance un asile au néant, quand l'homme est chose si vaine qu'il n'est pas même sûr de naître?

Les deux fils de Dagobert, Sighebert II ou III, roi d'Austrasie, Khlovigh II, roi de Bourgogne et de Neustrie, gouvernèrent l'empire des Franks. Peppin-le-Vieux avoit été maire du palais sous Dagobert; il continua de l'être sous Sighebert.

Suit l'histoire confuse de Dagobert II et III, de Khlother III, de Khildérik II, de Thierry III. La puissance royale avoit passé aux maires du palais après les sanglants démêlés de Grimoald, d'Arkembald, de l'évêque Léger, et d'Ébroïn.

Ébroïn est assassiné; plusieurs maires du palais sont élus : Berther est le dernier. Peppin de Héristal, duc d'Austrasie, petit-fils de Peppin-le-Vieux, père de Karlé-le-Martel, aïeul de Peppin-le-Bref, et trisaïeul de Charlemagne, fait la guerre à Thierry, auquel il donnoit toujours le nom de roi. Thierry est battu, et Peppin, au lieu de le détrôner, règne à côté de lui sous le nom de maire du palais. Peppin fait rentrer dans l'obéissance les peuples qui s'étoient soustraits à l'autorité des Franks.

A Thierry III commence la série des rois surnommés *fainéants*. L'âpre sève de la première race s'affadit promptement, et les fils de Khlovigh tombèrent vite du pavois dans un fourgon traîné par des bœufs.

Peppin continua de régner sous Khlovigh III, Khildebert III, fils de Thierry, et sous une partie du règne de Dagobert III, fils de Khildebert III

(de 692 à 714). Peppin meurt et paroît, avant de mourir, ou méconnoître les grandes qualités de son fils Karle (Martel), ou n'oser le faire élire à sa place, parce que Karle n'étoit que le fils d'une concubine, Alpaïde : il lui substitua son petit-fils Theudoalde. Un enfant devint maire du palais sous la tutelle de Plectrude, son aïeule, comme s'il eût été un roi héréditaire. Karle, qui ne portoit pas encore son surnom, est emprisonné au désir de Plectrude. Les Franks se soulèvent : Theudoalde fuit ; Karle se sauve de sa prison; les Austrasiens le reconnoissent pour leur duc.

Les Sarrasins appelés par le comte Julien chassoient alors les Visigoths et envahissoient l'Espagne. Les peuples du Nord se ruoient sur la France.

Dagobert meurt et laisse un fils nommé Thierry ; mais les Franks choisirent Daniel, fils de Khildérik II, qui régna sous le nom de Khilpérik II.

Il combattit Karle, duc d'Austrasie, qui le vainquit. Celui-ci fit nommer roi Khlother IV. Ce Khlother mourut tôt, et Khilpérik II, retiré en Aquitaine, fut rappelé par Karle, qui se contenta d'être son maire du palais.

Thierry IV, dit de Chelles, fils de Dagobert III, succède à Khilpérik II (720). C'est sous ce règne que Karle-le-Martel déploya ces talents de victoire qui lui valurent ce surnom. Les Sarrasins avoient déjà traversé l'Espagne, passé les Pyrénées, et inondé la France jusqu'à la Loire. Karle-le-Martel les écrasa entre Tours et Poitiers, et leur tua plus de trois cent mille hommes (732). C'est un des plus grands événements de l'histoire : les Sarrasins victorieux, le monde étoit mahométan. Karle abattit encore les Frisons, les fit catholiques, bon gré mal gré, et réunit leur pays à la France.

Karle vainquit Eudes, duc d'Aquitaine, et força Hérald, fils d'Eudes, à lui faire hommage des domaines de son père.

Thierry étant décédé, Karle régna seul sur toute la France comme duc des Franks, depuis 737 jusqu'à 741. Il contint les Saxons soulevés de nouveau, chassa les Sarrasins de la Provence. Grégoire III lui proposa de se soustraire, lui pape, à la domination de l'empereur Léon, et de le proclamer, lui Karle, consul de Rome : commencement de l'autorité temporelle des papes.

Karle meurt (741). Karloman et Peppin, ses fils, se partagent l'autorité royale. Peppin, élu chef de la Neustrie, de la Bourgogne et de la Provence, proclame roi Khildérik III, fils de Khildérik II, dans cette partie du royaume ; Karloman reste gouverneur de l'Austrasie, puis se retire à Rome et embrasse la vie monastique.

Quand le voyageur françois regarde le Soracte à l'horizon de la campagne romaine, se souvient-il qu'un Frank, fils de Karle-le-Martel, frère de Peppin-le-Bref, et oncle de Charlemagne, habitoit une cellule au haut de cette montagne ?

Khildérik III est détrôné, tondu et enfermé dans le monastère de Sithiu (Saint-Bertin). Il mourut en 754. Son fils Thierry passa sa vie à l'ombre des cloîtres dans le couvent de Fontenelles, en Normandie.

Les Mérovingiens avoient régné deux cent soixante-dix ans.

Si les *Études* qui précèdent sont fondées sur des faits incontestables, le lecteur ne s'est point trouvé en un pays nouveau dans le royaume des Franks; c'est toujours l'*empire barbare-romain*, tel qu'il existoit plus d'un siècle avant l'invasion de Khlovigh. Seulement le peuple vainqueur, qui s'est substitué à la souveraineté des Césars, parle sa langue maternelle, et se distingue par quelques coutumes de ses forêts; le fond de la société est demeuré le même. Au lieu de généraux romains, on voit des chefs germaniques qui se font gloire de jeter sur leur casaque étroite et bigarrée la pourpre consulaire qu'on leur envoie de Constantinople, mais à laquelle ils n'étoient pas étrangers. Tout étoit romain, religion, lois, administration : les Gaules, et surtout le Lyonnois, l'Auvergne, la Provence, le Languedoc, la Guienne, étoient couverts de temples, d'amphithéâtres, d'aquéducs, d'arcs de triomphe, et de villes ornées de Capitoles; les voies militaires existoient partout; Brunehilde les fit réparer. Il est vrai que les rois de la première race et les maires du palais les plus fameux, entre autres Karle-le-Martel, saccagèrent des cités qu'avoient épargnées les précédents Barbares. Avignon fut détruit de fond en comble; Agde et Béziers éprouvèrent le même sort. C'est encore Karle-le-Martel qui renversa Nîmes (738); il y ensevelit ces ruines que nous essayons d'exhumer.

La nature des propriétés ne changea pas davantage sous la domination des Franks ; l'esclavage étoit de droit commun chez les Barbares comme chez les Romains, bien qu'il fût plus doux chez les premiers. Ainsi la servitude que l'on remarque en Gaule devenue franke n'étoit point le résultat de la conquête; c'étoit tout simplement ce qui existoit parmi le peuple vainqueur et parmi le peuple vaincu, l'effet de ces lois grossières nées de la rude liberté germanique, et de ces lois élaborées, écloses du despotisme raffiné de la civilisation romaine. Les Gaulois, que la conquête franke trouva libres, restèrent libres ; ceux qui ne l'étoient pas portèrent le joug auquel les condamnoit le Code romain, les lois salique, ripuaire, saxonne, gombette et visigothe. La propriété moyenne continuoit à se perdre dans la grande propriété, par les raisons qu'en donne Salvien : *De Gub.* (Voyez l'*Étude cinquième, troisième partie.*)

Quant à l'état des personnes, le tarif des *compositions* annonce bien la dégradation morale de ces personnes, mais ne prouve pas le changement de leur état. Les noms seuls suffisent pour indiquer la position des hommes : presque tous les noms des évêques et des chefs des emplois civils sont latins de ce côté-ci de la Loire, dans les premiers siècles de la monarchie, et presque tous les noms de l'armée sont franks; mais en Provence, en Auvergne, et de l'autre côté de la Loire jusqu'aux Pyrénées, presque tous les noms sont d'origine latine ou gothique dans l'armée, l'Église et l'administration. Lorsque les chefs franks commencèrent à entrer eux-mêmes dans le clergé, et que le soldat devint moine, l'évêque et le moine se firent à leur tour soldats. On voit, dès la première race, l'évêque d'Auxerre, Haincmar, combattre avec Karle-le-Martel contre les Sarrasins, et contribuer puissamment à la victoire. (*Hist. epis. Autis.*)

Les sciences et les lettres furent, à cette époque, dans les Gaules, ce qu'elles étoient dans le monde romain, selon le degré d'instruction et le plus ou moins de tranquillité des diverses provinces de l'empire. Fortunat, Frédégher, Grégoire de Tours, Marculfe, saint Remi, une foule d'ecclésiastiques et quelques laïques lettrés écrivoient alors.

Sous le rapport politique, nous voyons le dernier des Mérovingiens tondu et renfermé dans un cloître : ce n'est point encore là une nouveauté ; l'usage remontoit plus haut ; on rasoit les derniers empereurs d'Occident pour en faire des prêtres et des évêques.

Mais il ne me semble pas certain que Khilpérik devînt moine, bien qu'on lui coupât les cheveux et qu'on le confinât dans un monastère. Couper les cheveux à un Mérovingien, c'étoit tout simplement le déposer et le reléguer dans la classe populaire. On dépouilloit un roi frank de sa chevelure comme un empereur de son diadème. Les Germains, dans leur simplicité, avoient attaché le signe de la puissance à la couronne naturelle de l'homme.

Il arriva que l'inégalité des rangs se glissa, par cette coutume, dans la nation. Pour que les chefs fussent distingués des soldats, il fallut bien que ceux-ci se coupassent les cheveux : le simple Frank portoit les cheveux courts par-derrière et longs par-devant (Sidoine). Khlovigh et ses premiers compagnons, en revenant de la conquête du royaume des Visigoths, offrirent quelques cheveux de leur tête à des évêques. Ces Samsons leur laissoient ce gage comme un signe de force et de protection. Un pêcheur trouva le corps d'un jeune homme dans la Marne ; il le reconnut pour être le corps de Khlovigh II, à la longue chevelure dont la tête étoit ornée, et dont l'eau n'avoit pas encore déroulé les tresses (Greg. Tur., lib. VIII). Les Bourguignons, à la bataille de Véseronce, reconnurent au même signe qu'un chef frank, Khlodomir, avoit été tué. « Ces « chefs, dit Agathias, portent une chevelure longue ; « ils la partagent sur le front et la laissent tomber « sur leurs épaules ; ils la font friser ; ils l'entretien- « nent avec de l'huile ; elle n'est point sale, comme « celle de quelques peuples, ni tressée en petites « nattes, comme celle des Goths. Les simples Franks « ont les cheveux coupés en rond, et il ne leur est « pas permis de les laisser croître. »

On prêtoit serment sur ses cheveux.

A douze ans on coupoit pour la première fois la chevelure aux enfants de la classe commune : cela donnoit lieu à une fête de famille appelée *capitolatoria.*

Les clercs étoient tondus comme serfs de Dieu : la tonsure a la même origine.

On condamnoit les conspirateurs à s'inciser mutuellement les cheveux

Les Visigoths paroissent avoir attaché aux cheveux la même puissance que les Franks : un canon du concile de Tolède, de l'an 628, déclare qu'on ne pourra prendre à roi celui qui se sera fait couper les cheveux.

Quand les cheveux repoussoient, le pouvoir revenoit. Thierry III recouvra la dignité royale, qu'il avoit perdue en perdant ses cheveux (*Quam nuper tonsoratus amiserat, recepit dignitatem*). Khlovigh avoit fait couper les cheveux au roi Khararik et à son fils. Khararik pleuroit de sa honte ; son fils lui dit : « Les feuilles tondues sur le bois vert ne se « sont pas séchées ; elles renaissent promptement. » (*In viridi ligno hæ frondes succisæ sunt, nec omnino arescunt; sed velociter emergunt.*)

La couronne même de Charlemagne n'usurpa point sur la chevelure du Frank l'autorité souveraine. Lother se vouloit saisir de Karle, son frère, pour le tondre et le rendre incapable de la royauté ; la nature avoit devancé l'inimitié fraternelle, et la tête de Karle-le-Chauve offroit l'image de son impuissance à porter le sceptre.

Mais, vers la fin du sixième siècle, il y avoit déjà des Gaulois-Romains qui laissoient croître leur barbe et leurs cheveux : les Franks toléroient cette imitation, pour cacher peut-être leur petit nombre. « Grégoire « de Tours remarque que le bienheureux Léobard « n'étoit pas de ceux qui cherchent à plaire aux Bar- « bares en laissant flotter épars les anneaux de leurs « cheveux. » (*Dimissis capillorum flagellis Barbarum plaudebat.* De Vit. Patrum.) Le précepteur de Dagobert, Saudreghesil, avoit une longue barbe, puisque Dagobert la lui coupa. Enfin, dans le douzième siècle, les rois abrogèrent la loi qui défendoit aux serfs de porter les cheveux longs. Cette abrogation fut obtenue à la sollicitation de Pierre Lombard, évêque de Paris, et de plusieurs autres prélats. Les ecclésiastiques, en envoyant leurs serfs à la guerre, et les donnant pour champions, exigèrent qu'ils eussent l'extérieur des ingénus contre lesquels ils combattoient. Voilà comment la longue chevelure a marqué parmi nous une grande époque historique, comment elle a servi à marquer le passage de l'esclavage à la liberté, et la transformation du Frank en François. Il faut toutefois remarquer qu'il y avoit des Gaulois appelés *Capillati, Crinosi,* une Gaule chevelue, *Gallia comata;* que les Bretons portoient les cheveux longs comme les Franks (Frédégher); que dans les vies de plusieurs saints gaulois, on voit ces saints arranger leur chevelure. Est-il probable que les Franks, en se fixant au milieu de leurs conquêtes, aient forcé tous les peuples qui reconnoissoient leur domination à quitter leurs usages? C'est donc particulièrement de la nation victorieuse qu'il faut entendre tout ce qui est dit concernant les cheveux dans notre histoire.

Je ne m'arrêterai point à l'examen de cette seconde invasion des Franks, qu'on place à l'avénement des maires de la race karlovingienne, laquelle invasion auroit donné la couronne à cette race : qu'il y eut des guerres civiles continuelles entre les Franks de l'Austrasie et les Franks de la Neustrie, rien n'est plus vrai; que ces guerres conférèrent la puissance à ceux qui avoient le génie, et qu'elles mirent les Karlovingiens à la place des Mérovingiens, rien n'est encore plus exact; mais, dans tout cela, il le faut dire, il n'y a pas trace d'invasion nouvelle. En attendant des preuves qui jusqu'ici ne se trouvent point, je ne puis penser comme des hommes habiles, dont je me plais, d'ailleurs, à reconnoître tout le mérite [1].

Il y eut sous la première race, et jusque sous la seconde, dans les familles souveraines barbares un désordre qui n'exista point dans les familles souveraines romaines. Les princes franks avoient plusieurs femmes et plusieurs concubines, et les partages avoient lieu entre les enfants de ces femmes sans distinction de droit d'aînesse, sans égard à la bâtardise et à la légitimité.

En résumé, la société, dans sa décomposition et sa recomposition, lente et graduelle, fut presque immobile sous les Mérovingiens : une transformation sensible ne se manifesta que vers la fin de la seconde race. Il n'y a donc rien d'important à examiner dans les cinq cents premières années de la monarchie, si ce n'est la marche ascendante de l'Église vers le plus haut point de sa domination. Les bas siècles furent tout entiers le règne et l'ouvrage de l'Église : je montrerai bientôt sa position, quand nous serons arrivés à l'entrée même de cette

[1] Voyez la Préface.

autre espèce de barbarie qu'on appelle le moyen-âge ; barbarie d'où sont sorties, par la fusion complète des peuples païen, chrétien et barbare, les nations modernes.

ANALYSE RAISONNÉE

DE

L'HISTOIRE DE FRANCE,

DEPUIS LE RÈGNE DE KHLOVIGH JUSQU'A CELUI DE PHILIPPE VI, DIT DE VALOIS.

DEUXIÈME RACE.

Traiter d'usurpation l'avénement de Peppin à la couronne, c'est un de ces vieux mensonges historiques qui deviennent des vérités à force d'être redits. Il n'y a point d'usurpation là où la monarchie est élective, on l'a déjà remarqué; c'est l'hérédité qui dans ce cas est une usurpation. « Peppin fut élu de l'avis et du consentement de tous les Franks, » ce sont les paroles du premier continuateur de Frédégher. (*Cap.* XII.) Le pape Zacharie, consulté par Peppin, eut raison de répondre : « Il me paroît bon et utile que ce-
« lui-là soit roi qui, sans en avoir le nom, en a la
« puissance, de préférence à celui qui, portant le
« nom de roi, n'en garde pas l'autorité. »

Les papes, d'ailleurs, pères communs des fidèles, ne peuvent entrer dans ces questions de droit : ils ne doivent reconnoître que le fait : sinon la cour de

Rome se trouveroit enveloppée dans toutes les révolutions des cours chrétiennes ; la chute du plus petit trône au bout de la terre ébranleroit le Vatican. « Le prince, dit Éghinard, se contentoit d'avoir « les cheveux flottants et la barbe longue ; il étoit « réduit à une pension alimentaire, réglée par le « maire du palais ; il ne possédoit qu'une maison « de campagne d'un revenu modique, et quand il « voyageoit, c'étoit sur un chariot traîné par des « bœufs, et qu'un bouvier conduisoit à la manière « des paysans. »

Les intérêts, sans doute, vinrent à l'appui des réalités politiques. Il avoit existé de grandes liaisons entre les papes Grégoire II, Grégoire III, et le maire du palais Karle-le-Martel. Peppin désiroit être roi des Franks, comme Zacharie désiroit se soustraire au joug des empereurs de Constantinople, protecteurs des Iconoclastes, et à l'oppression des Lombards. Saint Boniface, évêque de Mayence, ayant besoin de l'entremise des Franks pour étendre ses missions en Germanie, fut le négociateur qui mena toute cette affaire entre Zacharie et Peppin. Et pourtant Peppin crut devoir demander l'absolution de son infidélité envers Khildérik III, au pape Étienne, bien aise qu'étoit celui-ci qu'on lui reconnût le droit de condamner ou d'absoudre.

D'un autre côté, les ducs d'Aquitaine refusèrent assez long-temps de se soumettre à Peppin ; nous les voyons, jusque sous la troisième race, renier Hugues Capet et dater les actes publics : *Rege terreno deficiente, Christo regnante.* Guillaume-le-

Grand, duc d'Aquitaine à cette époque, ne reconnut d'une manière authentique que Robert, fils de Hugues : *Regnante Roberto, rege theosopho.* On eût ignoré les causes secrètes des rudes guerres que Peppin d'Héristal, Karle-le-Martel, Peppin-le-Bref et Charlemagne firent aux Aquitains, si la charte d'Alaon, imprimée dans les conciles d'Espagne, commentée et éclaircie par dom Vaissette, ne prouvoit que les ducs d'Aquitaine descendoient d'Haribert par Bogghis, famille illustre qui s'est perpétuée jusqu'à Louis d'Armagnac, duc de Nemours, tué à la bataille de Cérignoles, en 1503. Ainsi les ducs d'Aquitaine venoient en directe ligne de Khlovigh; la force seule les put réduire à n'être que les vassaux d'une couronne dont leurs pères avoient été les maîtres. Il est curieux de remarquer aujourd'hui l'ignorance ou la mauvaise foi d'Éghinard; après avoir dit que Charles et Karloman succédèrent à Peppin leur père, il ajoute : « L'Aquitaine ne put demeurer long-temps tran-« quille, par suite des guerres dont elle avoit été le « théâtre. *Un certain Hunold*, aspirant au pouvoir, « excita les habitants, etc. » Or, ce certain Hunold étoit fils d'Eudes, duc d'Aquitaine et père de Waiffer, également duc d'Aquitaine et héritier de la maison des Mérovingiens. Je me suis arrêté à ces guerres d'Aquitaine, dont aucun historien, Gaillard et La Bruère exceptés, n'a touché la vraie cause : c'étoit tout simplement une lutte entre un ancien fait et un fait nouveau, entre la première et la seconde race.

S.

Peppin, élu roi à Soissons (751), défait les Saxons; il passe en Italie à la prière du pape Étienne III, pour combattre Astolphe, roi des Lombards, qui menaçoit Rome après s'être emparé de l'exarchat de Ravenne. Peppin reprend l'exarchat, le donne au pape, et jette les fondements de la royauté temporelle des pontifes.

Après Peppin vient son fils, qui ressuscite l'empire d'Occident. Charlemagne continue contre les Saxons cette guerre qui dura trente-trois années; il détruit en Italie la monarchie des Lombards, et refoule les Sarrasins en Espagne. La défaite de son arrière-garde à Roncevaux engendre pour lui une gloire romanesque qui marche de pair avec sa gloire historique.

On compte cinquante-trois expéditions militaires de Charlemagne; un historien moderne en a donné le tableau. M. Guizot remarque judicieusement que la plupart de ces expéditions eurent pour motifs d'arrêter et de terminer les deux grandes invasions des Barbares du Nord et du Midi.

Charlemagne est couronné empereur d'Occident à Rome par le pape Léon III (800). Après un intervalle de trois cent vingt-quatre années, fut rétabli cet empire dont l'ombre et le nom restent encore après la disparition du corps et de la puissance..

Une sensibilité naturelle pour l'honneur d'un grand homme a porté presque tous les écrivains à se taire sur la destinée des cousins de Charlemagne : Peppin-le-Bref avoit laissé deux fils, Karloman et Karle; Karloman eut à son tour deux fils, Peppin et Siaghre. Le premier a disparu dans l'histoire; pendant près de neuf siècles on a ignoré le sort du second. Un manuscrit de l'abbaye de Saint-Pons de Nice, envoyé à l'évêque de Meaux, a fait retrouver Siaghre dans un moine de cette abbaye. Siaghre, devenu évêque de Nice, a été mis au rang des saints, et il étoit réservé à Bossuet de laver d'un crime la mémoire de Charlemagne.

Ce prince, qui étoit allé chercher les Barbares jusque chez eux pour en épuiser la source, vit les premières voiles des Normands : ils s'éloignèrent en toute hâte de la côte que l'empereur protégeoit de sa présence. Charlemagne se leva de table, se mit à une fenêtre qui regardoit l'Orient, et y demeura long-temps immobile : des larmes couloient le long de ses joues; personne n'osoit l'interroger. « Mes fidèles, dit-il aux grands qui l'environnoient, « savez-vous pourquoi je pleure? Je ne crains pas « pour moi ces pirates, mais je m'afflige que, moi « vivant, ils aient osé insulter ce rivage. Je prévois « les maux qu'ils feront souffrir à mes descendants « et à leurs peuples. » (*Moine de Saint-Gall.*)

Ce même prince, associant son fils, Hlovigh-le-Débonnaire, à l'empire, lui dit : « Fils cher à Dieu, « à ton père, et à ce peuple, toi que Dieu m'a laissé « pour ma consolation; tu le vois, mon âge se hâte; « ma vieillesse même m'échappe : le temps de ma « mort approche. . . . . . . Le pays des Franks m'a « vu naître, Christ m'a accordé cet honneur; Christ « me permit de posséder les royaumes paternels : je

« les ai gardés non moins florissants que je ne les ai
« reçus. Le premier d'entre les Franks j'ai obtenu le
« nom de César, et transporté à la race des Franks
« l'empire de la race de Romulus. Reçois ma cou-
« ronne, ô mon fils, Christ consentant, et avec elle
« les marques de la puissance. . . . . . . »

« Karle embrasse tendrement son fils, et lui dit
« le dernier adieu. » (*Ermold. Nigel.*)

Le vieux chrétien Charlemagne pleurant à la vue
de la mer, par le pressentiment des maux qu'é-
prouveroit sa patrie quand il ne seroit plus; puis
associant à l'empire, avec un cœur tout paternel,
ce fils qui devoit être si malheureux père; racontant à ce fils sa propre histoire, lui disant qu'il
étoit né dans le pays des Franks, qu'il avoit transporté à la race des Franks l'empire de la race de
Romulus; Charlemagne annonçant que son temps
est fini, que la vieillesse même lui échappe : ce
sont de belles scènes qui attendent le peintre futur
de notre histoire. Les dernières paroles d'un père
de famille au milieu de ses enfants ont quelque
chose de triste et de solennel : le genre humain est
la famille d'un grand homme, et c'est elle qui l'en-
toure à son lit de mort.

Le poëte de Hlovigh fait venir son nom *Hludo-
vicus* du mot latin *ludus*, ou, ce qui est beaucoup
plus vrai, des deux mots teutons, *hlut*, fameux,
et *Wigh*, dieu à la guerre. Hlovigh-le-Débonnaire
étoit malheureusement trop bon écolier; il savoit
le grec et le latin : l'éducation littéraire donnée aux
enfants de Charlemagne fut une des causes de la

prompte dégénération de sa race. Hlovigh hérita du titre d'empereur et de roi des Franks; Peppin, autre fils de Charlemagne, avoit eu en partage le royaume d'Italie.

Hlovigh-le-Débonnaire associa son fils Lother à l'empire (817), créa son autre fils Peppin duc d'Aquitaine, et son autre fils Hlovigh roi de France. Son quatrième fils, Karle II, dit le Chauve, qu'il avoit eu de Judith, sa seconde femme, n'eut d'abord aucun partage.

Les démêlés de Hlovigh-le-Débonnaire et de ses fils eurent pour résultat deux dépositions et deux restaurations de ce prince qui expira en 840 d'inanition et de chagrin.

Karle-le-Chauve n'avoit que dix-sept ans lorsque son père décéda : il étoit roi de France, de Bourgogne et d'Aquitaine. Il s'unit à Hlovigh, roi de Bavière, son frère de père, contre Lother, empereur et roi d'Italie et de Rome. La bataille de Fontenai, en Bourgogne, fut livrée le 25 juin 841. Karle-le-Chauve et Hlovigh de Bavière demeurèrent vainqueurs de Lother et du jeune Peppin, fils de Peppin, roi d'Aquitaine, dont la dépouille avoit été donnée par Hlovigh-le-Débonnaire à Karle-le-Chauve.

On a porté jusqu'à cent mille le nombre des morts restés sur la place : exagération manifeste. (Voir *la savante Dissertation de l'abbé Lebœuf.*) Mais ces affaires entre les Franks étoient extrêmement cruelles, et l'ordre profond qu'ils affectoient dans leur infanterie amenoit des résultats extraordinaires. Thierry remporta, en 612, une victoire sur son frère Théodebert à Tolbiac, lieu déjà célèbre. « Le meurtre fut tel des deux côtés, dit la « Chronique de Frédégher, que les corps des tués, « n'ayant pas assez de place pour tomber, restèrent « debout serrés les uns contre les autres, comme « s'ils eussent été vivants. » (*Stabant mortui inter cæterorum cadavera stricti, quasi viventes,* cap. XXXVIII.)

Un des premiers historiens des temps modernes, M. Thierry, a fixé avec une rare perspicacité à la bataille de Fontenai le commencement de la transformation du peuple frank en nation françoise. La plus grande perte étant tombée sur les tribus qui se servoient encore de la langue germanique, les vainqueurs firent graduellement prévaloir les mœurs et la langue romanes. Cette bataille prépara encore une révolution par un autre effet : la plupart des anciens chefs franks y périrent, comme les anciens nobles françois restèrent au champ de Crécy ; ce qui amena au rang supérieur de la société les chefs d'un rang secondaire, de même encore que la seconde noblesse françoise surgit après les déroutes de Crécy et de Poitiers. Ces seconds Franks, fixés dans leurs fiefs, devinrent, sous la troisième race, la tige de la haute noblesse françoise.

L'empereur Lother, retiré à Aix-la-Chapelle, leva une nouvelle armée de Saxons et de Neustriens. Advint alors le traité et le serment entre Karle et Hlovigh, écrits et prononcés dans les deux langues de l'empire ; la langue romane et la langue tudesque. Je ferai néanmoins observer qu'il y avoit une troisième langue, le celtique pur, que l'on distinguoit de la langue *gauloise* ou *romane*, comme le prouve ce passage de Sulpice Sévère : Parlez celtique ou gaulois, si vous aimez mieux : *In verò celtice, vel si mavis, gallice loquere*. Au milieu de ces troubles parurent les Normands, qui devoient achever de composer, avec les Gaulois-Romains, les Burgondes ou Bourguignons, les Visigoths, les Bretons, les Wascons ou Gascons, et les Franks, la nation françoise : Robert-le-Fort, bisaïeul de Hugues Capet, et qui possédoit le duché de Paris, fut tué d'un coup de flèche, en combattant contre les Normands des environs du Mans.

L'empereur Lother meurt en habit de moine (855) : prince turbulent, persécuteur de son père et de ses frères.

Karle-le-Chauve est empoisonné par le Juif Sédécias, dans un village au pied du Mont-Cénis, en revenant en France (3 octobre 877).

Hlovigh-le-Bègue succède au royaume des Franks, et est couronné empereur par le pape Jean VIII. Karloman, fils de Hlovigh-le-Germanique, lui disputa l'empire, et fut peut-être empereur; mais, après la mort de Karloman, Karle-le-Gros, son frère, obtint l'empire.

Karle-le-Gros, empereur, devint encore roi de France à l'exclusion de Karle, fils de Hlovigh-le-Bègue. Il posséda presque tous les États de Charlemagne. Siége de Paris par les Normands, qui dure deux ans et que Karle-le-Gros fait lever à l'aide d'un traité honteux. Il avoit recueilli autant de mépris que de grandeurs; on l'avoit dépouillé de la dignité impériale avant sa mort, arrivée en 888.

Karle, fils de Hlovigh-le-Bègue, fut proposé pour empereur; on n'en voulut pas plus qu'on n'en avoit voulu pour roi de France. Arnoul, bâtard de l'empereur Karloman, succède à l'empire de Karle-le-Gros; Eudes, comte de Paris et fils de Robert-le-Fort, est proclamé roi des Franks dans l'assemblée de Compiègne : Eudes avoit défendu Paris contre les Normands. En 892, Karle III est enfin proclamé roi dans la ville de Laon. Il y eut partage entre Eudes et Karle : Eudes eut le pays entre la Seine et les Pyrénées, et Karle les provinces depuis la Seine jusqu'à la Meuse.

Après la mort d'Eudes (898), Karle III, dit le Simple, recueillit la monarchie entière. Alors commençoient les guerres particulières entre les chefs devenus souverains des provinces dont ils avoient été les commandants. A Saint-Clair-sur-Epte fut conclu (912) le traité en vertu duquel Karle-le-Simple donne sa fille Ghisèle en mariage à Rollon, et cède à son gendre cette partie de la Neustrie que les conquérants appeloient déjà de leur nom. Rollon la posséda à titre de duché, sous la réserve d'en faire hommage à Karle et d'embrasser la religion chrétienne; il demanda et obtint encore la seigneurie directe et immédiate de la Bretagne : grand homme de justice et d'épée, il fut le chef de ce peuple qui renfermoit en lui quelque chose de vital et de créateur propre à former d'autres peuples.

L'empereur Hlovigh IV étant mort, Karle, resserré dans un étroit domaine par les seigneuries usurpées, ne put intervenir, et l'empire sortit de la France. Conrad, duc de Franconie, et ensuite Henric Ier, tige de la maison impériale de Saxe, furent élus empereurs. Le fils d'Henric, Othon, dit le Grand, couronné à Rome (962), réunit le royaume d'Italie au royaume de Germanie.

Robert, frère du roi Eudes, est proclamé roi et sacré à Reims (922). Karle-le-Simple lui livre bataille, le défait et le tue. Tout épouvanté de sa victoire, il s'enfuit auprès de Henric, roi de Germanie, et lui cède une partie de la Lothingarie. De là il s'enfuit chez Herbert, comte de Vermandois, d'où il s'enfuit enfin dans sa tombe (929). Oghine, fille d'Édouard Ier, roi des Anglois, se retire à Londres auprès d'Adelstan, son frère; elle emmène avec elle son fils Hlovigh, qui prit le surnom *d'Outre-mer.*

En 923 on veut décerner la couronne à Hugues, qui la fait donner à son beau-frère Raoul, duc et comte de Bourgogne : Raoul ne fut jamais reconnu roi dans les provinces méridionales de la France. Il meurt à Autun, en 936. Hugues, dit le Grand, dit l'Abbé, dit le Blanc, ne veut point encore de la couronne, et fait revenir Hlovigh-d'Outre-mer, fils de Charles-le-Simple. Celui-ci, âgé de seize ans, monte au trône.

En 954, il meurt d'une chute de cheval, et laisse deux fils, Lother et Karle, duc de Lothingarie.

Lother est élu roi, sous le patronage de Huguesle-Grand ; le royaume, devenu trop petit, ne se partage point entre les deux frères. Hugues décède (956). Lother voit ses États presque réduits, par l'envahissement des grands vassaux, à la ville de Laon ; ainsi s'étoit rétréci le large héritage de Charlemagne. Charles VII fut aussi *roi de Bourges*, mais il sortit de cette ville pour reconquérir son royaume, et Lother ne reprit pas le sien. Il mourut à Reims, en 986, du poison que lui donna sa femme, fille de Lother, roi d'Italie. Son fils, Louis V, surnommé mal à propos le Fainéant, fut le dernier roi de la race karlovingienne. Il ne régna qu'un an, et partagea le destin de son père : sa femme, Blanche d'Aquitaine, l'empoisonna ; il ne laissa point de postérité. Karle, son oncle, avoit des prétentions à la couronne ; mais l'élection se fit en faveur de Hugues Capet, duc des François. Hugues commença la race de ces rois dont le dernier vient de descendre du trône : force est de reconnoître cette grandeur du passé par le vide et le mouvement qu'elle creuse et qu'elle cause dans le monde en se retirant.

Les soixante premières années de la seconde race n'offrent aucun changement remarquable dans les mœurs et dans le gouvernement ; c'est toujours la société romaine dominée par quelques conquérants. Le rétablissement de l'empire d'Occident donne même à cette époque un plus grand air de ressemblance avec les temps antérieurs. Sous le rapport militaire, Charlemagne ne fait que ce que beaucoup d'empereurs avoient fait avant lui; il se transporte en diverses provinces de l'Europe pour repousser des Barbares, comme Probus, Aurélien, Dioclétien, Constantin, Julien, avoient couru d'un bout du monde à l'autre dans la même nécessité. Sous le rapport de la législation et des études, Charlemagne avoit encore eu des modèles ; les empereurs, même les plus ignorés et les plus foibles, s'étoient distingués par la promulgation des lois et l'établissement des écoles; mais il faut convenir que ces nobles entreprises de Charlemagne amenèrent d'autres résultats; elles étoient aussi plus méritoires dans le soldat teuton qui fit recueillir les chansons des anciens Germains; « *Qui* « *mist noms aux douze mois selonc la langue toyse,* « *et noms propres aux douze vents ; car avant ce* « *n'estoient nomé que li quatre vent cardinal*, dans « un soldat *qui se vestoit à la manière de France,* « *vestoit en yver un garnement forré de piaus de* « *loutre ou de martre,* dans un soldat *qui levoit un* « *chevalier armé sur sa paume, et de Joyeuse, son* « *épée, coupoit un chevalier tout armé.* » (*Chron. Saint-Denis.*)

On retrouve à la cour des rois des deux premières races les charges et les dignités de la cour des Césars, ducs, comtes, chanceliers, référendaires, camériers, domestiques, connétables, grands-maîtres du palais : Charlemagne seul garda la première simplicité des Franks ; ses devanciers et ses successeurs affectèrent la magnificence romaine. On voit auprès de Hlovigh-le-Débonnaire, Hérold-le-Danois portant une chlamyde de pourpre, ornée de pierres précieuses et d'une broderie d'or; sa femme, par les soins de la reine Judith, revêt une tunique également brodée d'or et de pierreries; un diadème couvre son front, et un long collier descend sur son sein. La reine danoise, il est vrai, a aussi des cuissards de mailles d'or et de perles, et un capuchon d'or retombe sur ses épaules : ce sont des sauvages se parant à leur fantaisie dans le vestiaire d'un palais. Dans une chasse brillante, l'enfant Karle (Karle-le-Chauve) *frappe de ses petites armes une biche que lui ont ramenée ses jeunes compagnons :* Virgile ne disoit pas mieux d'Ascagne.

Les Capitulaires de Charlemagne, relatifs à la législation civile et religieuse, reproduisent à peu près ce que l'on trouve dans les lois romaines et dans les canons des conciles; mais ceux qui concernent la législation domestique sont curieux par le détail des mœurs.

Le Capitulaire *de Villis fisci* se compose de soixante-dix articles, vraisemblablement recueillis de plusieurs autres Capitulaires.

Les intendants du domaine sont tenus d'amener au palais où Charlemagne se trouvera le jour de la Saint-Martin d'hiver tous les poulains, de quelque âge qu'ils soient, afin que l'empereur, après avoir entendu la messe, les passe en revue.

On doit au moins élever dans les basses-cours des principales métairies cent poules et trente oies.

Il y aura toujours dans ces métairies des moutons et des cochons gras, et au moins deux bœufs gras, pour être conduits, si besoin est, au palais.

Les intendants feront saler le lard; ils veilleront à la confection des cervelas, des andouilles, du vin, du vinaigre, du sirop de mûres, de la moutarde, du fromage, du beurre, de la bière, de l'hydromel, du miel et de la cire.

Il faut, pour la dignité des maisons royales, que les intendants y élèvent des laies, des paons, des faisans, des sarcelles, des pigeons, des perdrix et des tourterelles.

Les colons des métairies fourniront aux manufactures de l'empereur du lin et de la laine, du pastel et de la garance, du vermillon, des instruments à carder, de l'huile et du savon.

Les intendants défendront de fouler la vendange avec les pieds : Charlemagne et la reine, qui commandent également dans tous ces détails, veulent que la vendange soit très propre.

Il est ordonné, par les articles 39 et 65, de vendre au marché, au profit de l'empereur, les œufs surabondants des métairies et les poissons des viviers.

Les chariots destinés à l'armée doivent être tenus en bon état, les litières doivent être couvertes de bon cuir et si bien cousues, qu'on puisse s'en servir au besoin comme de bateaux pour passer une rivière.

On cultivera dans les jardins de l'empereur et de l'impératrice toutes sortes de plantes, de légumes et de fleurs : des roses, du baume, de la sauge, des concombres, des haricots, de la laitue, du cresson alénois, de la menthe romaine, ordinaire et sauvage, de l'herbe aux chats, des choux, des ognons, de l'ail et du cerfeuil.

C'étoit le restaurateur de l'empire d'Occident, le fondateur des nouvelles études, l'homme qui, du milieu de la France, en étendant ses deux bras, arrêtoit au nord et au midi les dernières armées d'une invasion de six siècles, c'étoit Charlemagne enfin qui faisoit vendre au marché les œufs de ses métairies, et régloit ainsi avec sa femme ses affaires de ménage.

Quand je parlerai de la chevalerie, je montrerai qu'on en doit rattacher l'origine à la seconde race, et que les romanciers du onzième siècle, en transformant Charlemagne en chevalier, ont été plus fidèles qu'on ne l'a cru à la vérité historique.

Les Capitulaires des rois franks jouirent de la plus grande autorité : les papes les observoient comme des lois; les Germains s'y soumirent jusqu'au règne des Othons, époque à laquelle les peuples au-delà du Rhin rejetèrent le nom de Franks qu'ils s'étoient glorifiés de porter. Karle-le-Chauve, dans l'édit de Pitres (chap. VI), nous apprend comment se dressoit le Capitulaire. «La « loi, dit ce prince, devient irréfragable par le con- « sentement de la nation et la constitution du roi. » La publication des Capitulaires, rédigés du consentement des assemblées nationales, étoit faite dans les provinces par les évêques et par les envoyés royaux, *missi dominici*.

Les Capitulaires furent obligatoires jusqu'au temps de Philippe-le-Bel : alors les Ordonnances les remplacèrent. Rhenanus les tira de l'oubli en 1531 : ils avoient été recueillis incomplétement en deux livres par Angesise, abbé de Fontenelles (et non pas de Lobes), vers l'an 827. Benoît, de l'Église de Mayence, augmenta cette collection en 845. La première édition imprimée des Capitulaires est de Vitus; elle parut en 1545.

Les assemblées générales où se traitoient les affaires de la nation avoient lieu deux fois l'an, partout où le roi ou l'empereur les convoquoit. Le roi proposoit l'objet du Capitulaire : lorsque le temps étoit beau, la délibération avoit lieu en plein air; sinon, on se retiroit dans des salles préparées exprès. Les évêques, les abbés et les clercs d'un rang élevé se réunissoient à part; les comtes et les principaux chefs militaires de même. Quand les évêques et les comtes le jugeoient à propos, ils siégeoient ensemble, et le roi se rendoit au milieu d'eux; le peuple étoit forclos; mais, après la loi faite, on l'appeloit à la sanction (HINCMAR. *Hunold.*). La liberté individuelle du Frank se changeoit peu à peu en liberté politique, de ce genre représentatif inconnu des anciens. Les assemblées du huitième et du neuvième siècle étoient de véritables états tels qu'ils reparurent sous saint Louis et Philippe-le-Bel; mais les états des Karlovingiens avoient une base plus large, parce qu'on étoit plus près de l'indépendance primitive des Barbares : le *peuple* existoit encore sous les deux premières races; il avoit disparu sous la troisième, pour renaître par les *serfs* et les *bourgeois*.

Cette liberté politique karlovingienne perdit bientôt ce qui lui restoit de populaire : elle devint purement aristocratique, quand la division croissante du royaume priva de toute force la royauté.

La justice, dans la monarchie franke, étoit administrée de la manière établie par les Romains ; mais les rois chevelus, afin d'arrêter la corruption de cette justice, instituèrent les *missi dominici*, sorte de commissaires ambulants qui tenoient des assises, rendoient des arrêts au nom du souverain, et sévissoient contre les magistrats prévaricateurs. Quand il s'agira de la féodalité et des parlements, je montrerai comment la source de la justice, chez les peuples modernes, fut autre que la source de la justice chez les Grecs et les Latins.

Sous les successeurs de Charlemagne se déclare la grande révolution sociale qui changea le monde antique dans le monde féodal : second pas de la liberté générale des hommes ; ou passage de l'*esclavage* au *servage*. J'expliquerai en son lieu cette mémorable transformation.

Charlemagne, comme tous les grands hommes, par l'attraction naturelle du génie, concentra l'administration et le gouvernement social en sa personne ; à sa mort l'unité disparut : ses contemporains, qui avoient vu se former son empire, en déplorèrent la division.

Alexandre, n'ayant point de famille, livra à ses capitaines, comme à ses enfants, les débris de sa conquête : en quittant la Macédoine il ne s'étoit réservé que l'espérance ; en quittant la vie il ne garda que la gloire. Charlemagne n'étoit point dans la même position : il commençoit un monde; Alexandre en finissoit un. Charlemagne partagea son empire entre ses trois fils; ses fils le morcelèrent entre les leurs. En 888, à la mort de Karle-le-Gros, il y avoit déjà sept royaumes dans la monarchie du fils de Karle-le-Martel : le royaume de France, le royaume de Navarre, le royaume de Bourgogne cis-jurane, le royaume de Bourgogne trans-jurane, le royaume de Lorraine, le royaume d'Allemagne, le royaume d'Italie. Karle-le-Chauve établit l'hérédité des bénéfices. « Si, après notre mort, dit-il, quelqu'un de nos « fidèles a un fils ou tel autre parent . . . . « qu'il soit libre de lui transmettre ses bénéfices et « honneurs comme il lui plaira. » Ce n'étoit que changer le fait en droit; car les ducs, comtes et vicomtes, retenoient déjà les châteaux, villes et provinces dont ils avoient reçu le commandement. A la fin du neuvième siècle, vingt-neuf fiefs ou souverainetés aristocratiques se trouvoient établis. Un siècle après, à la chute de la race karlovingienne, le nombre s'en étoit accru jusqu'à cinquante-cinq. A mesure que ces petits Etats féodaux se multiplioient, les grands Etats monarchiques diminuoient : les sept royaumes existants du temps de Karle-le-Gros étoient réduits à quatre lorsque Hugues Capet reçut la couronne.

Les fiefs usurpés donnèrent naissance aux maisons aristocratiques que l'on voit s'élever à cette époque : alors les Barbares substituèrent à leurs noms germaniques, et ajoutèrent à leurs prénoms

9.

chrétiens les noms des domaines dans lesquels ils s'étoient impatronisés. Les noms propres de lieux ont précédé les noms propres d'individus. Le Sauvage donne à sa terre une dénomination tirée de ses accidents, de ses qualités, de ses produits, avant de prendre lui-même une appellation particulière dans la famille commune des hommes. Un globe pourroit avoir une géographie et n'avoir pas un seul habitant.

Le gentilhomme proprement dit, dans le sens où nous entendons ce mot aujourd'hui, commença de paroître vers la fin de la seconde race. La noblesse titrée, que Constantin mit à la place du patriciat, s'infiltra chez les Franks par leur mélange avec les générations romaines, par les emplois qu'ils occupèrent dans l'empire, par l'influence que les vaincus civilisés exercèrent dans l'intimité du foyer sur leurs vainqueurs agrestes.

Dans les autres parties de l'Europe, la même cause agit, les mêmes faits s'accomplissent : le monarque n'est plus que le chef de nom d'une aristocratie religieuse et politique dont les cercles concentriques se vont resserrant autour de la couronne. Dans chacun de ces cercles s'inscrivent d'autres cercles qui ont des centres propres à leur mouvement : la royauté est l'axe autour duquel tourne cette sphère compliquée, république de tyrannies diverses.

L'Église eut la principale part à la création de ce système; elle avoit atteint le complément de ses institutions dans la période que les deux premières races mirent à s'écouler; elle avoit saisi l'homme dans toutes ses facultés : aujourd'hui même on ne peut jeter les regards autour de soi sans s'apercevoir que le monde extraordinaire d'où nous sommes sortis étoit presque entièrement l'ouvrage de la religion et de ses ministres.

Les précédentes *Études* nous ont montré le Christianisme avançant à travers les siècles, changeant non de principe, mais de moyen d'âge en âge, se modifiant pour s'adapter aux modifications successives de la société, s'accroissant par les persécutions et s'élevant quand tout s'abaissoit. L'Église (qu'il faut toujours bien distinguer de la communauté chrétienne, mais qui étoit la forme visible de la foi et la constitution politique du Christianisme), l'Église s'organisoit de plus en plus : ses milices s'étoient portées d'Orient en Occident; Benoît avoit fondé au mont Cassin son ordre célèbre.

Le long usage des conciles avoit rendu ceux-ci plus réguliers; on les savoit mieux tenir, on connoissoit mieux leur puissance. Sur les conciles se modelèrent les corps délibérants des deux premières races, et les prélats, qui, dans la société religieuse, représentoient les grands, furent admis au même rang dans la société politique. Les évêques se trouvèrent tout naturellement le premier ordre de l'État par la raison qu'ils étoient à la tête de la civilisation par l'intelligence. Les preuves de la considération et de l'autorité des évêques sous les races mérovingienne et karlovingienne sont partout.

La composition pour le meurtre d'un évêque dans

la loi salique est de neuf cents sous d'or, tandis que celle du meurtre d'un Frank n'est que de deux cents sous; on peut tuer un Romain convive du roi pour trois cents sous, et un antrustion pour six cents.

Un des premiers actes de Khlovigh est adressé aux *évêques et abbés*, aux hommes illustres les magnifiques ducs, etc., *omnibus episcopis, abbatibus, etc.* Khlother fait la même chose en 516.

Guntran et Khilpérik s'en remettent de leurs différents au jugement des *évêques* et des anciens du peuple : *ut quidquid sacerdotes vel seniores populi judicarent.* Guntran et Khildebert se soumettent à la médiation des *prêtres : mediantibus sacerdotibus* (588). Khlother II assemble les *évêques* de Bourgogne pour délibérer sur les affaires de l'État et le salut de la patrie : *Cum pontifices et universi proceres regni sui...... pro utilitate regia et salute patriæ conjunxissent* (627).

Les évêques sont toujours nommés les premiers dans les diplômes; aucune assemblée où l'on ne les voie paroître : ils jugent avec les rois dans les plaids, et leur nom est placé au bas de l'arrêt immédiatement après celui du roi; ils sont souverains de leurs villes épiscopales; ils ont la justice; ils battent monnoie; ils lèvent des impôts et des soldats : Savarik, évêque d'Auxerre, s'empara de l'Orléanois, du Nivernois, des territoires de Tonnerre, d'Avalon et de Troyes, et les unit à ses domaines. Le prêtre, dans le camp, s'appeloit l'*Abbé des Armées*.

L'unité de l'Église, qui s'étoit établie par la doctrine, prit une nouvelle force par la création du temporel de la cour de Rome. Une fois la papauté portant couronne, son influence politique augmenta; elle traita d'égal à égal avec les maîtres des peuples. Aussi voit-on les pontifes signer au testament des rois, approuver ou désapprouver le partage des royaumes, parvenir enfin à cet excès d'autorité, qu'ils disposoient des sceptres et forçoient les empereurs à leur venir baiser les pieds. Et cependant cette puissance sans exemple sur la terre n'étoit qu'une puissance d'opinion, puisque les papes qui imposoient leur tiare au monde étoient à peine obéis dans la ville de Rome.

Les successeurs de saint Pierre étant montés au rang de souverains, il en fut de même des évêques; la plupart des prélats en Allemagne étoient des princes : par une rencontre naturelle mais singulière, lorsque l'empire devint électif, les dignités devinrent héréditaires; l'élu fut amovible, l'électeur inamovible.

Le grand nom de Rome, de Rome tombée aux mains des papes, ajouta l'autorité à leur suprématie en l'environnant de l'illusion des souvenirs : Rome, reconnue des Barbares eux-mêmes pour l'ancienne source de la domination, parut recommencer son existence, ou continuer la ville éternelle.

La cour théocratique donnoit le mouvement à la société universelle : de même que les fidèles étoient partout; l'Église étoit en tous lieux. Sa hiérarchie, qui commençoit à l'évêque, et remontoit au souverain pontife, descendoit au dernier clerc de paroisse, à travers le prêtre, le diacre, le sous-diacre, le curé et le vicaire. En dehors du clergé séculier étoit le clergé régulier; milice immense qui, par ses constitutions, embrassoit tous les accidents et tous les besoins de la société laïque : il y avoit des ecclésiastiques et des moines pour toutes les espèces d'enseignements ou de souffrances. Le prêtre célibataire de l'unité catholique ne se refusa point, comme le ministre marié séparé de cette communion, aux calamités populaires; il devoit mourir dans un temps de peste en secourant les pestiférés; il devoit mourir dans un temps de guerre en défendant les villes et en montant à cheval, malgré l'interdiction canonique; il devoit mourir en se portant aux incendies; il devoit mourir pour le rachat des captifs : à lui étoient confiés le berceau et la tombe; l'enfant qu'il élevoit ne pouvoit, lorsqu'il étoit devenu homme, prendre une épouse que de sa main. Des communautés de femmes remplissoient envers les femmes les mêmes devoirs; puis venoit la solitude des cloîtres pour les grandes études et les grandes passions. On conçoit qu'un système religieux ainsi lié à l'humanité devoit être l'ordre social même.

Les richesses du clergé, déjà si considérables sous les empereurs romains qu'on avoit été obligé d'y mettre des bornes, continuèrent de s'accroître jusqu'au douzième siècle, bien qu'elles fussent souvent attaquées, saisies et vendues dans les besoins urgents de l'État. Le monastère de Saint-Martin d'Autun possédoit, sous les Mérovingiens, cent mille manses. La manse étoit un fonds de terre dont un colon se pouvoit nourrir avec sa famille, et payer le cens au propriétaire. L'abbaye de Saint-Riquier, plus riche encore, nous montre ce que c'étoit qu'une ville de France au neuvième siècle.

Hérik, en 831, présenta à Hlovigh-le-Débonnaire l'état des biens de la susdite abbaye. Dans la ville de Saint-Riquier, propriété des moines, il y avoit deux mille cinq cents manses de séculiers; chaque manse payoit douze deniers, trois setiers de froment, d'avoine et de fèves, quatre poulets et trente œufs. Quatre moulins devoient six cents muids de grain mêlé, huit porcs et douze vaches. Le marché, chaque semaine, fournissoit quarante sous d'or, et le péage vingt sous d'or. Treize fours produisoient chacun, par an, dix sous d'or, trois cents pains et trente gâteaux dans le temps des Litanies. La cure de Saint-Michel donnoit un revenu de cinq cents sous d'or, distribués en aumônes par les frères de l'abbaye. Le casuel des enterrements des pauvres et des étrangers étoit évalué, année courante, à cent sous d'or, également distribués en aumônes. L'abbé partageoit chaque jour aux mendiants cinq sous d'or; il nourrissoit trois cents pauvres, cent cinquante veuves et soixante clercs. Les mariages rapportoient annuellement vingt livres d'argent pesant, et le jugement des procès soixante-huit livres.

La rue des Marchands (dans la ville de Saint-Riquier) devoit à l'abbaye, chaque année, une pièce de tapisserie de la valeur de cent sous d'or, et la rue des Ouvriers en fer, tout le ferrement nécessaire à l'abbaye; la rue des Fabricants de boucliers étoit chargée de fournir les couvertures de livres; elle relioit ces livres et les cousoit, ce qu'on estimoit trente sous d'or. La rue des Selliers procuroit des selles à l'abbé et aux frères; la rue des Boulangers délivroit cent pains hebdomadaires; la rue des Écuyers étoit exempte de toute charge (*vicus Servientium per omnia liber est*); la rue des Cordonniers munissoit de souliers les valets et les cuisiniers de l'abbaye; la rue des Bouchers étoit taxée, chaque année, à quinze setiers de graisse; la rue des Foulons confectionnoit les sommiers de laine pour les moines, et la rue des Pelletiers les peaux qui leur étoient nécessaires; la rue des Vignerons donnoit par semaine seize setiers de vin et un d'huile; la rue des Cabaretiers, trente setiers de cervoise (bière) par jour; la rue des Cent dix *Milites*, chevaliers, devoit entretenir pour chacun d'eux un cheval, un bouclier, une épée, une lance, et les autres armes.

La chapelle des nobles octroyoit chaque année douze livres d'encens et de parfum; les quatre chapelles du commun peuple (*populi vulgaris*) payoient cent livres de cire et trois d'encens. Les oblations présentées au sépulcre de Saint-Riquier valoient par semaine deux cents marcs ou trois cents livres d'argent.

Suit le bordereau des vases d'or et d'argent des trois églises de Saint-Riquier, et le catalogue des livres de la bibliothèque. Vient la liste des villages de Saint-Riquier, au nombre de vingt : Buniac, Vallès, Drusiac, Neuville, Gaspanne, Guibrantium, Bagarde, Cruticelle, Croix, Civinocurtis, Haidulficurtis, Maris, Nialla, Langradus, Alteica, Rochonismons, Sidrunis, Concilio, Buxudis, Ingoaldicurtis. Dans ces villages se trouvoient quelques vassaux de Saint-Riquier, qui possédoient des terres à titre de bénéfices militaires. On voit de plus treize autres villages sans mélange de fief ; et ces villages, dit la notice, sont moins des villages que des villes et des cités.

Le dénombrement des églises, des villes, villages et terres dépendants de Saint-Riquier, présente les noms de cent chevaliers attachés au monastère, lesquels chevaliers composent à l'abbé, aux fêtes de Noël, de Pâques et de la Pentecôte, une cour presque royale. En résumé, le monastère possédoit la ville de Saint-Riquier, treize autres villes, trente villages, un nombre infini de métairies, ce qui produisoit un revenu immense. Les offrandes en argent, faites au tombeau de Saint-Riquier, s'élevoient seules par an à quinze mille six cents livres de poids, près de deux millions numériques de la monnoie d'aujourd'hui.

Khlovigh gratifia l'église de Reims de terres dans la Belgique, la Thuringe, l'Austrasie, la Septimanie et l'Aquitaine ; il donna de plus à l'évêque qui l'avoit baptisé tout l'espace de terre qu'il pourroit parcourir pendant que lui, Khlovigh, dormiroit après son dîner. L'église de Besançon étoit une souveraineté : l'archevêque de cette église avoit pour hommes-liges le vicomte de Besançon, les seigneurs de Salins, de Montfaucon, de Montferrand, de Durnes, de Montbeillard, de Saint-Seine ; le comte de Bourgogne relevoit même, pour la seigneurie de Gray, de Vesoul et de Choye, de l'archevêché de Besançon.

Charlemagne ordonna, en 805, le renouvellement du testament d'Abbon en faveur du monastère de la Novalaise; cette charte contient la nomenclature des lieux donnés : M. Lancelot en a recherché la situation ; on peut voir ce document curieux.

Il seroit impossible de calculer la quantité d'or et d'argent, soit monnoyés, soit employés en objets d'arts, qui existoit dans les bas siècles; elle devoit être considérable, à en juger par l'opulence des églises, par l'abondance incroyable des aumônes et des offrandes, et par la multitude infinie des impôts. Les Barbares avoient dépouillé le monde, et leurs rapines étoient restées dans les lieux où ils s'étoient établis; on sait aujourd'hui qu'une armée féconde les champs qu'elle ravage.

La seule chose à remarquer maintenant sur les richesses du clergé, c'est comment elles servirent à la société, et de quelle autre propriété elles se composèrent.

Sous les races mérovingienne et karlovingienne le droit de conquêtes dominoit; les terres ne furent point enlevées au propriétaire par la loi positive, mais le fait se dut mettre et se mit souvent en contradiction avec le droit. Quand un Frank se vouloit emparer du champ d'un Gaulois-Romain, qui l'en pouvoit empêcher? Lorsque Khlovigh donne à saint Remi l'espace que le saint pourra parcourir tandis que le roi dormira[1], il est clair que le saint dut passer sur des terres déjà possédées, qui n'appartenoient plus à leur ancien propriétaire lorsque le roi se réveilla. Mais ces terres qui changèrent de possesseurs ne changèrent point de régime, et c'est sur ce point que toutes les notions historiques ont été faussées.

L'imagination s'est représenté les possessions d'un monastère comme une chose sans aucun rapport avec ce qui existoit auparavant : erreur capitale.

Une abbaye n'étoit autre chose que la demeure d'un riche patricien romain, avec les diverses classes d'esclaves et d'ouvriers attachés au service de la propriété et du propriétaire, avec les villes et les villages de leur dépendance. Le père abbé étoit le maître; les moines, comme les affranchis de ce maître, cultivoient les sciences, les lettres et les arts. Les yeux même n'étoient frappés d'aucune différence dans l'extérieur de l'abbaye et de ses habitants; un monastère étoit une maison romaine pour l'architecture : le portique ou le cloître au milieu, avec les petites chambres au pourtour du cloître. Et, comme sous les derniers Césars il avoit été permis, et même ordonné aux particuliers de fortifier leurs demeures, un couvent enceint de murailles crénelées ressembloit à toutes les habitations un peu considérables. L'habillement des moines étoit celui de tout le monde : les Romains, depuis

---

[1] Karle-le-Martel fit une concession de la même nature : il dédommageoit le clergé, aux dépens des voisins des biens qu'il lui avoit pris.

long-temps, avoient quitté le manteau et la toge ; on avoit été obligé de porter une loi pour leur défendre de se vêtir à la *gothique;* les braies des Gaulois et la robe longue des Perses étoient devenues d'un usage commun. Les religieux ne nous paroissent aujourd'hui si extraordinaires dans leur accoutrement, que parce qu'il date de l'époque de leur institution.

L'abbaye, pour le répéter, n'étoit donc qu'une maison romaine ; mais cette maison devint bien de mainmorte par la loi ecclésiastique, et acquit par la loi féodale une sorte de souveraineté : elle eut sa justice, ses chevaliers et ses soldats ; petit État complet dans toutes ses parties, et en même temps ferme expérimentale, manufacture (on y faisoit de la toile et des draps) et école.

On ne peut rien imaginer de plus favorable aux travaux de l'esprit et à l'indépendance individuelle, que la vie cénobitique. Une communauté religieuse représentoit une famille artificielle toujours dans sa virilité, et qui n'avoit pas, comme la famille naturelle, à traverser l'imbécillité de l'enfance et de la vieillesse : elle ignoroit les temps de tutelle et de minorité, et tous les inconvénients attachés à l'infirmité de la femme. Cette famille, qui ne mouroit point, accroissoit ses biens sans les pouvoir perdre, et, dégagée des soins du monde, exerçoit sur lui un prodigieux empire. Aujourd'hui que la société n'a plus à souffrir de l'accaparement d'une propriété immobile, du célibat, nuisible à la population, et de l'abus de la puissance monacale, elle juge avec impartialité des institutions qui furent, sous plusieurs rapports, utiles à l'espèce humaine, à l'époque de sa formation.

Les couvents devinrent des espèces de forteresses où la civilisation se mit à l'abri sous la bannière de quelque saint : la culture de la haute intelligence s'y conserva avec la vérité philosophique qui renaquit de la vérité religieuse. La vérité politique, ou la liberté, trouva un interprète et un complice dans l'indépendance du moine qui recherchoit tout, disoit tout et ne craignoit rien. Ces grandes découvertes dont l'Europe se vante n'auroient pu avoir lieu dans la société barbare; sans l'inviolabilité et le loisir du cloître, les livres et les langues de l'antiquité ne nous auroient point été transmis, et la chaîne qui lie le passé au présent eût été brisée. L'astronomie, l'arithmétique, la géométrie, le droit civil, la physique et la médecine, l'étude des auteurs profanes, la grammaire et les humanités, tous les arts eurent une suite de maîtres non interrompue, depuis les premiers temps de Khlovigh jusqu'au siècle où les universités, elles-mêmes religieuses, firent sortir la science des monastères. Il suffira, pour constater ce fait, de nommer Alcuin, Anghilbert, Éghinard, Téghan, Loup de Ferrières, Éric d'Auxerre, Hincmar, Odon de Cluny, Gherbert, Abbon, Fulbert, ce qui nous conduit au règne de Robert, second roi de la troisième race. Alors naissent de nouveaux ordres religieux, et celui de Cluny n'eut plus le beau privilége d'être à peu près l'unique dépôt de l'instruction.

On sait tout ce qui avoit lieu relativement aux livres : tantôt les moines en multiplioient les exemplaires par zèle ou par ordre, tantôt ils en faisoient des copies par pénitence : on transcrivoit Tite-Live pendant le carême par esprit de mortification. Il est malheureusement vrai qu'on gratta des manuscrits pour substituer à un texte précieux l'acte d'une donation ou quelque élucubration scolastique. On voit dans le Catalogue de la bibliothèque de l'abbaye de Saint-Riquier, an 831, des exemplaires de Cicéron, d'Homère et de Virgile. On trouve au dixième siècle, dans la bibliothèque de Reims, les œuvres de Jules-César, de Tite-Live, de Virgile et de Lucain. Saint-Bénigne de Dijon possédoit un Horace. A Saint-Benoît-sur-Loire, chaque écolier (ils étoient cinq mille) donnoit à ses maîtres deux volumes pour honoraires ; à Montierender, on montroit, en 990, la *Rhétorique* de Cicéron et deux Térence. Loup de Ferrières fit corriger un Pline mal transcrit ; il envoya à Rome des Suétone et des Quinte-Curce. Dans l'abbaye de Fleury, on avoit le traité de Cicéron *de la République*, qui n'a été retrouvé que de nos jours, encore non en entier. Je ne me souviens pas d'avoir vu mentionné dans les catalogues de ces anciennes bibliothèques de France un seul Tacite.

La musique, la peinture, la gravure, et surtout l'architecture, ont des obligations infinies aux gens d'église. Charlemagne montroit pour la musique le goût naturel que conserve encore aujourd'hui la race germanique : il avoit fait venir des chantres de Rome; il indiquoit lui-même dans sa chapelle, avec le doigt ou avec une baguette, le tour du clerc qui devoit chanter; il marquoit la fin du motet par un son guttural qui devenoit le diapason de la phrase recommençante. Le moine de Saint-Gall raconte qu'un clerc, ignorant les règles établies, et obligé de figurer dans un chœur, agitoit la tête circulairement, et ouvroit une énorme bouche pour imiter les chantres qui l'environnoient. Charlemagne garda son sang-froid, et fit donner à ce clerc de bonne volonté une livre d'argent pour sa peine.

Il y avoit des écoles de musique : les moines connoissoient l'orgue et les instruments à cordes et à vent. Les séquences de la messe étoient fameuses au dixième siècle; on y poussoit le son à toute l'étendue de la voix; elles produisoient des effets si extraordinaires qu'une femme en mourut de ravissement et de surprise. Les séquences, d'origine barbare, portoient le nom de *Frigdora*.

L'art de graver sur pierres précieuses n'étoit pas perdu au huitième et au neuvième siècle : deux chanoines de Sens, Bernelin et Bernuin, construisirent une table d'or ornée de pierreries et d'inscriptions; Heldric, abbé de Saint-Germain d'Auxerre, peignoit; Tutilon, moine de Saint-Gall, exerçoit à Metz l'art de graveur et de sculpteur. L'architecture dite *lombarde* se rattache à l'époque religieuse de Charlemagne : le moine de Gozze étoit un habile architecte du dixième siècle. Plus tard, l'architecture que nous appelons mal à propos *gothique* dut en majeure partie sa gloire, dans le douzième et le treizième siècle, à des clercs, des abbés, des moines et des hommes affiliés aux établissements ecclésiastiques. Hugues Libergier et Robert de Coucy, *maître de Notre-Dame et de Saint-Nicaise de Reims*, avoient fourni les plans et dirigé la construction de l'église métropole de cette ville, ainsi que de l'église de Saint-Nicaise, admirable édifice détruit par les Barbares du dix-huitième siècle. Aroun al Rascheld, ami et contemporain de Charlemagne, aimoit et protégeoit, comme lui, les sciences et les arts; mais les lettres ont péri dans le moyen-âge du mahométisme, et elles se sont rajeunies et renouvelées dans le moyen-âge du christianisme.

Le corps du clergé étoit constitué de manière à favoriser le mouvement progresseur : la loi romaine, qu'il opposoit aux coutumes absurdes et arbitraires, les affranchissements qu'il ne cessoit de commander, les immunités dont ses vassaux jouissoient, les excommunications locales dont il frappoit certains usages et certains tyrans, étoient en harmonie avec les besoins de la foule. Il est vrai qu'en ce faisant, les prêtres avoient pour objet principal l'augmentation de leur puissance ; mais cette puissance étoit elle-même plébéienne : ces libertés, réclamées au nom des peuples, ne leur étoient pas incessamment données, mais elles répandoient dans la société des idées qui s'y devoient développer, et tourner au profit de l'espèce humaine.

Le clergé régulier étoit encore plus démocratique

que le clergé séculier. Les ordres mendiants avoient des relations de sympathie et de famille avec les classes inférieures; vous les trouvez partout à la tête des insurrections populaires : la croix à la main, ils menoient des bandes de *pastoureaux* dans les champs, comme les *processions* de la Ligue dans les murs de Paris. En chaire ils exaltoient les petits devant les grands, et rabaissoient les grands devant les petits; plus les siècles étoient superstitieux, plus il y avoit de cérémonies, plus le moine avoit d'occasions d'expliquer ces vérités de la nature déposées dans l'Évangile : il étoit impossible qu'à la longue elles ne descendissent pas de l'ordre religieux dans l'ordre politique. La milice de saint François se multiplia, parce que le peuple s'y enrôla en foule; il troqua sa chaîne contre une corde, et reçut de celle-ci l'indépendance que celle-là lui ôtoit; il put braver les puissants de la terre, aller avec un bâton, une barbe sale, des pieds crottés et nus, faire à ces terribles châtelains d'outrageantes leçons. Le maître, intérieurement indigné, étoit obligé de subir la réprimande de son *homme de poeste* transformé en *ingénu* par cela seul qu'il avoit changé de robe. Le capuchon affranchissoit plus vite encore que le heaume, et la liberté rentroit dans la société par des voies inattendues. A cette époque le peuple se fit prêtre, et c'est sous ce déguisement qu'il le faut chercher.

Enfin, on s'est élevé avec raison contre les richesses de l'Église qui possédoit la moitié des propriétés de la France; mais, pour rester dans la vérité historique, il eût été juste de remarquer que les deux tiers au moins de ces immenses richesses étoient entre les mains de la partie *plébéienne* du clergé. J'insiste sur ce mot *plébéien*, parce qu'en développant tout ce qu'il renferme, on arrive à une nouvelle vue, et une vue très-exacte, d'un sujet jusqu'ici mal compris et mal représenté.

L'esprit d'égalité et de liberté de la *république* chrétienne avoit passé dans la *monarchie* de l'Eglise. Cette monarchie étoit élective et représentative ; tous les chrétiens, même laïques, quel que fût leur rang, pouvoient arriver, en vertu de l'élection, à la première dignité. La papauté n'étoit qu'une souveraineté viagère ; en certains cas même les conciles généraux pouvoient déposer le souverain et en choisir un autre ; il en étoit ainsi des évêques élus primitivement par la communauté diocésaine.

Il arriva donc que le suprême pontife étoit très-souvent un homme sorti de la dernière classe sociale ; tribun-dictateur que le peuple envoyoit pour mettre le pied sur le cou de ces rois et de ces nobles, oppresseurs de la liberté. Grégoire VII, qui réduisit en pratique la théorie de cette souveraineté, et qui exerça dans toute sa rigueur son mandat populaire, étoit un moine de néant ; Boniface VIII, qui déclaroit les papes compétents à ravir et à donner les couronnes, étoit un obscur légiste ; Sixte V, qui approuvoit le régicide, avoit gardé les pourceaux. Aujourd'hui même, après tant de siècles, cet esprit d'égalité n'est point altéré : il est rare que le souverain pontife soit tiré des grandes familles italiennes :

un prêtre parvient au cardinalat, son frère, petit marchand, illumine sa boutique, à Rome, en réjouissance de l'élévation de son frère. Le pape futur, né dans le sein de l'égalité, entroit dans le cloître, où il retrouvoit une autre sorte d'égalité mêlée à la théorie et à la pratique de l'obéissance passive : il sortoit de cette école avec l'amour du nivellement et la soif de la domination.

Pour expliquer la puissance temporelle du saint-siége, on est allé chercher des raisons d'ignorance et de religion, qui, sans doute, contribuèrent à l'augmenter, mais qui n'en étoient pas l'unique source. Les papes la tenoient, cette puissance, de la liberté républicaine ; ils représentoient, en Europe, la vérité politique détruite presque partout : ils furent, dans le monde gothique, les défenseurs des franchises populaires. La querelle du sacerdoce et de l'empire est la lutte des deux principes sociaux au moyen-âge, le pouvoir et la liberté : les Guelfes étoient les démocrates du temps, les Gibelins les aristocrates. Ces trônes, déclarés vacants et livrés au premier occupant ; ces empereurs qui venoient, à genoux, implorer le pardon d'un pontife ; ces royaumes mis en interdit ; ces églises fermées, et une nation entière privée de culte par un mot magique ; ces souverains frappés d'anathème, abandonnés non-seulement de leurs sujets, mais encore de leurs serviteurs et de leurs proches, ces princes, évités comme des lépreux, séparés de la race mortelle en attendant leur retranchement de l'éternelle race ; les aliments dont ils avoient goûté, les objets qu'ils avoient touchés, passés à travers les flammes, ainsi que choses souillées ; tout cela n'étoit que les effets énergiques de la souveraineté populaire déléguée à la religion, et par elle exercée.

La papauté marchoit alors à la tête de la civilisation, et s'avançoit vers le but de la société générale. Et comment ces monarques sans sujets, sans armées, fugitifs même, et persécutés lorsqu'ils lançoient leurs foudres ; comment ces souverains, trop souvent sans mœurs, quelques-uns couverts de crimes, quelques autres ne croyant pas au Dieu qu'ils servoient ; comment auroient-ils pu détrôner les rois avec un moine, une parole, une idée, s'ils n'eussent été les chefs de l'opinion ? Comment, dans toutes les régions du globe, les hommes chrétiens auroient-ils obéi à un prêtre dont le nom leur étoit à peine connu, si ce prêtre n'eût été la personnification de quelque vérité fondamentale ? Aussi les papes ont-ils été maîtres de tout, tant qu'ils sont restés Guelfes ou démocrates ; leur puissance s'est affoiblie lorsqu'ils sont devenus Gibelins ou aristocrates. L'ambition des Médicis fut la cause de cette révolution : pour obtenir la tiare, ils favorisèrent, en Italie, les armes impériales, et trahirent le parti populaire ; dès ce moment l'autorité papale déclina, parce qu'elle avoit menti à sa propre nature, abandonné son principe de vie. Le génie des arts masqua d'abord aux yeux de la foule cette défaillance intérieure ; mais les chefs-d'œuvre de Raphaël et de Michel-Ange, qui s'effacent sur les murs du Vatican, n'ont point remplacé le pouvoir dont les papes se dépouillèrent en déchirant leur contrat primitif. C'est la même tendance à un faux pouvoir qui perdit la royauté sous Louis XIV : cette royauté, qui, jusqu'au règne de Louis XIII, s'étoit mélangée des libertés publiques, crut augmenter sa puissance en les étouffant, et elle se frappa au cœur. Les arts vinrent aussi embellir l'envahissement de nos franchises nationales : le Louvre du grand roi est encore debout comme le Vatican ; mais par quels soldats a-t-il été pris et est-il gardé ?

ANALYSE RAISONNÉE

DE

L'HISTOIRE DE FRANCE,

DEPUIS LE RÈGNE DE KHLOVIGH JUSQU'A CELUI
DE PHILIPPE VI, DIT DE VALOIS.

TROISIÈME RACE.

Avec la troisième race finit l'histoire des Franks et commence l'histoire des François.

La monarchie de Hugues Capet subit quatre transformations principales :

Elle fut purement féodale jusqu'au règne de Philippe-le-Bel.

A Philippe-le-Bel s'élève la monarchie des trois états[1] et du parlement, qui dure jusqu'à Louis XIII.

Louis XIV impose la monarchie absolue, que détruit la monarchie constitutionnelle ou représentative de Louis XVI.

Les faits de la monarchie purement féodale sont : la formation même et le caractère de ce gouvernement, le mouvement insurrectionnel et l'affranchissement des communes, la conquête de l'An-

[1] Appelés depuis états-généraux.

gleterre par les Normands, les croisades extérieures et intérieures, et la querelle du sacerdoce et de l'empire.

La monarchie des trois états et du parlement voit naître les lois générales, civiles et politiques, l'administration et la petite propriété; elle voit les démêlés de Philippe-le-Bel avec le pape, la destruction de l'ordre des Templiers, l'avénement au trône de la double lignée des Valois, la longue rivalité de la France et de l'Angleterre avec tous ses événements et tous ses malheurs, la destruction de la première haute noblesse, le soulèvement des paysans et des bourgeois, les troubles des trois états, l'établissement de l'impôt régulier et des troupes soldées, la séparation du parlement des conseils du roi par la création du conseil d'État, l'extinction des deux maisons de Bourgogne, la réunion successive des grands fiefs à la couronne : les guerres d'Italie, les changements dans les lois, les mœurs, la langue, les usages et les armes. Les lettres renaissent; les grandes découvertes s'accomplissent; Luther paroît; les guerres de religion éclatent; les Bourbons arrivent à la couronne : la monarchie des états et la constitution aristocratique expirent sous Louis XIII. Le parlement en garde les traditions à travers la monarchie absolue.

La courte monarchie absolue de Louis XIV se compose de la gloire de ce prince, de la honte de Louis XV et de l'intrusion des idées dans l'ordre social comme faits.

La monarchie constitutionnelle ou représentative a pour accidents le jugement de Louis XVI, le passage de la république à l'empire, de l'empire à la restauration, et de la restauration à la monarchie républicaine, si ces deux mots se peuvent allier.

Je ne prétends pas établir ici des divisions tranchées, commençant tout juste à telle date, finissant tout juste à telle autre; les choses sont plus mêlées dans la société : les siècles s'élèvent lentement à l'abri des siècles; les mœurs nouvelles, au milieu des anciennes mœurs, sont comme les jeunes générations qui grandissent sous la protection des vieilles générations dont elles sont sorties. Ainsi, Louis-le-Gros n'a point affranchi les communes dans le sens absolu du mot, il y avoit des communes libres et des communes insurgées avant qu'il leur octroyât des chartes; mais c'est à partir de son règne que les affranchissements se multiplient tant par la couronne que par les seigneurs : ainsi, Philippe-le-Bel n'a pas appelé le premier le tiers-état aux délibérations publiques; avant lui plusieurs rois avoient convoqué des assemblées de notables, et particulièrement le roi saint Louis; mais depuis Philippe-le-Bel, en 1303, jusqu'à Louis XIII, en 1614, on trouve une série de convocations d'états, qui n'est guère interrompue que vers la fin du quatorzième siècle.

J'en dis autant des autres divisions que je n'adopte que comme une formule historique, propre à servir de *layette* ou de case aux faits et d'aide à la mémoire. Je sais tout aussi bien que personne que la monarchie féodale ne tombe pas quand la monarchie des états et du parlement s'élève; loin de là, elle est à son apogée; elle descend ensuite pendant tout le quatorzième siècle, et se vient abîmer sous Charles VII.

HUGUES CAPET.

De 987 à 996.

Il faut dire de la royauté de Hugues Capet ce que j'ai dit de celle de Peppin : il n'y eut point usurpation parce qu'il y avoit élection; la légitimité étoit un dogme inconnu. Charles, duc de la Basse-Lorraine, fils de Louis d'Outre-mer et oncle de Louis V, le dernier des Karlovingiens, fut un prétendant que repoussa la majorité des suffrages : voilà tout. Il prit les armes, s'empara de la ville de Laon; mais l'évêque de cette ville la livra à Hugues Capet (2 avril 991). Charles, mort en prison, laissa deux fils qui ne régnèrent point, et auxquels on ne pensa plus.

Mais dans la personne de Hugues Capet s'opère une révolution importante; la monarchie élective devient héréditaire; en voici la cause immédiate qu'aucun historien, du moins que je sache, n'a encore remarquée : le sacre usurpa le droit d'élection.

Les six premiers rois de la troisième race firent sacrer leurs fils aînés de leur vivant. Cette élection religieuse remplaça l'élection politique, affermit le droit de primogéniture, et fixa la couronne dans la maison de Hugues Capet. Philippe-Auguste se crut assez puissant pour n'avoir pas besoin durant sa vie de présenter au sacre son fils Louis VIII; mais Louis VIII, près de mourir, s'alarma, parce qu'il laissoit en bas âge son fils Louis IX qui n'étoit pas sacré : il lui fit prêter serment par les seigneurs et les évêques; non content de cela, il écrivit une lettre à ses sujets, les invitant à reconnoître pour roi son fils aîné. Tant de précautions font voir que 239 ans n'avoient pas suffi à la confirmation de l'hérédité absolue, et de l'ordre de primogéniture dans la monarchie capétienne. Le souvenir même du droit d'élection se perpétuoit dans une formule du sacre : on demandoit au peuple présent s'il consentoit à recevoir le nouveau souverain.

Lorsque la couronne échut en ligne collatérale aux descendants de Hugues Capet, rien ne parut moins certain que l'existence de la loi salique, laquelle loi contestée mettoit pareillement en doute l'hérédité. Ces questions s'agitèrent vivement sous Philippe-le-Long, Charles-le-Bel et Philippe de Valois. Sous Charles VI une fille hérita de la couronne. En 1576 une ordonnance décida que les princes du sang précèderoient tous les pairs, et qu'ils se placeroient selon leur proximité au trône. A ce propos, Christophe de Thou dit à Henri III que, depuis le règne de Philippe de Valois, il ne s'étoit fait chose aussi utile à la conservation de la loi salique : certes il falloit que le doute fût bien enraciné dans les esprits, pour qu'un magistrat, à la fin du seizième siècle, vit une loi politique dans un règlement de préséance. Catherine de Médicis songea à faire passer le sceptre à sa fille. Les états de la Ligue parlèrent de mettre l'infante d'Espagne sur le trône de France. Enfin, sous la régence du duc d'Orléans, pendant la minorité de Louis XV, il fut déclaré que, la famille royale venant à s'éteindre, les François seroient libres de se choisir un chef : n'étoit-ce pas reconnoître leur droit primitif ?

L'hérédité mâle, constituée dans la famille royale, devint à la fois le germe destructeur de la féodalité et le principe régénérateur de la monarchie absolue. L'aristocratie subsista dans l'empire d'Allemagne et se détruisit dans le royaume de France, parce que la dignité impériale demeura élective, et que la couronne françoise devint héréditaire.

Les assemblées nationales cessèrent sous les premiers rois de la troisième race, de même qu'elles avoient été interrompues sous les derniers rois de la seconde. Hugues Capet étoit un très-petit seigneur. « Le royaume, dit Montesquieu, se trouva « sans domaine, comme est aujourd'hui l'empire : « on donna la couronne à un des plus puissants « vassaux. » Hugues, quand il en auroit eu l'envie, n'auroit pu réunir des états ; les autres grands vassaux ne s'y seroient pas rendus ; souverains comme le duc de France, ils ne lui auroient pas obéi. La liberté politique qui se montroit dans ces assemblées ne se trouva plus ; elle se plaça ailleurs sous une autre forme.

La France alors étoit une république aristocratique fédérative, reconnoissant un chef impuissant. Cette aristocratie étoit sans peuple : tout étoit esclave ou serf. Le servage n'avoit point encore englouti la servitude ; le bourgeois n'étoit point encore né ; l'ouvrier et le marchand appartenoient encore à des maîtres dans les ateliers des abbayes et des seigneuries, la moyenne propriété n'avoit point encore reparu ; de sorte que cette monarchie (aristocratie de droit et de nom) étoit de fait une véritable démocratie ; car tous les membres de cette société étoient égaux, ou le croyoient être. On ne rencontroit point au-dessous de l'aristocratie cette classe distincte et plébéienne qui, par l'infériorité relative du sang, fixe la nature du pouvoir qui la domine. Voilà pourquoi les chroniques de ces temps ne parlent jamais du *peuple :* on s'enquiert de ce peuple ; on est tenté de croire que les historiens l'ont caché, qu'en fouillant des chartes on le déterrera, qu'on découvrira une nation françoise inconnue, laquelle agissoit, administroit, gagnoit les batailles, et dont on a enseveli jusqu'à la mémoire. Après bien des recherches on ne trouve rien, parce qu'il n'y a rien, et que cette aristocratie sans peuple est, à cette époque, la véritable nation françoise.

Marquons le commencement de l'institution de la pairie : les pairs avoient existé avant la pairie ; dans l'origine, les pairs étoient des jurés qui prononçoient sur les différents advenus entre leurs égaux. La pairie prit un caractère politique quand les fiefs se convertirent en biens patrimoniaux et héréditaires. Les pairs du roi furent des seigneurs plus puissants que les pairs d'un comte ou d'un duc. Tous les systèmes qui placent l'origine de la pairie plus haut ou plus bas que le règne de Hugues Capet ne se peuvent soutenir.

L'introduction de la dignité de la pairie favorisa l'élection des Capétiens. Il y avoit sept pairs laïques; Hugues en étoit un : les six autres pairs, dont les seigneuries relevoient immédiatement de la couronne, s'entendirent, comme aujourd'hui des électeurs s'entendent dans un collége électoral, pour porter leurs voix sur leur compagnon. La pairie se trouva ainsi réunie à la royauté, et il ne resta que six pairs de France. L'égalité étoit si complète entre les pairs, que, Hugues Capet ayant demandé à Adalbert *qui l'avoit fait comte,* Adalbert lui répondit : *Ceux qui t'ont fait roi.*

Outre les pairs laïques, il y avoit des pairs ecclésiastiques du ressort du trône, à la différence des autres seigneuries qui n'avoient point de pairs ecclésiastiques. On peut dire de la pairie, avant ses différentes dégénérations, qu'elle étoit une espèce de sénat de rois, ou, plus exactement, un conseil aristocratique supérieur à la royauté même.

> Élisez douze pairs qui soyent compagnons,
> Qui mènent vos batailles par grand' dévotion.

Quand les pairs furent au nombre de douze, on les appela *les douze compagnons,* et Froissard les nomme *frères du royaume de France.* Les grands effets politiques de la pairie se virent dans le jugement de Jean-sans-Terre et du prince de Galles.

Hugues Capet mourut en 996. Je dirai, pour ne plus parler des successions royales, que, sous la troisième race, l'apanage remplaça le partage des biens patrimoniaux entre les enfants.

ROBERT.

De 996 à 1031.

Robert, héritier du trône de Hugues, étoit un prince pieux et savant pour son siècle; il étoit poëte : l'Église chante encore des répons et des séquences composés par ce fils aîné de l'Église : *O constantia martyrum! Veni, Sancte Spiritus!* Il craignoit beaucoup sa femme, et se laissoit voler par les pauvres. Son règne fut long; c'est ce qu'il falloit alors pour un monde au berceau.

HENRI Ier.

De 1031 à 1060.

Le règne de Henri, qui vint après celui de Robert, fut encore un règne nourricier et tout rempli de petites guerres féodales.

Robert Guiscard paroissoit en Italie lorsque Guillaume-le-Bâtard occupoit la seigneurie de son père, Robert-le-Diable. Ces deux Normands devoient jouer un rôle important à l'occident et à l'orient de l'Europe, et lorsque Henri mourut, Grégoire VII n'étoit plus qu'à quelques années de distance.

Le petit-fils de Hugues Capet fut un homme d'une valeur héroïque : il porta le premier un nom peu répété sur le trône de France, et funeste à tous les rois marqués de ce nom.

PHILIPPE Ier.

De 1060 à 1108.

Les quatre-vingt-une années qui s'écoulèrent de Hugues Capet à Philippe Ier furent des années de conception, de travail, d'éducation première; mais au règne de Philippe Ier, la nuit qui couvroit une enfance sociale laborieuse, se dissipe : le moyen-âge paroît dans l'énergie de sa jeunesse, l'âme toute religieuse, le corps tout barbare, et l'esprit aussi vigoureux que le bras.

Guillaume-le-Bâtard convoque les aventuriers de l'Europe pour aller subjuguer l'Angleterre; il triomphe à la bataille d'Hastings, et le roi de France se trouve avoir un vassal-roi plus puissant que lui.

Cet événement, qui fut bientôt suivi des croisades, donne un nouveau mouvement aux populations. On avoit vu des invasions fortuites, des peuples marchant en avant et au hasard, sans savoir où ils s'arrêteroient, allant plutôt à des découvertes qu'à des conquêtes, comme ces navigateurs qui cherchent des terres inconnues; il en est tout autrement de Guillaume et de ses bandes. Pour la première fois un peuple est méthodiquement subjugué : le sol envahi reçoit de nouvelles forêts; les anciennes propriétés sont cadastrées afin d'être imposées ou prises; la langue et les lois des vaincus sont changées par système; des espèces de moines armés bâtissent de toutes parts des châteaux moitié forteresses, moitié églises, et chaque soir le peuple conquis se couche au son d'une cloche, comme dans un couvent : grand tableau qui n'est plus à faire depuis qu'il a été peint de la main de M. Thierry. Gildas avoit dit que les Angles (Anglois) n'étoient ni puissants dans la guerre, ni fidèles dans la paix : *Angli nec in bello fortes, nec in pace fideles;* les historiens des Siciliens et des Normands font observer que la Grande-Bretagne et la Sicile changèrent de face et devinrent des pays renommés aussitôt qu'ils eurent reçu la race normande : *Jam inde Anglia non minus belli gloria quam humanitatis cultu inter florentissimas orbis christiani gentes in primis floruit.* (MALMESB.) *Siculi quod in patrio solo sunt, quod liberi sunt, quod omnes hodie christiani sunt ingenio Normannis acceptum ferunt.* (PROSP. FASEL., *de Reb. sic.*)

En Italie, un mauvais petit garçon de chétive mine devient d'abord moine de Cluny, ensuite cardinal, et enfin pape, sous le nom de Grégoire VII. Hildibrand dépose Boleslas, roi de Pologne, enlève le titre de royaume à la Pologne même, ordonne à l'empereur victorieux de Constantinople d'abdiquer, rend les aventuriers normands de la Pouille feudataires du saint-siége, écrit à l'archevêque de Reims que le roi de France est un tyran indigne du sceptre, mande aux princes chrétiens de l'Espagne que saint Pierre est seigneur suzerain de leurs petits États, et que la Hongrie est un domaine de l'Église de Rome. Dans une lettre au roi Démétrius, Grégoire VII lui dit : « Votre fils nous a déclaré qu'il « vouloit recevoir la couronne de nos mains; cette « demande nous a paru juste; et nous lui avons « donné votre royaume de la part de saint Pierre. ».

On sait comment l'empereur Henri IV fut déposé par Hildibrand, comment il fut obligé, pour obtenir son pardon, de se présenter au bas des murailles de la forteresse de Canosse, sans gardes, dépouillé des habits impériaux, nu-pieds et couvert d'un cilice. Après trois jours de jeûne et de larmes, il fut admis à baiser humblement la mule du pontife : un retour de fortune rendit l'empire à Henri IV. Après diverses entreprises guerrières où l'on voit paroître Godefroi de Bouillon et un saccagement de Rome, Hildibrand va mourir fugitif, non vaincu, à Salerne, laissant après lui un grand nom mêlé à ceux de la comtesse Mathilde et de l'aventurier Guiscard. Une plume habile[1] nous prépare l'histoire de ce fameux pontificat. La querelle des Investitures ne finit pas avec Henri IV et Grégoire VII; l'esprit de domination populaire et religieuse se perpétua dans les successeurs d'Hildibrand. Mathilde légua ses États au saint-siége.

Philippe Ier, peu de chose par lui-même, étoit un de ces hommes qui vivent seulement afin que tout s'arrange autour d'eux : il aimoit les femmes, et

---

[1] M. Villemain.

répudia la reine Berthe sous prétexte de parenté. Il enleva Bertrade de Montfort, femme de Foulque le Rechein, comte d'Anjou. De là des excommunications et des guerres dont Philippe triompha par sa fermeté dans le mal. Destiné aux grands spectacles sans y prendre part, Philippe vit la première croisade délibérée et résolue dans son royaume, au concile de Clermont, que présida Urbain II (1098). En ce même concile le nom de pape fut attribué exclusivement au souverain pontife.

Les flots des Barbares s'étoient calmés dans le bassin de la France où Dieu les avoit versés, et où la main de Karle-le-Martel et celle de son fils les avoient contenus; mais, après deux siècles de stagnation, gonflés par des générations nouvelles, ils se débordèrent. Les croisades furent comme un souvenir ou comme une prolongation de cette invasion générale qui avoit ravagé le monde; elles furent en outre des guerres de représailles. Les Sarrasins avoient menacé l'Europe de leur joug trois siècles avant que l'Europe eût pris les armes contre eux : leur migration, sortant de l'Arabie, conquit la Syrie et l'Egypte, s'avança le long de l'Afrique d'Orient en Occident jusqu'au détroit de Gade, passa ce détroit, inonda l'Espagne, surmonta les Pyrénées, et ne s'arrêta qu'au milieu des Gaules contre l'épée de Karle-le-Martel.

Trop occupées alors, les populations chrétiennes remirent à un autre temps la vengeance; mais, quand ce temps fut venu, elles s'ébranlèrent à leur tour, se portèrent d'Occident en Orient par l'Europe, traversèrent le Bosphore, allèrent attaquer les enfants du prophète aux lieux mêmes d'où ils étoient partis. Je ne sache pas de plus grand spectacle que ces invasions des peuples de l'Asie et des peuples de l'Europe marchant en sens opposé, les uns sous l'étendard de Mahomet, les autres sous l'étendard du Christ, autour de cette mer qu'avoit bordée la civilisation grecque et romaine. Les Portugais et les Espagnols ont seuls reproduit ces merveilles, lorsque les premiers à travers les mers de l'Orient, les seconds à travers les mers de l'Occident, retrouvoient un monde perdu et découvroient un monde nouveau.

Des mœurs pleines de splendeur et de naïveté, des crimes et des vertus, des croyances ardentes, des faits héroïques, des souvenirs merveilleux, d'immenses résultats matériels et moraux, scientifiques et politiques, voilà ce que présentent les croisades. Les rudes et simples expressions des chroniqueurs relèvent l'éclat des actions; les ermites sont les historiens des chevaliers; des moines racontent, avec l'humilité de la religion et la simplicité du langage, l'orgueil de la conquête et la grandeur des exploits guerriers, ces pèlerinages commencés avec le bourdon et continués avec l'épée. On doit aux croisades la recomposition des armées nationales, décomposées par les petits cantonnements militaires de la féodalité : tant de cheftains éparpillés sur le sol, et étrangers les uns aux autres, apprirent à se connoître à la tête de leurs vassaux; les serfs recommencèrent le peuple françois dans les camps, comme les bourgeois dans les villes. La chrétienté parut aussi pour la première fois sous la forme d'une immense nation, agissant par l'impulsion d'un seul chef. Et qu'alloit-elle conquérir? un tombeau.

Les derniers croisés, embarqués dans le dessein de reprendre Jérusalem sur un soudan ismaélite, prirent Constantinople sur un empereur chrétien; fin extraordinaire d'une aventure de quatre siècles, d'une chevalerie romanesque ranimée à Rhodes devant Mahomet, évanouie à Malte devant l'homme historique qui devoit lui-même aller toucher la cité sainte, pour y puiser une autre sorte de merveilleux.

LOUIS VI.

De 1108 à 1137

Louis VI, dit le Gros, successeur de son père Philippe, avoit pour tout royaume le duché de France et une trentaine de seigneuries. Il se battoit contre ses vassaux à Corbeil, à Mantes, à Montlhéry, à Montfort, au Puysaye dont le château lui coûta trois années de siége: c'étoit plus qu'il n'en avoit fallu aux François pour ravager l'Asie et prendre Jérusalem.

C'est ici l'occasion de remarquer que les noms les plus répétés dans notre histoire n'ont pas pour cela une origine plus ancienne que les autres noms. Les nobles dont les terres se trouvoient dans le duché de Paris étoient par cette raison même mentionnés aux chroniques du petit domaine royal;

ces chroniques racontèrent les guerres que ces vassaux avoient eues avec la couronne, ou les honneurs qu'ils avoient obtenus du monarque. Les autres nobles, cantonnés au loin dans leurs châteaux, restèrent ignorés; on ne parla d'eux qu'à l'occasion de quelques batailles où ils avoient été appelés en vertu des services du fief. Il est arrivé de là qu'une centaine de noms ont rempli les fastes nationaux dans la monarchie féodale; au lieu des annales de France, vous ne lisez réellement que celles du duché de France, et pour ainsi dire des voisins du roi.

Sous la monarchie absolue, Versailles et la cour envahirent à leur tour notre histoire, comme le duché de France l'avoit jadis usurpée : c'est toujours une centaine d'hommes de la banlieue de Paris qui, tantôt chevaliers, tantôt valets décorés, deviennent les personnages de la nation; héros domestiques dont la gloire avoit le vol du chapon autour des antichambres de leur seigneur. Si l'on veut connoître enfin notre ancienne patrie, il en faut recomposer le tableau général avec les tableaux particuliers des provinces : seul moyen de rétablir le caractère aristocratique que notre histoire doit avoir, au lieu du caractère monarchique qu'on lui a mensongèrement donné.

Au temps de Louis-le-Gros, les quatre frères Guerlande et l'abbé Suger firent faire un pas à la puissance royale, en diminuant l'autorité des justices particulières, en affranchissant les serfs, en établissant les communes : cet établissement, dont on a fait tant de bruit, doit être entendu avec restriction.

La France, au commencement du onzième siècle, loin d'être homogène, étoit composée de trois ou quatre peuples différents de mœurs, de lois, de langage ; il ne faut pas prendre ce qui se passoit dans le duché de Paris, en Picardie, en Champagne, le long du cours de la Marne et de l'Oise, de la Seine et de l'Yonne, pour ce qui se passoit au-delà de la Loire et du Rhône, au-delà de l'Orne, de la Sarthe et de la Villaine. Nos rois n'ont pas pu affranchir ce qui n'étoit pas de leur dépendance.

Mais l'histoire, qui n'admet que les faits prouvés, en refusant à Louis-le-Gros l'honneur d'avoir fait naître la classe intermédiaire et libre de la bourgeoisie, ne peut pas non plus recevoir comme une vérité incontestable cet esprit général de liberté dont on pense que les villes furent simultanément saisies au douzième siècle : cette coïncidence n'existe pas. Presque toutes les communes du midi de la France étoient libres et demeurées libres depuis l'administration romaine et visigothe ; quelques priviléges, ajoutés à leur liberté primitive, ne constituent pas des chartes communales de la date du douzième siècle.

D'une autre part, on ne peut dire que Louis-le-Gros, en donnant des chartes à sept ou huit communes, n'ait fait que suivre l'impulsion d'un mouvement qu'il n'auroit pu arrêter. Nous voyons les rois étouffer avec la plus grande facilité les libertés municipales renaissantes, tirer tour à tour de l'argent de la commune qui avoit secoué le joug de son seigneur, et du seigneur qui, à l'aide de la force royale, avoit remis sa commune sous le joug.

Je ne puis me refuser au plaisir de citer un passage de la dix-neuvième lettre sur l'*Histoire de France*. L'auteur (M. A. Thierry), après avoir cité les noms des treize bourgeois bannis de la commune de Laon, termine son récit par ces paroles d'une gravité pathétique : « Je ne sais si vous partagerez
« l'impression que j'éprouve en transcrivant ici les
« noms obscurs de ces proscrits du douzième siècle.
« Je ne puis m'empêcher de les relire et de les pro-
« noncer plusieurs fois, comme s'ils devoient me
« révéler le secret de ce qu'ont senti et voulu les
« hommes qui les portoient il y a sept cents ans. Une
« passion ardente pour la justice, et la conviction
« qu'ils valoient mieux que leur fortune, avoient ar-
« raché ces hommes à leurs métiers, à leur com-
« merce, à la vie paisible, mais sans dignité, que des
« serfs dociles pouvoient mener sous la protection
« de leurs seigneurs. Jetés, sans lumières et sans
« expérience, au milieu des troubles politiques, ils
« y portèrent cet instinct d'énergie qui est le même
« dans tous les temps, généreux dans son principe,
« mais irritable à l'excès, et sujet à pousser les
« hommes hors des voies de l'humanité. Peut-être
« ces treize bannis, exclus à jamais de leur ville na-
« tale, au moment où elle devenoit libre, s'étoient-
« ils signalés, entre tous les bourgeois de Laon, par
« leur opposition contre le pouvoir seigneurial : peut-
« être avoient-ils souillé par des violences cette op-
« position patriotique ; peut-être enfin furent-ils pris
« au hasard pour être seuls chargés du crime de

« leurs concitoyens. Quoi qu'il en soit, je ne puis
« regarder avec indifférence ce peu de noms et cette
« courte histoire, seul monument d'une révolution
« qui est loin de nous, il est vrai, mais qui fit battre
« de nobles cœurs et excita ces grandes émotions que
« nous avons tous, depuis quarante ans, ressenties
« ou partagées. »

Le bourgeois du moyen-âge, qui reconstruisit la moyenne propriété dans les cités, n'étoit pas du tout le bourgeois de la monarchie absolue : c'étoit un personnage important, souvent appelé à délibérer sur les plus graves affaires de la patrie. Il y avoit de grands, de petits, et de francs bourgeois : le bourgeois pouvoit posséder certains fiefs. Le nom de bourgeois signifioit quelquefois *homme de guerre;* il ne dérogeoit point à la noblesse. *Noble homme, damoiseau et bourgeois,* sont des qualités données à une même personne dans des titres du quinzième siècle. Les nobles qui étoient *bourgeois* de certaines villes se trouvoient dispensés de l'arrière-ban. Les bourgeois de Paris s'appeloient les *Bourgeois du Roi.*

« Au regard des non-nobles, ils sont en deux ma-
« nières : dont les aucuns sont franches personnes,
« bourgeois du roi ou des seigneuries sur lesquelles
« ils demeurent, et les autres sont serfs et de serve
« condition. » (*Coutum. gén.*)

Cette classe intermédiaire entre le noble et le serf a donné naissance à une portion du *peuple.* Charles V accorda des lettres de noblesse à tous les bourgeois de Paris; Charles VI, Louis XI, François Ier et Henri II confirmèrent ces lettres de noblesse. Paris ne fut jamais une commune, parce qu'il étoit franc par la seule présence du roi.

LOUIS VII.

De 1137 à 1180.

Le règne de Louis VII, dit le Jeune, vit beaucoup de choses : le Code de Justinien retrouvé, la doctrine d'Abailard condamnée au concile de Soissons; la faction des Guelfes et des Gibelins répandue en Italie; la seconde croisade prêchée par saint Bernard. Suger et Bernard étoient deux hommes supérieurs, de nature antipathique l'un à l'autre; mais Bernard, sans être ministre, gouvernoit le monde en sa double qualité de saint et de moine réformateur.

Louis-le-Jeune, revenu de la croisade, répudie Éléonore d'Aquitaine pour cause présumée d'adultère avec un jeune Sarrasin : il lui restitue la Guienne et le Poitou. Éléonore se remarie à Henri, comte d'Anjou et de Normandie, qui, devenu roi d'Angleterre sous le nom de Henri II, se trouva roi d'Angleterre, duc de Normandie et d'Aquitaine, comte d'Anjou, de Poitou, de Touraine et du Maine. Cette restitution probe, mais impolitique, à laquelle Suger s'étoit opposé, parce qu'il en prévoyoit les résultats, démembra la monarchie, introduisit l'ennemi dans le cœur du pays, et favorisa les grandes guerres que l'Angleterre fit à la France avec des François.

Le douzième siècle est mémorable par de rapides

progrès vers d'autres idées. Alexandre III, dans le troisième concile de Latran, déclara que tous les chrétiens devoient être exempts de la servitude : la croix portoit son fruit.

Les écoles se multiplièrent dans les cathédrales et dans les monastères; les colléges s'établirent en dehors de ces monastères; l'Université prenoit de nouvelles forces; les étudiants étrangers égaloient dans Paris le nombre des habitants.

En Angleterre survint le différent fameux entre Henri II et Thomas Beket, relativement aux immunités ecclésiastiques.

PHILIPPE II.

De 1180 à 1223.

Philippe-Auguste, parvenu au trône, réunit à la couronne, par la confiscation féodale appuyée des armes, la Normandie, le Maine, l'Anjou, la Touraine et le Poitou; il fit l'acquisition des comtés d'Auvergne et d'Artois; il recouvra la Picardie, grand nombre de places dans le Berry, et divers autres comtés, châtellenies et seigneuries. Il rétablit la subordination parmi les grands vassaux et fit sentir la monarchie; il cita Jean-sans-Terre devant la cour des pairs pour y être jugé sur le meurtre d'Arthur commis dans le ressort du royaume : c'est le premier important arrêt politique de cette haute cour.

Philippe fit couronner son fils roi d'Angleterre

à Londres. Les Anglois conquirent à cette époque la grande Charte : entre plusieurs articles favorables aux communes et à l'indépendance des tribunaux, le trente troisième porte que nul homme ne sera arrêté, emprisonné, dépouillé, banni, mis à mort arbitrairement; que le roi n'agira ou ne fera agir contre qui que ce soit autrement que d'après le jugement légal des pairs de l'accusé, ou d'après la loi du pays. C'est le fondement de toutes les libertés chez tous les peuples.

La bataille de Bouvines est la première où l'on reconnoisse un esprit de nationalité; la transformation est accomplie; les Franks sont devenus François. Philippe n'offrit point avant le combat sa couronne au plus digne, mais en remportant la victoire sur l'empereur Othon il courut risque de la vie. Jeté à bas de son cheval, « s'il n'eût été pro- « tégé, dit Guillaume-le-Breton, de la main de Dieu « et d'une excellente armure, il eût été tué. »

Au règne de Philippe-Auguste se rattachent deux incidents remarquables : la croisade contre Saladin et la croisade contre les Albigeois; on avoit appris en marchant contre les infidèles à marcher contre les chrétiens.

Saladin avoit repris Jérusalem l'an 1187 de Jésus-Christ. Il laissa sortir tous les chrétiens au prix d'une rançon modique. Un historien arabe leur applique ce passage de l'Alcoran : « Oh! com- « bien ils quittèrent alors de jardins et de fontaines, « de champs ensemencés et de nobles demeures qui « faisoient leurs délices, et que nous donnâmes en

« héritage à un autre peuple ! » (*Bibl. des Crois.*, par M. MICHAUD, *chron. Arab.*)

Les princes d'Occident se croisèrent pour aller une seconde fois délivrer la ville sainte. Philippe passa en Orient; mais il y fut éclipsé par ce Richard Cœur-de-Lion dont l'ombre faisoit tressaillir les chevaux sarrasins, et qui revenoit du combat *la cuirasse hérissée de flèches, comme une pelote couverte d'aiguilles* (VINISANF); de ce Richard que Blondel ne délivra pas de sa prison par une chanson, mais qui chantoit lui-même dans la tour en langue romane :

> Ja nus hom pris non dira sa raison ;
> Adreitament se com hom dolent non :
> Ma per conort pot il faire chanson ;
> Pro a d'amis, mas pouve son li don ;
> Onta i auron se por ma reezon,
> Sois fait dos yver prison.

La troisième croisade, commencée en 1187, fut suivie de la quatrième, en 1204, et se termina à la prise de Constantinople par les croisés. Baudouin, comte de Flandre, fut élu empereur, et établit cet empire des Latins, qui ne dura que 58 ans.

L'an 1206 ouvrit la croisade contre les Albigeois : Innocent III, saint Dominique, Raymond, comte de Toulouse, Simon, comte de Montfort, sont les personnages de cet abominable épisode de notre histoire.

Le progrès de l'esprit philosophique renaissant par l'hérésie est remarquable dans les opinions diverses des Albigeois. Les principaux chefs ligués contre Raymond VI, leur protecteur, furent Eudes, duc de Bourgogne; Henri, comte de Nevers, et Simon, comte de Montfort. Simon étoit un homme dissimulé et ambitieux, vaillant, du reste, réglé dans ses mœurs, ayant, comme tous les hommes à part, commandement sur la fortune

Cette guerre vit naître l'inquisition, et se distingua par ses auto-da-fé. On jetoit les femmes dans des puits; on égorgeoit sans merci, et, pendant les massacres, les prêtres du comté de Montfort chantoient le *Veni, Creator*. Béziers fut emporté d'assaut : « Là se fit le plus grand massacre
« qui se fût jamais fait dans le monde entier; car
« on n'épargna ni vieux, ni jeunes, pas même les
« enfants qui tétoient; on les tuoit et faisoit mourir.
« Voyant cela, ceux de la ville se retirèrent, ceux
« qui le purent, tant hommes que femmes, dans la
« grande église de Saint-Nazaire. Les prêtres de
« cette église devoient faire tinter les cloches quand
« tout le monde seroit mort; mais il n'y eut son de
« cloche; car ni prêtre, vêtu de ses habits, ni clerc
« ne resta en vie. »

Toulouse, dont toutes les maisons étoient fortifiées, et dont les bourgeois se défendirent de rue en rue, est prise et reprise, inondée de sang, à moitié brûlée.

Long-temps après, les ossements du vieux Raymond, qui ne furent jamais enterrés, se montroient dans un coffre, tout *profanés et à moitié mangés des rats*, chez des frères hospitaliers de Saint-Jean de Toulouse. Une simple commune de

France, la petite république de Toulouse, brava, pendant vingt ans, les anathèmes des papes, les fureurs de l'inquisition, les assauts de trois rois de France, parmi lesquels on compta Philippe-Auguste et saint Louis. Simon de Montfort introduisit, avec ses *François*, la langue picarde, ou le *françois wallon*, dans les villes de Languedoc. La belle langue romane se perdit, et ne subsista plus qu'altérée dans le patois des campagnes.

L'inquisition, née des troubles vaudois, ne se put établir en France, parce qu'elle rencontra une rivale puissante dans la justice parlementaire. « L'inquisition a été quelque temps en France en quelques endroits ; mais elle n'y a proprement fait que des apparitions. Il n'y en reste plus qu'un vestige dans un village nommé Quingey, entre Besançon et Dôle, où un dominicain, qui y vit d'un petit hospice, porte le nom de *Pape de Quingey*. Tout son pouvoir est, Dieu merci, restreint à donner permission de lire les livres prohibés. Avant la conquête de la Franche-Comté, ce petit pape de Quingey fit briller plus d'une fois par feu clair et merveil le pouvoir de l'inquisiteur. » (*Note sur Boullainvilliers.*)

Philippe-Auguste fit enclore et paver Paris. « Le « bon roi.......... se mit à une des fenêtres de la- « quelle il s'appuyoit aucunes fois pour regarder la « Seine couler....... si advint que charretté vint à « mouvoir si bien la boue et l'ordure........ que le « roi sentit cette pueur si corrompue, et s'entourna « de cette fenêtre en grande abomination de cœur.

« Lors fit mander li prévôt et borgeois de Paris, et
« li commanda que toutes les rues fussent pavées,
« bien et soigneusement de grès gros et forts. »

Les deux cent trente-six rues de Paris étoient pleines de gens qui crioient :

> Seigneurs, voulez-vous baigner,
> Entrez donc sans délaïer;
> Les bains sont chauds, c'est sans mentir.
> . . . .
> Le bon vin fort à trente deux,
> A seize, à douze, à dix, à huit.

LOUIS VIII.

De 1223 à 1226.

« Louis VIII, dit du Haillant, fut bon et vertueux
« prince, et si peu de temps roi, qu'il n'a autre sur-
« nom, sinon de père du roi saint Louis. » Du Haillant
se trompe : fils d'un grand roi, et père d'un roi
plus grand encore, Louis fut surnommé Cœur-de-
Lion ou Lion-Pacifique, tout à la fois à cause de son
courage et de sa douceur. Il *choisit* son fils aîné
pour lui succéder, laissant à ses autres enfants des
apanages; l'accession du premier-né à la couronne
n'étoit pas encore un droit indépendant de la *volonté* paternelle.

Sous le règne de Louis VIII, on remarque l'établissement du premier ordre des moines mendiants.
On signale aussi une multitude de lépreux. Il fut
*défendu aux femmes amoureuses, filles de joie et
paillardes,* de porter robes à *collets renversés,
queue, ni ceinture dorée.*

LOUIS IX.

De 1226 à 1270.

Chaque époque historique a un homme qui la représente : saint Louis est l'homme-modèle du moyen-âge ; c'est un législateur, un héros et un saint. Le temps où il a vécu rehausse encore sa gloire par le contraste de la naïveté et de la simplicité de ce temps. Soit que Louis combatte sur le pont de Taillebourg ou à la Massoure ; soit que, dans une bibliothèque, il rende compte de la matière d'un livre à ceux qui le viennent demander ; soit qu'il donne des audiences publiques ou juge des différents aux *Plaids* de la Porte, ou sous le chêne de Vincennes, *sans huissiers ou gardes*; soit qu'il résiste aux entreprises des papes; soit que des princes étrangers le choisissent pour arbitre; soit qu'il meure sur les ruines de Carthage, on ne sait lequel le plus admirer du chevalier, du clerc, du patriarche, du roi et de l'homme. Marc Aurèle a montré la puissance unie à la philosophie, Louis IX la puissance unie à la sainteté : l'avantage reste au chrétien.

Les amours et les chansons de Thibaut, comte de Champagne, ont répandu quelque chose de romanesque sur le temps orageux de la tutelle de saint Louis.

Saint Louis résista aux usurpations de la cour de Rome, et réclama en faveur des libertés de l'Église gallicane : toutes les libertés sont sœurs.

Les *Établissements de saint Louis* sont une espèce

de Code où les diverses coutumes de la monarchie, les ordonnances des rois, les canons des conciles, les décisions des Décrétales, se trouvent mêlés au droit romain.

Louis avoit devancé son siècle : ses *Établissements* ne furent point admis ; s'il les eût publiés au commencement de son règne, peut-être leur auroit-il pu donner quelque chose de l'autorité de sa vie ; mais les *Établissements* furent le dernier présent et comme les derniers adieux qu'un saint faisoit à la terre. L'ignorance, les intérêts, les passions qui ne purent rien contre la mémoire de ce grand homme, furent tout-puissants contre ses lois.

Il s'embarqua le 1er juillet 1270 à Aigues-Mortes, ville à laquelle il donna une charte que nous avons encore. Le temps, qui change tout, a reculé la mer qui baignoit la ville d'où saint Louis quitta pour jamais la France. Les remparts qu'il avoit élevés, et qui devroient être sacrés, sont au moment d'être détruits par des générations nouvelles qui se retireront à leur tour comme les flots.

J'ai vu le lieu de la mort de saint Louis : les historiens futurs trouveront peut-être dans le récit que j'ai fait de cette mort[1], quelques détails que mes devanciers ont ignorés, et dont je n'ai dû la connoissance qu'aux vicissitudes de ma vie, *Vita est in fuga.*

Des pièces de monnoie qui nous restent de saint Louis sont percées ; on croyoit qu'elles guérissoient de tous maux, et on les portoit suspendues au cou

[1] *Itinéraire de Paris à Jérusalem.*

comme des reliques : ce roi passoit pour avoir conservé la puissance de soulager ses peuples, même après sa mort.

PHILIPPE III.

De 1270 à 1285.

Philippe-le-Hardi se trouve placé entre saint Louis son père et Philippe-le-Bel son fils, de même que Louis VIII l'avoit été entre Philippe-Auguste et saint Louis : comme le laboureur laisse une terre en friche entre deux moissons, la Providence laissoit reposer la France entre deux grands règnes. Philippe quitta Tunis, débarqua en Sicile, passa dans les Calabres, entra dans Rome, ville des tombeaux, portant avec lui les os du roi son père, du comte de Nevers son frère et d'Isabelle d'Aragon sa femme. Arrivé en France, il déposa les restes de sa famille à Saint-Denis, et seize années après il mourut à Perpignan, non loin du port où son père s'étoit embarqué pour l'Afrique.

Philippe-le-Hardi donna les premières lettres d'anoblissement; attaque à la constitution aristocratique.

Au dehors de la France, la nature des événements faisoit entrer dans le royaume des idées nouvelles. Le grand corps de la féodalité françoise étoit flanqué en Allemagne par un empire dont le chef étoit électif, ce qui produisoit des troubles et élevoit des doutes sur le droit divin des rois; en Angleterre, une monarchie représentative avoit des parlements votant des subsides, et allant jusqu'à juger le souverain; en Espagne, les cortès et les lois de l'État n'octroyoient les trônes qu'avec des réserves; en Italie où les guerres des Guelfes et des Gibelins continuoient, la plupart des villes s'étoient affranchies. Charles d'Anjou, qui ne mourut que sous le règne de son neveu Philippe-le-Hardi, roi de France, portoit la couronne de Sicile, en vertu de la donation d'un pape qui n'avoit pas eu le droit de la donner : le premier en Europe, il fit décapiter un prince souverain injustement condamné. Prêt à poser la tête sur le billot, Conradin jeta son gant dans la foule : qui l'a relevé ? Louis XVI, descendant de saint Louis, dont Charles d'Anjou étoit frère.

PHILIPPE IV.

De 1285 à 1314.

Au règne de Philippe-le-Bel commence la monarchie des trois états et la monarchie du parlement.

Sous les rois des deux premières races, le peuple entier (c'est-à-dire les soldats ou les conquérants) paroissoit aux assemblées de mars et de mai, donnoit son suffrage pour la formation des lois et sa voix pour l'élection des souverains. Il ne faut pas confondre le *tiers-état*, appelé par Philippe, et avant lui par saint Louis, avec ces masses militaires. Le tiers-état se composoit des *bourgeois* nés dans les villes du moyen-âge, des gens de métiers affranchis, et des anciens magistrats municipaux romains. Ce furent ces bourgeois qui se soulevèrent dans le douzième siècle, qui devinrent *propriétaires collectifs*; et par conséquent *seigneurs*, obtinrent de Louis-le-Gros quelques chartes, et prirent le nom de *communes*, nom *nouveau* et *exécrable*, dit un auteur contemporain; ce furent ces bourgeois qui, arrivés aux *états*, commencèrent le *peuple françois* dans les villes, après la disparition de la *peuplade franke* et la métamorphose de la *servitude* en *servage*.

Ce n'est pas, je l'ai déjà dit, qu'avant le règne de Philippe-le-Bel on ne trouve des *assemblées de notables*, des bourgeois des bonnes villes semondrés par nos rois; mais ce n'est qu'à l'occasion des démêlés de Philippe IV avec le pape Boniface, et surtout à l'occasion d'une taxe générale de six deniers sur les denrées vendues, « qu'Enguerrand de Mari-
« gny, surintendant de ses finances, ministre plus
« célèbre encore par ses malheurs que par son grand
« talent dans les affaires, pour obvier à ces émeutes,
« pourpensa d'obtenir cela du peuple avec plus de
« douceur. Dans cette vue il engagea le monarque à
« convoquer à Paris les états généraux du royaume.
« On fit dresser un échafaud; là, en présence du
« roi, le surintendant, après avoir loué hautement
« la capitale, l'appelant la Chambre royale, où les
« souverains anciennement prenoient leurs pre-
« mières nourritures, exposa avec beaucoup de force
« les motifs qu'avoit ce prince, d'aller punir la
« désobéissance des Flamands, exhortant vivement
« les trois états à le secourir dans cette nécessité
« publique, où il s'agissoit du fait de tous. » (PASQUIER.)

Au moment où les trois états prennent siége, le parlement de Paris, qui devoit hériter de la puissance politique de ces états, devient sédentaire; le même roi qui constitue ces deux pouvoirs établit en même temps une nouvelle sorte de pairie : trois coups mortels portés à la monarchie féodale.

Les trois états, nommés depuis *états généraux*, qui offrirent souvent de grands talents et un haut instinct politique, n'entrèrent cependant jamais bien avant dans les mœurs du pays. D'abord ils n'agissoient pas sur une monarchie homogène : il y avoit des états de la langue d'Oc et de la langue d'Oyle, et des états particuliers de provinces. Les grands vassaux et les petites seigneuries indépendantes ne se soumettoient que selon leur bon plaisir aux décisions des états.

Quant aux trois ordres, la noblesse, minée graduellement par la couronne, ne sentit ni n'aima jamais cet autre pouvoir collectif qu'on lui donnoit dans ces assemblées mêlées du tiers état et du clergé, en dédommagement de sa puissance aristocratique; elle s'y montra très-indépendante quant aux opinions, mais elle ne songea point à reprendre sur la couronne, en entrant dans les intérêts communs de la patrie, l'autorité qu'elle avoit perdue : cette idée abstraitement politique ne pouvoit venir d'ailleurs aux gentilshommes du moyen-âge.

Le clergé, qui avoit ses synodes particuliers et généraux, se soucioit peu de ces réunions mixtes où sa voix ne comptoit que pour un tiers des suffrages. Ses intérêts, défendus dans les conciles, ne l'incitoient point à jouer un rôle important dans les états : il y porta de l'humeur, une opposition factieuse et des talents administratifs que lui seul possédoit alors.

Le tiers-état faisoit entendre quelques doléances, mais il n'étoit guère occupé qu'à se tenir attaché au trône, son abri naturel contre les deux autres ordres ; il y étoit encore enclin par le penchant naturel qu'a la démocratie au pouvoir absolu.

Les guerres civiles et étrangères, les invasions, le soulèvement des peuples, la défiance des rois, les résistances des seigneurs, la confusion qui régnoit dans les attributions politiques, mirent des obstacles à la tenue régulière des états : il y a des temps où ces états, enchevêtrés aux assemblées de notables, aux chambres du parlement de Paris et au conseil du monarque, se peuvent à peine distinguer des pouvoirs auxquels ils étoient réunis.

Un mot à présent sur le parlement.

Lorsque le roi cessa de juger, son conseil jugea pour lui. Ce conseil, sous le nom de parlement, *parlamentum* (vers l'an 1000), succéda aux *placita* de Grégoire de Tours et de Frédégher et au *mallum* [1] *imperatoris* des Capitulaires. Le parlement, d'abord ambulant avec le monarque, fut ensuite rendu sédentaire ; il eut des sessions fixes et devint enfin perpétuel : des conseillers *jugeurs* tirés de la classe de la noblesse et de l'église, des conseillers *rapporteurs* choisis parmi la classe des clercs et des

---

[1] C'est du mot *mallum* qu'est venu notre mot *mail*, lieu planté d'arbres.

bourgeois, le composoient. La noblesse d'épée se retira peu à peu du parlement; la noblesse de robe y demeura seule : d'où il arriva que les juges inamovibles (les nobles) laissèrent le dépôt de la justice aux juges amovibles (les bourgeois). Charles VII, en créant le conseil d'État, acheva de séparer le parlement de la couronne, et chercha à le livrer aux pures fonctions judiciaires. Louis XI donna en 1467 un édit pour la perpétuité des offices de judicature; à la vérité il ne tint compte de son édit, parce qu'il n'étoit fidèle qu'à son despotisme de bas aloi. La vénalité des charges, si fâcheuse dans son principe, ramena l'inamovibilité et enfin l'hérédité de la magistrature.

Lorsque le roi, grand justicier de son royaume, venoit à mourir, toute justice cessoit [1], parce que toute justice émanoit du roi. Le parlement paroissoit aux obsèques du prince et entouroit le cercueil; quand le cri de la perpétuité de l'empire s'étoit fait entendre : *Le Roi est mort, vive le Roi !* les tribunaux se rouvroient, et la justice renaissoit avec la monarchie.

D'autres parlements furent successivement érigés à l'instar du parlement de Paris dans les différentes provinces. Celui-ci usurpa des droits politiques que n'exerçoient point les trois états dans les longs et irréguliers intervalles de leurs sessions; les peuples s'accoutumèrent à le regarder comme le défenseur de leurs droits : « Par l'usage d'enregistrer l'impôt,

[1] Nous verrons ci-après l'origine de la justice chez les Franks.

« il acquit, selon l'expression énergique de Pasquier,
« le droit de vérifier les volontés de nos princes. »
La monarchie parlementaire survécut à celle des
états, joua un rôle indépendant au temps de la
Fronde, disparut dans la monarchie absolue de
Louis XIV, fut brisée sous Louis XV, rétablie sous
Louis XVI, et servit au rappel des états généraux
de 1789.

Pour la justice civile, le parlement de Paris jugeoit d'après les coutumes des pays qui ressortissoient à son tribunal; pour la justice criminelle, il employoit le droit royal (les ordonnances) mêlé au droit romain, et au droit canon lorsque la religion étoit incidente au délit ou au crime. Ce furent des personnages comparables à ce qu'il y a de plus grave et de plus illustre dans l'histoire que les Flotte, les L'Hôpital, les de Thou, les Harlay, les Nicolaï, les Lamoignon, les d'Aguesseau, les Brisson, les Molé, les Séguier; avec les gens d'église, les clercs, les lettrés, les savants, les artistes et une centaine d'hommes de guerre, de terre et de mer, ils forment les grands hommes de la partie plébéienne de l'ancienne monarchie. Néanmoins plusieurs magistrats étoient de familles nobles; quelques parlements étoient nobles, et la haute magistrature s'appela la noblesse de robe.

Une multitude de rois s'en étoient allés à la fois, quand Philippe monta sur le trône; il commença son règne au milieu des générations renouvelées. Ses querelles avec Boniface VIII sont célèbres : il s'agissoit d'abord de quelques levées de deniers faites ou à faire sur le clergé. Boniface s'emporta ; Philippe repartit qu'il ne se soumettroit jamais au pape pour les choses temporelles.

L'évêque de Pamiers, légat de Boniface, insulte le roi en pleine audience ; le roi le chasse de son conseil et le fait accuser de crime de haute trahison : une bulle de Boniface ordonne de livrer l'évêque au tribunal ecclésiastique. Autre bulle qui déclare le roi de France soumis au pape, tant au temporel qu'au spirituel. Le garde des sceaux, Pierre Flotte, adresse au pape de la part du roi une lettre commençant ainsi : « Philippe, par la grâce de Dieu, « roi des François, à Boniface prétendu pape, peu « ou point de salut. Que votre très grande fatuité « sache que nous ne sommes soumis à personne pour « le temporel, etc. »

Survint alors une bulle où sont retracés les principaux torts de Philippe : « Il accable ses sujets « d'impôts ; il altère les monnoies ; il perçoit les re- « venus des bénéfices vacants. En vain il rejetteroit « tous ses torts sur de mauvais ministres, il doit « changer ces ministres à l'admonition du saint- « siége. » Si ces reproches étoient déplacés, ils étoient justes, et ces violences mêmes étoient utiles. La papauté avoit seule alors le droit de parler, et remplaçoit l'opinion publique pour les nations ; les répliques que les rois étoient obligés de faire dévoiloient les abus de la cour de Rome : par les doubles passions de la couronne et de la tiare, les peuples obtenoient une partie des lumières qui sont aujourd'hui le résultat de la liberté de la presse.

Les trois ordres écrivirent à Rome, le clergé en latin, la noblesse, et vraisemblablement le tiers-état, en françois. La lettre du clergé étoit respectueuse, mais ferme; celle de la noblesse violente, et celle du tiers-état, qu'on n'a plus, vraisemblablement aussi vigoureuse que celle de la noblesse, à en juger par la réponse des cardinaux. Le pape traita l'Église gallicane de fille folle, et se plaignit de ce que la noblesse et les communes n'avoient pas même daigné lui accorder le titre de souverain pontife.

Après la tenue d'un consistoire, l'assemblée d'un concile à Rome, et la promulgation de nouvelles bulles, Guillaume de Nogaret, chevalier du roi, dans une assemblée des prélats et des barons (1303), déclara que Boniface n'étoit point un pape; qu'il étoit, aux termes de l'Évangile, un voleur et un brigand; qu'il étoit temps d'arrêter ce misérable, de le mettre au cachot, d'assembler un concile pour le juger, ce qu'étant fait, les cardinaux éliroient un vrai pape. Boniface lança une bulle d'excommunication contre Philippe, et mit le royaume en interdit : il se trompoit d'époque; le siècle de Grégoire VII étoit déjà loin.

Les deux nonces chargés de porter au roi la sentence papale furent jetés en prison, les bulles saisies, le temporel des ecclésiastiques françois qui s'étoient rendus à Rome confisqué, les ordres du royaume convoqués au Louvre afin d'aviser au moyen de se venger du pontife. Dans cette assemblée, un procès public fut intenté à Boniface par

Guillaume de Plasian; les principaux articles portoient que le pape nioit l'immortalité de l'âme, qu'il doutoit de la réalité du corps de Jésus-Christ dans l'Eucharistie, qu'il étoit souillé du péché infâme, et qu'il appeloit les François *Patarins*. Le roi, sur les conclusions de Nogaret et de Plasian, en appelle des bulles de Boniface aux conciles futurs et aux papes futurs. Les trois états adhèrent à cette déclaration.

Nogaret se trouvoit alors en Italie; il fut chargé de signifier au pape la résolution de l'assemblée générale de France. Le violent pontife, retiré à Agnanie, sa ville natale, préparoit de nouveaux foudres. Nogaret avoit reçu l'ordre de l'enlever, de le conduire à Lyon où il seroit privé des clefs dans un concile général : c'étoit à leur tour les rois qui déposoient les papes.

Nogaret s'entendit avec Colonne, de cette puissante famille romaine que Boniface avoit persécutée. L'entreprise fut conduite avec secret et succès : Nogaret et Colonne, à l'aide de quelques seigneurs gagnés et d'aventuriers enrôlés, s'introduisent dans Agnanie, le 7 septembre 1303, au lever du jour. Le peuple se joint aux assaillants, et force le palais du pape. Les portes de son appartement sont brisées; on entre : le pontife étoit assis sur un trône, portant sur les épaules le manteau de saint Pierre, sur sa tête une tiare ornée de deux couronnes, symbole des deux puissances, et tenant à la main la croix et les clefs.

Nogaret, étonné, s'approche avec respect de Boniface, accomplit sa mission, et l'invite à convoquer à Lyon le concile général. « Je me consolerai, ré-« pondit Boniface, d'être condamné par des Pata-« rins. » Le grand-père de Nogaret étoit Patarin, c'est-à-dire Albigeois, et avoit été brûlé vif comme hérétique. « Veux-tu déposer la tiare ? » s'écria Colonne. — « Voilà ma tête, répliqua Boniface; je « mourrai dans la chaire où Dieu m'a assis. » Pie VI, prisonnier, à moitié expirant, dépouillé des marques de sa puissance, étoit arrivé à Valence; le peuple, entourant la maison où il étoit déposé, l'appeloit à grands cris; le vicaire de Jésus-Christ se traîne à une fenêtre, et, se montrant à la foule, dit : *Ecce homo!* C'étoit là toute une autre grandeur et toute une autre manière de mourir.

Boniface, après sa haute réponse à Colonne, se répandit en outrages contre Philippe. Colonne donne un soufflet au pape, et lui auroit plongé son épée dans la poitrine, si Nogaret ne l'eût retenu. « Chétif pape, s'écrie Colonne, regarde de monsei-« gneur le roi de France la bonté, qui te garde par « moi et te défend de tes ennemis. » Boniface craignant le poison, refusa tout aliment; une pauvre femme le nourrit pendant trois jours avec un peu de pain et quatre œufs. Le peuple, par une de ses inconstances accoutumées, délivra le souverain pontife, qui partit pour Rome; il mourut d'une fièvre frénétique (11 octobre 1303). Quelques auteurs ont écrit qu'il se brisa la tête contre les murs, après s'être dévoré les doigts.

Les troubles de la Flandre, à peine conquise par

Philippe-le-Bel, recommencèrent. Il y eut de grands massacres, principalement à Bruges. Pour reconnoître les François qu'on vouloit égorger, on les forçoit de répéter ces mots en bas allémand : *Scilt ende wriendt, bouclier et ami;* le mot *ciceri* avoit ainsi servi d'arrêt de mort aux Vêpres siciliennes. Il y a des mots auxquels les Gaulois et les François ont encore mieux dénoncé leur double race : pour s'épargner l'ennui d'apprendre les langues étrangères, ils ont enseigné la leur, les armes à la main, à toute la terre; il est probable que ce ne fut pas en latin que Brennus prononça au Capitole le *væ victis!*

Le massacre de Bruges fut suivi de la bataille de Courtray; des paysans et des bourgeois, commandés par le tisserand Pierre le Roy, qui se fit armer chevalier à la tête du camp, remportèrent une victoire signalée sur les plus grands capitaines et la plus haute noblesse de France. Il demeura prouvé que la valeur n'étoit pas exclusivement du côté de la chevalerie ; lumière de plus montrée aux peuples. Quatre mille paires d'éperons dorés furent enlevées à quatre mille *chevaliers* par les *bons hommes* de Flandre (1303).

Cette victoire donna lieu à une singulière aventure : quelques Flamands déguisés en mendiants se firent passer pour des seigneurs françois échappés à la journée de Courtray, ayant juré de demeurer pendant sept ans sous l'habit de pauvres, sans révéler leur naissance ; les veuves les prétendirent reconnoître, et les admirent à jouir de leurs droits.

Philippe prit sa revanche à la bataille de Mons en Puèle : la consécration de la statue grossière que l'on voyoit encore avant la révolution dans la cathédrale de Paris attestoit cette victoire.

La découverte de la boussole est du règne de Philippe-le-Bel, et coïncide avec celle de la poudre; inventions qui ont changé, l'une le globe, l'autre la société matérielle, en attendant la découverte de l'imprimerie, qui devoit transformer le monde de l'intelligence. Il n'est pas clair néanmoins que Jean Gira, ou Goya, ou Flavio Jivia d'Amalfi, soit l'inventeur de la boussole; Marc Paul pouvoit l'avoir apportée de la Chine vers l'an 1260, et un vieux poëte, François Guyot, de Provins, décrit exactement la boussole, sous le nom de *marinetta* ou *pierre marinière*, vers la fin du douzième siècle, cinquante ans et plus avant le voyage du Vénitien en Chine. La fleur de lis, qui chez tous les peuples signale le nord sur la rose des vents, semble assurer à la France l'invention ou le perfectionnement de la boussole : cette fleur a de même indiqué bien d'autres gloires, avant l'époque où elle n'a plus marqué que des malheurs.

Le mouvement général des esprits, qui fait du quatorzième siècle un siècle à jamais mémorable, amena, en 1308, l'insurrection des trois cantons de Schweitz, d'Uri et d'Undervalden ; la liberté se réveilla au milieu des lacs et des rochers des Alpes : tandis que les communes de Flandre préparoient dans leurs plaines les républiques industrielles des Artavelle, la république agricole et guerrière de Guillaume Tell se formoit dans les montagnes de la Suisse.

Lyon, en 1310, fut réuni à la couronne. Cette même année vit la conquête de l'île de Rhodes par les chevaliers de Saint-Jean de Jérusalem.

Le concile de Vienne, 1311, termina le démêlé de la couronne de France et de la tiare; car Philippe avoit poursuivi la mémoire même de Boniface. Ce concile traita aussi de l'abolition de l'ordre des Templiers : elle remplit la fin du règne de Philippe.

Neuf gentilshommes françois établirent, en 1118, l'ordre des Templiers à Jérusalem. Cet ordre acquit d'immenses richesses, et devint suspect aux peuples et aux rois. Les Templiers étoient accusés de se vouer entre eux à d'infâmes voluptés, de renier le Christ, de cracher sur le crucifix, d'adorer une idole à longue barbe, aux moustaches pendantes, aux yeux d'escarboucle, et recouverte d'une peau humaine; de tuer les enfants qui naissoient d'un Templier, de les faire rôtir, de frotter de leur graisse la barbe et les moustaches de l'idole; de brûler les corps des Templiers décédés, et de boire leurs cendres détrempées dans un philtre. On peut toujours deviner les siècles au genre des calomnies historiques : brutales et absurdes dans les temps de grossièreté et de foi, raffinées et presque vraisemblables dans les temps de civilisation et de doute.

L'abolition de l'ordre des Templiers ne fut pas cependant une pure affaire de finances : il paroît assez prouvé que les chevaliers appartenoient à la secte des Manichéens, et que Philippe se montra plus jaloux de leur autorité qu'avide de leurs trésors. Quoi qu'il en soit, l'humanité et la justice furent également violées dans ce procès : la nature des accusations fut si bien calculée pour frapper l'esprit de la foule, que l'opinion vulgaire a transformé en monstres ces moines-chevaliers qui n'étoient vraisemblablement coupables que de passions et d'erreurs. Ce n'est qu'au commencement du dix-neuvième siècle qu'un savant et un poëte a vengé leur mémoire (M. Raynouard). Il faut descendre presque jusqu'à nos jours pour trouver dans l'abolition de l'ordre des Jésuites (la différence des époques admise) quelque chose de l'appareil et du fracas qu'excita dans le monde catholique l'abolition de l'ordre des Templiers.

Le ministre de Philippe-le-Bel, Enguerrand de Marigny, fut, dans le règne suivant, victime de cette même iniquité des hommes qu'il avoit soulevée contre les Templiers ; il expia par une injuste mort le supplice injuste de Jacques de Molay : Dieu patient et vengeur suspend quelquefois son bras, mais ne détourne jamais les yeux.

Si l'on en croit une vieille chronique, les chevaliers du Temple, sur le bûcher, citèrent Philippe-le-Bel et Clément V à comparoître dans l'an et jour au tribunal suprême ; et le prince et le pontife se présentèrent dans le délai légal à la barre de l'éternité. Ferdinand IV, roi de Castille, mandé de même à l'audience de Dieu par deux gentilshommes qu'il avoit fait mourir, expira juste au terme de l'assignation; d'où lui resta le terrible surnom de *Ferdinand l'ajourné.* Ces récits ne sont point sans dignité morale; l'histoire se plaît aux choses graves et tragiques : on ne doit point écarter les faits qui peignent les croyances, les mœurs, la disposition des esprits, et qui donnent de salutaires leçons. Dans tous les cas, il sera toujours vrai que le ciel entend la voix de l'innocence et du malheur, et que l'oppresseur et l'opprimé paroîtront tôt ou tard aux pieds du même juge.

Philippe-le-Bel ouvrit un des siècles les plus féconds en transformations sociales, et ce prince lui-même fut une nouveauté : il connut la raison d'État, et commença la conversion du vassal en sujet. Mais si d'un côté la liberté religieuse, politique et civile, fit un pas considérable sous son règne par le choc de la puissance temporelle et de la puissance spirituelle, par la convocation des trois états, par l'établissement du parlement sédentaire; d'un autre côté, Philippe donna naissance à l'esprit de la monarchie absolue, et montra dans l'avenir des rois tels que la France ne les devoit pas long-temps supporter.

LOUIS X.

De 1314 à 1316.

Philippe-le-Bel laissa trois fils : Louis X, surnommé le Hutin, Philippe V, dit le Long, et Charles IV, dit le Bel. Tous trois moururent vite, tous trois furent déshonorés par leurs femmes. Cette succession de trois frères se présente deux autres fois dans notre histoire, et toujours à la male heure : François II, Charles IX, Henri III; Louis XVI, Louis XVIII et Charles X. Marguerite, reine de Navarre, femme de Louis-le-Hutin, Blanche, fille cadette d'Othon IV, comte palatin de Bourgogne, femme de Charles-le-Bel, furent enfermées au château Gaillard, bâti par Richard Cœur-de-Lion, et où l'on racontoit qu'il avoit plu du sang; on les tondit et rasa, punition de l'adultère : Marguerite fut étranglée avec le linceul de sa bière; Blanche, répudiée, prit le voile dans l'abbaye de Maubuisson. Jeanne, comtesse de Bourgogne, sœur aînée de Blanche et femme de Philippe-le-Long, emprisonnée d'abord au château de Dourdan, acquittée ensuite par arrêt du parlement, rentra dans le lit de Philippe. Les séducteurs de Marguerite et de Blanche étoient deux frères bossus, Philippe et Gauthier d'Aulnay : ils furent écorchés vifs, traînés dans la prairie de Maubuisson nouvellement fauchée, mutilés, et pendus à un gibet par-dessous les bras :

> Que il furent vif escorchiez,
> Puis fu lor nature copée
> Aux chiens et aux bestes jetée.

Ils ne croyoient pas avoir acheté trop cher leur supplice.

Enguerrand de Marigny fut alors poursuivi pour anciennes concussions sous le règne de Philippe-

le-Bel. L'avocat qui plaida contre lui *allégua les exemples des serpents qui desgatoient la terre de Poitou au temps de monseigneur de saint Hilaire, et appliqua et comparagea les serpents à Enguerrand et à ses parents et affins.* On ne permit pas même à l'accusé de parler : *Si ne lui fut en aucune manière audience donnée de soi défendre.* Le comte de Valois persécutoit Marigny à cause de quelques paroles hautaines proférées au jour de la fortune. On ne put cependant faire condamner cet homme illustre qu'en produisant l'accusation de sorcellerie, dernière ressource de l'injustice et de la délation dans ces temps, comme on employoit l'accusation de trahison dans la république romaine, et de lèse-majesté dans l'empire romain : toutes les consciences se fermoient et se taisoient au seul mot de sorcellerie, et l'innocent devenoit coupable. Le roi déclara qu'il *ôtoit sa main* de Marigny : Charles Ier ôta sa main de Strafford. Le parlement ne jugea point Marigny, qui fut pendu (30 avril 1315) au gibet de Montfaucon avant le lever du jour, par arrêt d'une commission de barons et de chevaliers convoquée au bois de Vincennes; c'est la première commission assemblée dans ce bois; on sait quelle a été la dernière. « Montfaucon a apporté tel mal-
« heur, dit Pasquier (dans le chapitre intitulé : *Plus
« malheureux que le bois dont on fait le gibet*, l. VIII,
« chap. XL, pag. 742), à ceux qui s'en sont meslez,
« que le premier qui le fit bastir (qui fut Enguer-
« rand de Marigny) y fut pendu; et depuis, ayant
« esté refaict par le commandement d'un nommé

« Pierre Remy (général des finances sous Charles-
« le-Bel), luy-même y fut semblablement pendu
« (sous Philippe de Valois); et, de nostre temps,
« maître Jean Moulnier, lieutenant civil de Paris,
« y ayant fait mettre la main pour le refaire, la
« fortune courut sur luy, sinon de la penderie,
« comme aux deux autres, pour le moins d'amende
« honorable, à laquelle il fut depuis condamné. »

Ici la civilisation rétrograde; la justice recule et est moins avancée que dans les *Établissements de saint Louis*, et dans les *Règlements de Philippe-le-Bel;* mais l'exécution de nuit et la corde pour le gentilhomme ne sont point, comme on l'a pu croire, des infractions à la loi des temps. Les *Établissements de saint Louis* stipulent qu'un gentilhomme coupable du déshonneur d'une fille de famille sera pendu. Il y avoit, ce cas échéant, égalité de supplice pour le noble et le roturier; on supposoit que le crime faisoit déroger. Depuis, les gentilshommes ont prétendu qu'il y avoit des crimes de race, comme il y avoit une noblesse d'extraction, et ils ont réclamé le privilége de l'échafaud.

Les regrets du roi et du peuple vengèrent Marigny. En ce temps-là l'imagination des hommes, plus sensible parce qu'il y avoit plus de foi en toute chose, expioit les fautes des passions : une calamité générale qui survenoit (comme il arriva alors) après une injustice individuelle, étoit prise pour un châtiment du ciel : Dieu, juge en dernier ressort, établissoit, pensoit-on, la peine auprès de la prévarication; grave système qui lioit par la morale les destinées de tout un peuple à l'iniquité accomplie sur un seul homme; système sans danger qui n'affoiblissoit point le pouvoir en lui commandant le repentir, parce que l'ordre émanoit de la puissance éternelle.

Mais si la civilisation recula dans l'ordre civil, à propos du supplice d'Enguerrand, la voici qui avance dans l'ordre politique. Louis-le-Hutin publia, le 3 juillet 1315, des *lettres* qui méritent d'être rapportées pour l'honneur des rois *francs* et du peuple *franc*.

« Louis, par la grâce de Dieu, roi de France et
« de Navarre, etc. : Comme selon le droit de na-
« ture chacun doit naistre *franc;* et par aucuns
« usages ou coustumes, qui de grant ancienneté
« ont esté introduites et gardées jusques cy en nostre
« royaume, et par aventure *pour le meffet de leurs*
« *prédécesseurs,* moult de personnes de nostre com-
« mun pueple, soient encheües *en lien de servitudes*
« *et de diverses conditions,* qui moult nous desplaist.
« *Nous* considérants que nostre royaume est dit et
« nommé *le royaume des Francs,* et voulants que
« la chose en vérité soit accordant au nom, et que
« la condition des gens *amende de nous en la venue*
« *de nostre nouvel gouvernement.* Par délibération
« de nostre grand conseil, *avons ordené et ordenons,*
« que generaument, par tout nostre royaume, de
« tant comme il peut appartenir à nous et à nos
« successeurs, *telles servitudes soient ramenées à*
« *franchises;* et à tous ceux qui de ourine, ou an-

« *cienneté,* ou de nouvel *par mariage,* ou par *resi-*
« *dence de lieues de serve condition,* sont encheües
« ou pourroient eschoir en liens de servitudes, *fran-*
« *chise soit donnée o bonnes et convenables condi-*
« *tions.* »

L'esprit philosophique de cette loi, ses considérations générales *sur la liberté qui est un droit de nature*, contrastent avec l'enfance du dialecte : les idées sont plus vieilles que la langue.

Des historiens ont pensé que ces lettres ne furent qu'un moyen de finances imaginé dans le but d'obtenir, par le rachat du servage, un argent dont on avoit grand besoin. La remarque de ces historiens fût-elle vraie, je dirois encore : peu importe comment la liberté arrive aux hommes, pourvu qu'elle leur arrive; toutes les interprétations possibles ne détruisent pas un fait indicateur d'une importante révolution commencée dans l'état social. Mais la remarque tombe à faux : le roi, en affranchissant ses serfs, gens de corps, gens de poueste, gens de morte-main, diminuoit ses revenus, car les serfs étoient soumis à certaines taxes; il étoit donc équitable que la couronne, en accordant la liberté, ne le fît pas aux dépens de sa force; c'est ce que l'ordonnance exprime très bien : « Vous *commettons*
« (collecteurs, sergents, etc.) *et mandons* pour trai-
« tez et accordez avec eus (serfs) de certaines com-
« positions, par lesquelles soffisant *recompensation*
« nous soit faite des émoluments qui *desdites ser-*
« *vitudes* povent venir à nous et à nos successeurs. »

Si les idées étoient plus vieilles que le langage,

il se trouve encore que le roi devançoit le peuple : très peu de serfs consentirent à se racheter; on voit d'autres lettres par lesquelles Louis X déclare que *plusieurs n'ont pas connu la grandeur du bienfait qui leur étoit accordé*, et ordonne qu'on les contraigne à payer de grosses sommes, c'est-à-dire qu'on les oblige à devenir libres. Toute révolution qui n'est pas accomplie dans les mœurs et dans les idées échoue : la dégradation qu'amène la dépendance est pour l'être accoutumé à obéir une sorte de tempérament, une nature qui accomplit ses lois dans le dernier ordre de l'intelligence; or il y a dans les lois accomplies un certain bien-aise. Délivré des soucis de la pensée et des soins de l'avenir, l'esclave s'habitue à son ignominie; sans liens sociaux sur la terre, la servitude devient son indépendance; si vous l'émancipez tout à coup, épouvanté de sa liberté il redemande ses chaînes. Le génie de l'homme est comme l'aigle; lorsqu'il est nourri dans la domesticité, et qu'on le veut rendre aux champs de l'air, il refuse de s'envoler, et ne sait user ni de ses serres, ni de ses ailes.

Louis rappela les Juifs chassés par Philippe-le-Bel (28 juillet 1315). Il leur fut défendu de prêter *sus vessel ou aournements d'église, ne sus gages sanglants*[1], *ne sus gages mouillés fraîchement;* il leur étoit ordonné de porter *le signel, là où ils l'avoient accoutumé, et sera large d'un blanc tour-*

---

[1] Cet article se trouve dans une charte latine de Philippe-Auguste (février 1218).

nois d'argent au plus, et sera d'autre couleur que la robe, pour être mieus et plus clerement apparent[1]. Les Juifs étoient géns de poueste à perpétuité; si leurs enfants avoient une nourrice chrétienne, les clercs la pouvoient excommunier : *Sed benevolunt quod nutrices Judæorum excommunicentur,* dit un *Établissement* de Philippe-Auguste. Un commentateur croit qu'on peut lire *meretrices* pour *nutrices*[2] (prostituées au lieu de nourrices,). Que veulent dire tant de dédains pour ce peuple vivant à part dans tous les temps; isolé au milieu de tous les autres peuples; ne changeant jamais; n'ayant passé, comme les races renouvelées, ni par la barbarie, ni par la civilisation; toujours au même degré de sociabilité; jamais conquis parce qu'il l'a été une fois et pour toujours; jamais libre, parce que toutes les nations le regardent comme un esclave qui leur est dévolu de droit, comme s'il y avoit pour lui une origine mystérieuse, fatale, incontestée de servitude! Est-ce Dieu qui avoit mis sur la poitrine des Juifs, dans le moyen-âge, le *signel* de sa main? Il leur étoit défendu de prêter sur *gages sanglants* ou sur *vêtements mouillés* : on les soupçonnoit donc de profiter de la dépouille de l'assassiné et du noyé? Ne sembloient-ils pas poursuivis par le souvenir de cette robe tirée au

---

[1] Ce signe étoit une rouelle jaune ou moitié blanche ou rouge, que le Juif devoit porter en vertu du chapitre LXVIII du concile de Latran, de l'an 1215 : *ut omni tempore in medio pectoris rotam portent,* ajoute un statut de l'Église de Rhodez.

[2] BRUSSEL, *tract. de Usu feud.*, tom. I, pag. 583.

sort, et vendue au prix de trente deniers? Enfin, leurs enfants ne paroissoient pas dignes d'être abreuvés d'un lait légitime; la nourrice chrétienne qui prenoit à son sein l'enfant d'un Juif tomboit dans la réprobation éternelle dont étoit frappée l'innocente créature que la pitié avoit mise dans ses bras.

Après dix-neuf mois de règne, Louis X mourut âgé de vingt-quatre ou vingt-six ans. Il avoit continué la guerre malheureuse de Flandre. Ce jeune prince eut des qualités : il confirma d'utiles ordonnances pour la protection des laboureurs; *personne, sous peine de quadruple et d'infamie, ne pouvant s'emparer de leurs biens.* Il vouloit ôter aux seigneurs le droit de battre monnoie, il ne le put; la royauté n'avoit point encore détrôné l'aristocratie. Louis X aima les sciences, les lettres et les arts, et se laissa bien conseiller par la *clergie laïque.*

PHILIPPE V.

De 1316 à 1322.

Louis X avoit eu, de sa première femme adultère, une fille nommée Jeanne, laquelle, héritant du royaume de Navarre, le porta dans la maison d'Évreux dont elle épousa le chef. La seconde femme de Louis, Clémence de Hongrie, étoit enceinte lorsqu'il mourut; il y eut une sorte d'interrègne pendant lequel Philippe, second frère de Louis, eut la régence. Les douze pairs décidèrent que, si l'enfant à naître étoit femelle, la couronne passeroit à Philippe : c'est la première fois qu'il est parlé dans notre histoire de la loi salique, et de l'application de cette loi. Clémence accoucha d'un fils, Jean Ier; il ne vécut que cinq jours[1] (an 1316) : plusieurs historiens l'ont omis dans le catalogue des rois, tant il passa vite; on ne retrouve que dans des chartes oubliées les dates rapprochées de sa naissance et de sa mort : heureux si un autre orphelin royal eût de même caché sa courte vie dans le trésor poudreux de nos chartes, s'il n'eût jamais senti le poids de la couronne, qu'il n'a cependant pas portée !

Philippe V, dit le Long, fut proclamé roi; il y eut contestation; plusieurs princes, et entre autres le frère du roi, qui fut depuis Charles-le-Bel, vouloient qu'on examinât les droits que Jeanne, fille de Louis X, pouvoit avoir aux couronnes de France et de Navarre. Le sacre se fit à huis clos. Une assemblée d'évèques, de seigneurs et de bourgeois de Paris, déclara qu'au royaume de France la femme ne succède pas[2], et cela contre la maxime du droit féodal, par qui presque tous les grands fiefs tomboient de *lance en quenouille*. Un traité conclu, en 1316, entre Philippe V, alors régent, et le duc de Bourgogne, avoit stipulé que, si la veuve de Louis X accouchoit d'une fille, cette princesse, et Jeanne sa sœur, du premier lit, ou l'une des deux, en cas que l'autre mourût, auroient le

---

[1] *Spicil.*, tom. III, pag. 72, *Trésor des Chartes.*
[2] *Contin. Chron. Guill. de Nangis.; Spicil.*, tom. III, pag. 72.

royaume de Navarre avec les comtés de Champagne et de Brie, et *qu'elles donneroient quittance du reste du royaume de France*[1]. Ne croiroit-on pas voir d'obscurs héritiers se partageant une ferme en famille? Ces anciennes monarchies chrétiennes étoient singulières, tant pour le droit que pour les mœurs; elles avoient à la fois quelque chose de rustique et de violent, d'équitable et d'injuste, comme la vieille république romaine : deux femmes *donnoient quittance* de cette mâle patrie, qui, portant sa gloire en tous lieux, donnoit souvent elle-même, en se retirant, quittance de ses conquêtes.

Jeanne épousa Philippe, fils aîné du comte d'Évreux, auquel elle porta en dot le royaume de Navarre. Elle fut mère de Charles-le-Mauvais. Philippe-le-Bel avoit marié sa fille Isabelle à Édouard II, roi d'Angleterre; elle fut mère d'Édouard III, autre fléau de la France. Le royaume de Navarre, entré, par le mariage de Philippe-le-Bel, dans la maison de France, en sortit sous le règne de ses fils, pour y rentrer quatre siècles après par une autre princesse du nom de Jeanne, mère d'Henri IV; époque à laquelle nos monarques reprirent ce titre et ne le quittèrent plus qu'en perdant les deux couronnes. Disons donc aussi tout d'un coup que Charles-le-Bel, érigeant la baronnie de Bourbon en duché-pairie en faveur de Louis Ier, fils aîné de Robert, sixième fils de saint Louis, obligea celui-ci à renoncer au

---

[1] *Trés. des Cha. Nav.* layette III, pièce VII; Dupuis, *Traité de la maison des rois;* Leibnitz, *in eod. diplom.*, pag. 70; *Mém. de l'Ac. des Bel.-Let.*, tom. XVII, pag. 295.

nom de Clermont, et à reprendre celui de la mère de sa femme, Agnès de Bourbon : de là vint ce nom de Bourbon, auquel il n'a manqué, pendant tant de siècles, que cette gloire de l'adversité, qu'il a enfin magnifiquement obtenue. Ainsi se montrent, à peu près à la même époque, dans notre histoire, ces Bourbons et ces Navarrois, lesquels, accablés sous la même couronne, devoient voir leur premier roi tomber sous le poignard du fanatique, et le dernier sous la hache de l'athée.

Philippe V, de même que ses prédécesseurs, étoit toujours en querelle avec les princes flamands; il finit néanmoins par mettre un terme à une guerre qui avoit duré vingt-cinq années, en donnant sa fille Marguerite en mariage au comte de Nevers, à condition qu'il succéderoit au comté de Flandre. L'Allemagne étoit divisée entre les deux prétendants à l'empire, Frédéric d'Autriche et Louis de Bavière. L'Italie prenoit part à cette division dans les deux partis guelfe et gibelin : les Visconti s'élevèrent dans ces troubles. Le pape publia contre eux une croisade, comme autrefois contre les comtes de Toulouse.

Reparurent sous Philippe-le-Long ces bandes de paysans armés, qui, sous le nom de *pastoureaux*, avoient déjà désolé la France pendant la captivité de saint Louis, et qui, sous prétexte d'aller délivrer la Terre-Sainte, ravagèrent leur propre pays et massacrèrent les Juifs. Le mouvement qui, pendant plusieurs siècles, avoit poussé les Germains vers le midi, et les Arabes vers le nord, conserva son principe dans les races qui l'avoient opéré. L'humeur vagabonde et inquiète des barbares continua de s'agiter, tant que la société demeura privée de ses droits ; c'étoit l'indépendance naturelle de l'individu qui se montroit à défaut de la liberté politique de l'espèce.

Quelques ordonnances sur la justice font honneur à Philippe V. Il est défendu aux juges de débiter *nouvelles ou esbattements* pendant les audiences, de recevoir paroles privées[1]. Il est défendu de *passer* ou *conseiller* au roi aucune lettre contraire aux anciens règlements[2]. *Messire Dieu, qui tient sous sa main tous les rois, ne les a établis en terre qu'afin qu'ils gouvernent ensuite dûment*[3]. On fixe au règne de Philippe V l'époque du droit qui rend le domaine de la couronne inaliénable[4] (1321). Les lois générales prenoient la place des lois privées. Le roi ne pouvoit plus acquérir ni vendre, comme les autres possesseurs de grands fiefs ; il sortoit du pérage : mis à part de l'aristocratie et de la démocratie, il commençoit ce pouvoir inviolable que la liberté lui reconnoît aujourd'hui pour sa propre garantie et pour le maintien de l'ordre. Mais la nation renaissante, en même temps qu'elle élevoit la royauté à une hauteur inaccessible, régularisoit le mouvement de cette royauté, et il y avoit une

---

[1] *Ordonn. des R.*, tom. I, pag. 673, 702, 729.
[2] *Ordonn. des R.*, tom. I, pag. 672, 673.
[3] *Ordonn. des R.*, tom. I, pag. 669.
[4] *Ordonn. des R.*, tom. I, pag. 665.

loi supérieure à la volonté de la couronne, l'inaliénabilité.

Philippe-le-Long s'occupa de l'administration ; il régla la dépense de sa maison. Il faut prendre garde de confondre les idées par la ressemblance des mots. Les anciens rois n'avoient point de liste civile ; ils vivoient des revenus de leurs domaines ; quand ils administroient leur maison, ils administroient de fait les revenus de la couronne ; l'impôt, qui avoit toujours une destination spéciale, étoit applicable aux lieux où il étoit levé, et ne tomboit dans les coffres du roi que par abus. Toutes ces grandes charges, aujourd'hui antiquailles de la royauté, qui n'ont plus de place dans la constitution de l'État, qui coûtent beaucoup et ne sont bonnes à rien, étoient, dans l'origine, des places administratives. Le maître de l'écurie du roi devint, sous Philippe V, premier écuyer du corps ; il se changea en grand-écuyer sous Louis XI. Philippe établit des capitaines généraux dans les grandes villes ; le système d'élection prévaloit toujours, et ces capitaines étoient élus par le conseil des prud'hommes. Enfin, Philippe avoit songé à établir l'égalité des poids et mesures, et une seule monnoie pour la France. Les siècles marchoient.

Philippe aimoit les lettres ; il s'entoura de poëtes et de savants, ce qui n'est remarquable que par ses ordonnances, dans lesquelles l'on sent un esprit quelque peu philosophique, étranger à cet âge. Toulouse devint métropole ; seize évêchés nouveaux furent établis.

A peu près à cette époque, le Dante mourut en Italie, et le sire de Joinville en France; celui-ci étoit plus que centenaire : représentant des temps de saint Louis parmi des hommes qui déjà ne lui ressembloient plus, il devoit nous transmettre cette chronique pleine de charmes dont la langue n'est plus la nôtre; nous lui devons le premier monument de notre littérature, comme le Dante a glorifié sa patrie de cet ouvrage, à la fois portrait vivant et statue colossale du moyen-âge.

CHARLES IV.

De 1322 à 1328.

Philippe V mourut à Longchamp, le 3 janvier, âgé de vingt-huit ans, après en avoir régné six. Il laissa quatre filles : un fils qu'il avoit eu de Jeanne, héritière du comté de Bourgogne, mourut en bas âge. Charles IV, dit le Bel, succéda à Philippe. L'archevêque de Reims, Robert de Courtenai, sacra les trois frères; Louis Hutin, Philippe-le-Long et Charles-le-Bel[1] : honneurs répétés dont il offre en sa personne le seul exemple, et qui prouvoient en même temps la vanité et la rapidité des honneurs de la terre.

Charles IV s'occupa vivement, dans les premiers moments de son règne, d'une croisade pour secourir les chrétiens de Chypre et d'Arménie[2]. Ce ne fut

---

[1] Baluze, tom. II, pag. 440.
[2] Roin., an 1322, n° 36 et suiv.

qu'un projet coûteux. On fit la recherche des financiers, presque tous Lombards. Gérard Laguette, receveur général des revenus de la couronne[1], mourut dans les tortures de la question.

Des commissions royales allèrent dans les provinces châtier les juges prévaricateurs et les nobles qui s'emparoient du bien d'autrui. Jourdain de Lille, seigneur de Cazaubon, étoit accusé de rapt, de vol et d'assassinat : cité à la cour du roi, il assomma l'huissier qui vint lui signifier l'ordre, et osa comparoître devant ses juges, accompagné de la principale noblesse de sa province. Il n'en fut pas moins condamné à mort, traîné à la queue d'un cheval, et pendu [2]. Ce fait prouve l'usurpation de la couronne et la décadence du pouvoir féodal. Jourdain de Lille étoit un brigand, mais il étoit souverain dans son château ; s'il eût manqué de foi au roi, comme son homme-lige, il eût été punissable ; il n'avoit commis que des *crimes privés*, et dans la loi du temps, ne tenant sa puissance que de Dieu, il n'étoit punissable que de Dieu. Mais la monarchie n'étoit plus la monarchie d'Hugues Capet, et les masses roturières avoient gagné, par l'intervention du trône, ce que leurs oppresseurs aristocratiques avoient perdu.

Des contestations, en Flandre, pour la succession du comté, entre Louis II, petit-fils du vieux comte de Nevers, et Robert de Cassel, fils de ce même comte (1323 à 1325) ; une défaite des Navar-

[1] Abr., *Chron.*, tom. ii, pag. 839.
[2] *Spicil.*, tom. iii, pag. 80, 81 ; *Hist. des Lang.*, tom. iv, pag. 191.

rois par les Basques; une guerre, en Guienne, occasionée pour la construction d'un château, entre le roi de France et le roi d'Angleterre, comme duc d'Aquitaine, remplissent les années 1323, 1324 et 1325. A Toulouse, s'établirent des débats plus pacifiques : l'académie de la *gaie société des sept trobadors* donna naissance à celle des jeux floraux. Ce règne de six ans, de Charles-le-Bel, n'est remarquable que par la révolution qu'il amena en finissant, et par les idées qui se développèrent en Angleterre.

Édouard II avoit épousé Isabelle de France, sœur de Charles-le-Bel, et dont il eut Édouard III; je l'ai dit. Édouard II étoit livré aux favoris. Gaveston, gentilhomme de Gascogne, lui avoit déjà été arraché par les seigneurs; il prit un autre favori, Hugues Spencer, lequel, avec son père, aussi nommé Hugues, devint le maître de l'État.

Les barons s'assemblèrent; les Spencer en firent décapiter vingt-deux, parmi lesquels se trouvoit Thomas de Lancastre, oncle du roi. Après beaucoup d'événements et d'aventures, Édouard II, accusé au parlement d'avoir violé les lois du pays, et de s'être livré à d'indignes ministres, fut, par arrêt de ce même parlement, déposé, condamné à garder une prison perpétuelle, la couronne passant immédiatement à Édouard III [1]. L'arrêt lui fut lu en prison, en ces termes : *Moi Guillaume Trussel, procureur du parlement et de toute la nation angloise, je vous dé-*

---

[1] Thoyr., *Hist. d'Angl.*, tom. III, pag. 132; Hum.

14.

clare en leur nom et de leur autorité, que je révoque et rétracte l'hommage que je vous ai fait ; et dès ce moment je vous prive de la puissance royale, et proteste que je ne vous obéirai plus comme à mon roi.

Voilà, dès l'an 1327 (14 janvier), un roi jugé et déposé par ses sujets.

L'Angleterre devoit multiplier ces exemples. Le roi Jean avoit déjà concédé la grande charte ; les communes étoient entrées au parlement comme dans nos états ; en 1265, le parlement appelé Leicéster avoit offert le premier modèle de la division du parlement en deux chambres ; événement qu'on ne remarqua point, mais dont les conséquences devoient être senties si loin et si fort. On fit dire au jeune Édouard III, dans sa proclamation, que son père *s'en est ousté des governement du roïalme de* SA BONE VOLUNTÉ [1] ; mais ces principes de souveraineté absolue, de succession, de non élection, étoient encore si peu reconnus, quoi qu'on en ait dit, que nous allons voir Édouard III disputer la couronne de France à Philippe de Valois, nonobstant la loi salique. Édouard II, renfermé au château de Barclai, fut assassiné au moyen d'un fer rouge qu'on lui enfonça dans le fondement à travers un tuyau de corne.

Un vieux poëte anglois représente Édouard regardant des bergers dans la campagne à travers les fenêtres grillées de sa tour, et disant à peu près

---

[1] Rym., tom. II, pag. 171.

comme Lucrèce : « Heureux, ô vous qui regardez
« du rivage, et qui n'êtes point engagés dans le
« naufrage que vous voyez ! »

> Oh! happy you who look as from the shore,
> And had no venture in the wreck you see!

L'évêque de Herford, consulté pour savoir s'il étoit loisible de tuer un roi détrôné, avoit répondu par une phrase qui, selon la ponctuation, pouvoit signifier que cela étoit permis, ou que cela n'étoit pas permis : le crime étoit chargé de la vraie lecture [1].

La mère d'Édouard fut reléguée au château de Rising[2]; Mortimer, son favori, subit le supplice que Spencer avoit lui-même subi; et ce fut en raison des droits de cette reine captive, infidèle, déshonorée, qui avoit privé son mari de la couronne et de la vie, qu'Edouard III réclama la couronne de France.

Charles IV, qui passa dans son temps pour un philosophe, décéda au bois de Vincennes, le 1er de février 1328. Il avoit eu à soutenir la cruelle et ridicule guerre des *bâtards*, vagabonds sortis de la Gascogne, qui se disoient fils naturels des gentilshommes gascons : c'étoient les *pastoureaux* sous une autre forme. Charles avoit épousé trois femmes : Blanche de Bourgogne, Marie de Luxembourg et Jeanne d'Évreux. Les enfants des deux premières

---

[1] Rym., tom. x, pag. 63 dans la note.
[2] Froissard.

moururent à la mamelle; Jeanne lui donna deux filles. Il la laissa grosse de sept mois en mourant; il dit aux seigneurs assemblés autour de son lit, que si la reine accouchoit d'une fille, *ce seroit aux grands barons de France à adjuger la couronne à qui de droit appartiendroit.* Il nomma Philippe de Valois régent du royaume pour l'interrègne[1] : cela confirme tout ce que j'ai dit sur le peu de fixité du principe héréditaire.

Avec le règne de Philippe VI, dit de Valois, commence une ère nouvelle pour la France : nous avons atteint le point culminant des temps féodaux qui vont maintenant décliner. Si les révolutions n'alloient pas si vite dans ma patrie; si les heures qui suffisent aujourd'hui à la besogne des siècles ne m'emportoient avec elles, j'aurois placé ici les quatre grands tableaux de la monarchie féodale : la féodalité, la chevalerie, l'éducation, les mœurs générales des douzième, treizième et quatorzième siècles. Mais à peine puis-je consacrer une centaine de pages à ce qui demanderoit des volumes. Je vais présenter une ébauche qu'achèveront des mains plus habiles et plus heureuses.

FÉODALITÉ, CHEVALERIE, ÉDUCATION, MOEURS GÉNÉRALES DES DOUZIÈME, TREIZIÈME ET QUATORZIÈME SIÈCLES.

Lorsque les Franks s'établirent en Gaule, ce pays pouvoit contenir de dix-sept à dix-huit millions d'hommes, sur lesquels cinq cent mille chefs de

[1] FROISSARD.

famille tout au plus étoient de condition à payer la capitation; cela veut dire que plus des deux tiers des habitants étoient de condition servile. L'esclavage portoit sa peine en soi : les invasions étoient faciles chez des peuples dont les deux tiers, désarmés et opprimés, n'avoient aucun intérêt à défendre la patrie. Le même terrain qui fourniroit maintenant plus de quinze mille hommes en état de résister, n'avoit pas deux mille citoyens à opposer à la conquête.

Les esclaves, chez les Romains et chez les Grecs, étoient de deux sortes principales, les uns attachés à la maison et à la personne du maître, les autres plantés sur le sol qu'ils cultivoient. Les Germains ne connoissoient que ce dernier genre d'esclaves; ils les traitoient avec douceur, et en faisoient des colons plutôt que des serfs.

Les Franks multiplièrent ces esclaves de la terre dans les Gaules; peu à peu l'*esclavage* se changea en *servage*, lequel servage se convertit en *salaire*, lequel salaire se modifiera à son tour : nouveau perfectionnement qui signalera la troisième ère et le troisième grand combat du christianisme.

Si la moyenne propriété industrielle recommença par la bourgeoisie, la petite propriété agricole recommença par les serfs affranchis devenus fermiers-propriétaires moyennant une redevance, quand la servitude germanique eut prévalu sur la servitude romaine. Celle-ci paroît même avoir été complétement abolie sous les rois de la seconde race. On ne voit plus, en effet, sous cette race, de *serfs de corps* ou d'*esclaves domestiques* dans les maisons[1]. Il en résulta ce bel axiome de jurisprudence nationale : Tout esclave qui met le pied sur terre de France est libre.

C'est donc un fait étrange, mais certain, que la féodalité a puissamment contribué à l'abolition de l'esclavage par l'établissement du servage. Elle y contribua encore d'une autre manière, en mettant les armes à la main du vassal : elle fit du serf attaché à la glèbe un soldat sous la bannière de sa paroisse; si on le vendoit encore quand et quand la terre, on ne le vendoit plus comme individu avec les autres bestiaux. Le serf sur les murs de Jérusalem escaladée, ou vainqueur des Anglois avec Du Guesclin, ne portoit plus le fer qui enchaîne, mais le fer qui délivre. Le paysan serf, demi-soldat, demi-laboureur, demi-berger du moyen-âge, étoit peut-être moins opprimé, moins ignorant, moins grossier que le paysan libre des derniers temps de la monarchie absolue.

On doit néanmoins faire une remarque qui ex-

---

[1] L'esclavage de corps ne cessa pas partout à la fois; il se prolongea surtout en Angleterre par trois causes : le dur esprit des habitants, l'invasion normande qui ranima le droit de conquête, l'usage du pays qui n'admet l'abolition formelle d'aucune loi. En 1283 les Annales du prieuré de Dunstale fournissent cette note : « Au mois de juillet de la présente année, nous avons « vendu Guillaume Pyke, notre esclave, et reçu un marc du mar-« chand. » C'étoit moins que le prix d'un cheval. Jusqu'au milieu du dix-septième siècle, dans ces guerres que les Anglois faisoient à Charles Ier pour la *liberté des hommes,* on voit ces fameux niveleurs vendre comme esclaves des royalistes faits prisonniers sur le champ de bataille.

pliquera la lenteur de l'affranchissement complet dans le régime féodal. L'affranchissement, chez les Romains, ne causoit presque aucun préjudice au maître de l'affranchi ; il n'étoit privé que d'un *individu*. Le serf constituoit une partie du *fief ;* en l'affranchissant on *abrégeoit* le fief, c'est-à-dire qu'on le diminuoit, qu'on amoindrissoit à la fois la *qualité*, le *droit* et la *fortune* du possesseur. Or, il étoit difficile à un homme d'avoir le courage de se dépouiller, de s'abaisser, de se réduire soi-même à une espèce de servitude, pour donner la liberté à un autre homme.

Voyons maintenant quelle étoit la classe d'hommes qui dominoit les serfs, les gens de *poueste*, les vilains, *taillables à merci de la tête jusqu'aux pieds.*

L'égalité régnoit dans l'origine parmi les Franks. Leurs dignités militaires étoient électives. Le chef ou le roi se donnoit des *fidèles* ou compagnons, des *leudes*, des *antrustions*. Ce titre de leude étoit personnel ; l'hérédité en tout étoit inconnue. Le leude se trouvoit de droit membre du grand conseil national et de l'espèce de cour d'appel de justice que le roi présidoit : je me sers des locutions modernes pour me faire comprendre.

J'ai dit que cette première noblesse des Franks, si c'étoit une noblesse, périt en grande partie à la bataille de Fontenai. D'autres chefs franks prirent la place de ces premiers chefs, usurpèrent ou reçurent en don les provinces et les châteaux confiés à leur garde : de cette seconde noblesse franke personnelle sortit la première noblesse françoise héréditaire.

Celle-ci, selon la qualité et l'importance des fiefs, se divisa en quatre branches : 1° les grands vassaux de la couronne, et les autres seigneurs qui, sans être au nombre des grands vassaux, possédoient des fiefs à grande mouvance; 2° les possesseurs de fiefs de bannières; 3° les possesseurs de fiefs de haubert; 4° les possesseurs de fiefs de simple écuyer.

De là quatre degrés de noblesse : noblesse du sang royal, haute noblesse, noblesse ordinaire, noblesse par anoblissement.

Le service militaire introduisit chez la noblesse la distinction du chevalier, *miles*, et de l'écuyer, *servitium scuti*. Les nobles abandonnèrent dans la suite une de leurs plus belles prérogatives, celle de juger. On comptoit en France quatre mille familles d'ancienne noblesse, et quatre-vingt-dix mille familles nobles pouvant fournir cent mille combattants. C'étoit, à proprement parler, la population militaire libre.

Les noms des nobles dans les premiers temps, n'étoient point héréditaires, quoique le sang, le privilége et la propriété le fussent déjà. On voit dans la loi salique que les parents s'assembloient la neuvième nuit pour donner un nom à l'enfant nouveau-né. Bernard-le-Danois fut père de Torfe, père de Turchtil, père d'Anchtil, père de Robert d'*Harcourt*. Le nom héréditaire ne paroît ici qu'à la cinquième génération.

Les armes conféroient la noblesse ; la noblesse se perdoit par la lâcheté ; elle dormoit seulement quand le noble exerçoit une profession roturière non dégradante ; quelques charges la communiquoient ; mais la haute charge même de chancelier resta long-temps en roture. Dans certaines provinces *le ventre anoblissoit*, c'est-à-dire que la noblesse étoit transmise par la mère.

Les échevins de plusieurs villes recevoient la noblesse ; on l'appeloit *noblesse de la cloche*, parce que les échevins s'assembloient au son d'une cloche. L'étranger noble, naturalisé en France, demeuroit noble.

Les nobles prirent des titres selon la qualité de leurs fiefs (ces titres, à l'exception de ceux de baron et de marquis, étoient d'origine romaine) ; ils furent ducs, barons, marquis, comtes, vicomtes, vidames, chevaliers, quand ils possédèrent des duchés, des marquisats, des comtés, des vicomtés, des baronnies. Quelques titres appartenoient à des noms sans être inhérents à des fiefs ; cas extrêmement rare.

Le gentilhomme ne payoit point la taille personnelle, tant qu'il ne faisoit valoir de ses propres mains qu'une seule métairie ; il ne logeoit point les gens de guerre : les coutumes particulières lui accordoient une foule d'autres priviléges.

Les nobles se distinguoient par leurs armoiries qui commencèrent à se multiplier au temps des croisades. Ils portoient ordinairement un oiseau sur le poing, même en voyage et au combat : lorsque les Normands assaillirent Paris sous le roi Eudes, les

Franks qui défendoient le Petit-Pont, ne l'espérant pas pouvoir garder, donnèrent la liberté à leurs faucons. Les tournois dans les villes, les chasses dans les châteaux, étoient les principaux amusements de la noblesse.

On ne se peut faire une idée de la fierté qu'imprima au caractère le régime féodal; le plus mince aleutier s'estimoit à l'égal d'un roi. L'empereur Frédéric Ier traversoit la ville de Thongue; le baron de Krenkingen, seigneur du lieu, ne se leva pas devant lui, et remua seulement son chaperon, en signe de courtoisie. Le corps aristocratique étoit à la fois oppresseur de la liberté commune et ennemi du pouvoir royal; fidèle à la personne du monarque alors même que ce monarque étoit criminel, et rebelle à sa puissance alors même que cette puissance étoit juste. De cette fidélité naquit l'honneur des temps modernes : vertu qui consiste souvent à sacrifier les autres vertus; vertu qui peut trahir la prospérité, jamais le malheur; vertu implacable quand elle se croit offensée; vertu égoïste et la plus noble des personnalités; vertu enfin qui se prête à elle-même serment et qui est sa propre fatalité, son propre destin. Un chevalier du Nord tombe sous son ennemi; le vainqueur manquant d'arme pour achever sa victoire, convient avec le vaincu qu'il ira chercher son épée; le vaincu demeure religieusement dans la même attitude jusqu'à ce que le vainqueur revienne l'égorger : voilà l'honneur, premier-né de la société barbare. (MALLET, *Introduct. à l'Hist. du Danem.*)

De l'état des hommes passons à l'état des propriétés.

Le fief qui naquit à l'époque où le servage germanique débouta la servitude romaine, constitua la féodalité. Dans les temps de révolution et d'invasions successives, les petits possesseurs n'étant plus protégés par la loi, donnèrent leur champ à ceux qui le pouvoient défendre : c'est ce que nous avons appris de Salvien. De cet état de choses à la création du fief, il n'y avoit qu'un pas, et ce pas fut fait par les Barbares : ils avoient déjà l'exemple du bénéfice militaire, c'est-à-dire de la concession d'un terrain à charge d'un service, bien que les *fe-ods* ne soient pas exactement les *prædia militaria*. Il arriva que le roi et les autres chefs ne voulurent plus accepter des immeubles, en installant le propriétaire donateur comme fermier de son ancienne propriété; mais ils la lui rendirent à condition de prendre les armes pour ses protecteurs : ils s'engageoient de leur côté à secourir cette espèce de sujet volontaire. Voilà le vasselage et la seigneurie.

Toutes les propriétés, dans la féodalité, se divisent en deux grandes classes : l'aleu ou le franc-aleu, le fief et l'arrière-fief. « Tenir en aleu, dit la « *Somme rurale*, si est tenir terre de Dieu tant seule- « ment et ne doivent cens, rente, ne relief, ne autre « redevance à vie ne à mort. »

Cujas fait venir le mot *aleu* (*alodium*) d'un possesseur des terres *sine lode*. Il est plus naturel de le tirer de la terre du *leude*, fidèle, ou du *drude*, ami : *drudi et vassàlli* sont souvent réunis dans les actes. Leude est le *compagnon* de Tacite, *l'homme de la foi* du roi dans la loi salique, et *l'antrustion du roi* des formules de Marculfe.

L'aleu fut dans l'origine inaliénable sans le consentement de l'héritier. Il y eut deux sortes de francaleu : le noble et le roturier. Le noble étoit celui qui entraînoit justice, censive ou mouvance; le roturier celui auquel toutes ces conditions manquoient : ce dernier, le plus ancien des deux, représentoit le foible reste de la propriété romaine.

Les parlements différoient de principes sur le maintien du franc-aleu. Les pays coutumiers et de droit écrit, dans le ressort des parlements de Paris et de Normandie, ne reconnoissoient le franc-aleu que par *titres;* titres qu'il étoit presque toujours impossible de produire. La coutume de Bretagne, sous le parlement de la même province, rejetoit absolument le franc-aleu. Les quatre parlements de droit écrit, Bordeaux, Toulouse, Aix et Grenoble, varioient dans leurs *us,* et rendoient des arrêts en sens divers : le parlement de Provence ne recevoit que le franc-aleu, et le parlement de Dauphiné l'admettoit dans quelques dépendances sur titres. Le Languedoc prétendoit jouir du francaleu avant les *Établissements* de Simon de Montfort qui transporta dans le comté de Toulouse la coutume de Paris. « Après ce grand progrès d'armes, « Simon, comte de Montfort, se voyant seigneur de « tant de terres, de mesnagement ennuyeux et pé-« nible, il les départit entre les gentilshommes, tant

« françois qu'autres : . . . . Pour con-
« tenir l'esprit de ses vassaux et assurer ses droits,
« il establit des loix générales en ses terres, par
« advis de huict archevesques ou évesques et autres
« grands personnages. » *Tam inter barones, ac milites, quam inter burgenses et rurales, seu succe-
dant hæredes, in hæreditatibus suis, secundum mo-
rem et usum Franciæ, circa Parisiis.*

« Les coutumes de Troyes, de Vitry et de Chau-
« mont, réputoient toute terre franche ou alodiale.
« Le fief et l'aleu étoient la lutte et la coexistence de
« la propriété selon l'ancienne société, et de la pro-
« priété selon la société nouvelle. »

Quelquefois le fief se changea en aleu, mais l'aleu
finit presque généralement par se perdre dans le
fief. *Nulle terre sans seigneur* devint l'adage des
légistes. L'esprit du fief s'empara à un tel point
de la communauté, qu'une pension accordée, une
charge conférée, un titre reçu, la concession d'une
chasse ou d'une pêche, le don d'une ruche d'a-
beilles, l'air même qu'on respiroit, s'inféoda; d'où
cette locution : *fief en l'air, fief volant, sans terre,
sans domaine.*

Fief, *feudum, feodum, foedum fochundum, fe-
dum, fedium, fenum*, vient d'*a fide*, latin, ou plutôt
de *fehod*, saxon, prix. La formule de la vassalité
remonte au temps de Charlemagne : *Juro ad hæc
sancta Dei Evangelia,* . . . . *ut vassalum
domino.*

Le fief étoit la confusion de la propriété et de
la souveraineté : on retournoit de la sorte au ber-

ceau de la société, au temps patriarcal, à cette époque où le père de famille étoit roi dans l'espace que paissoient ses troupeaux, mais avec une notable différence : la propriété féodale avoit conservé le caractère de son possesseur ; elle étoit conquérante ; elle asservissoit les propriétés voisines. Les champs autour desquels le seigneur avoit pu tracer un cercle avec son épée, relevoient de son propre champ. C'est le premier âge de la féodalité.

Le mot *vassal*, qui a prévalu pour signifier homme de fief, ne paroît cependant dans les actes que depuis le treizième siècle. *Vassus* ou *vassallus*, vient de l'ancien mot franc *gessel*, compagnon ; conversion de lettres fréquente dans les auteurs latins : *Wacta*, guet ; *wadium*, gage ; *wanti*, gants, etc.

Il y avoit des fiefs de trois espèces générales : fief de bannière, fief de haubert, fief de simple écuyer.

Le fief banneret fournissoit dix ou vingt-cinq vassaux sous bannière.

Le fief de haubert devoit un cavalier armé de toutes pièces, bien monté et accompagné de deux ou trois valets.

Le fief de simple écuyer ne devoit qu'un vassal armé à la légère.

Tous les fiefs et arrière-fiefs ressortissoient au manoir des seigneurs, comme à la tente du capitaine : la grosse tour du Louvre étoit le *fief dominant* ou le pavillon du général. Le terrain sur lequel Philippe-Auguste l'avoit bâtie, il l'avoit acheté du prieuré de Saint-Denis-de-la-Chartre, pour une renté de trente sous parisis : ainsi, ce donjon, majeur, d'où relevoient tous les fiefs, grands et petits, de la couronne, relevoit lui-même du prieuré de Saint-Denis.

Quand le roi possédoit des terres dans la mouvance d'une seigneurie, il devenoit vassal du possesseur de cette seigneurie; mais alors il se faisoit *représenter* pour prêter, comme vassal, foi et hommage à son propre vassal; on vouloit bien user de cette indulgence envers lui, sans qu'il se pût néanmoins soustraire à la loi générale de la féodalité. Philippe III rend, en 1284, hommage à l'abbaye de Moissac. En 1350 le grand-chambellan rend hommage, au nom du roi Jean, à l'évêque de Paris, pour les chastellenies de Tournant et de Torcy : *Joannes, Dei gratia, Francorum rex...... Robertus de Loriaco, de præcepto nostro, homagium fecit.* On citera encore un exemple, parce qu'il est rare dans son espèce, et qu'il affectera les lecteurs françois comme l'historien qui le rappelle. Henri VI, *roi d'Angleterre*, rend hommage à des *bourgeois de Paris*.

« Henry, par la grâce de Dieu, roi *de France et
« d'Angleterre*, à tous ceux qui ces présentes lettres
« verront, salut. Savoir faisons, que, comme autres-
« fois a fait nostre très cher seigneur et ayeul, feu
« le roi Charles (Charles VI), dernier trépassé,
« à qui Dieu *pardoint,* par ces lettres sur ce faites,
« données le 21ᵉ jour de mai, dernier passé, nous
« avons député et députons Mᵉ Jean Le Roy, notre
« procureur au Chastelet de Paris, pour, et en lieu

« de nous, à homme et vassal, de ceux de qui sont
« mouvans et tenus en fiefs les terres, possessions
« et seigneuries, à nous advenues, en la ville et vi-
« comté de Paris, depuis quatre ans en çà; et en
« faire les debvoirs, tels qu'il appartient. . . . .
« . . . . . Donné à Paris, le 15ᵉ jour de mai 1423,
« et de notre règne le premier. Ainsi signé par le
« roi, à la relation du conseil tenu par l'ordon-
« nance de monseigneur le régent de France, duc
« de Betfort. »

Paris étoit un composé de fiefs; neuf d'entre eux relevoient de l'évêché : le Roule, la Grange-Batelière, l'outre Petit-Pont, etc. Les autres fiefs de la ville de Paris appartenoient aux abbayes de Sainte-Geneviève, de Saint-Germain-des-Prés, de Saint-Victor, du grand prieuré de France, et du prieuré de Saint-Martin-des-Champs. On comptoit en France soixante-dix mille fiefs ou arrière-fiefs, dont trois mille étoient titrés. Le vassal prêtoit hommage tête nue, sans épée, sans éperons, à genoux, les mains dans celles du seigneur, qui étoit assis et la tête couverte; on disoit : « *Je deviens votre homme de* « *ce jour en avant, de vie, de membre, de terrestre* « *honneur, et à vous serai féal et loyal, et foi à* « *vous porterai des tenements que je reconnois tenir* « *de vous, sauf la foi que je dois à notre seigneur* « *le roi.* » Quand cette formule étoit prononcée par un tiers, le vassal répondoit *voire* : Oui, je le jure. Alors le vassal étoit reçu par le seigneur *audit hommage à la foi et à la bouche,* c'est-à-dire au baiser, pourvu que ce vassal ne fût pas un *vilain* : « Quel-

« quefois un gentilhomme de bon lieu est contraint
« de se mettre à genoux devant un moindre que
« lui : de mettre ses mains fortes et généreuses dans
« celles d'un lasche et efféminé. » (*Traité des fiefs.*)

Quand l'hommage étoit rendu par une femme, elle ne pouvoit pas dire : « *Jeo deveigne vostre
« feme, pur ceo que n'est convenient que feme dira
« que el deviendra feme à aucun home, fors que
« à sa baron, quand ele est espouse;* » mais elle disoit, etc.

Main, fils de Gualon, du consentement de son fils Eudon, et de Viete sa bru, donne à Dieu et à Saint-Albin en Anjou la terre de Brilchiot; en foi de quoi le père et le fils baisèrent le moine Gaultier; mais comme c'étoit chose inusitée qu'une femme baisât un moine, Lambert, avoué de Saint-Albin, est délégué pour recevoir le baiser de la donatrice, avec la permission du moine Gaultier : *Jubente Walerio monacho.*

Robert d'Artois, comte de Beaumont, ayant à recevoir deux hommages de son *amée cousine madame Marie de Brebant, dame d'Arschot et de Vierzon,* ordonna : « Que nous et la dame de Vierzon devons
« être à cheval, et notre cheval les deux pieds
« devant en l'eau du gué de Noies, et les deux
« pieds derrière à terre sèche, par devant notre
« terre de Meun, et le cheval à ladite dame de Vier-
« zon les deux pieds derrière en l'eau dudit gué,
« et les deux devant à terre sèche par devers notre
« terre de Meun. »

L'hommage étoit *lige* ou *simple;* l'hommage *ordi-*

naire ne se doit pas compter. L'homme-lige (il y avoit six espèces d'hommes dans l'antiquité franke) s'engageoit à servir en *personne* son seigneur *envers et contre toute créature qui peut vivre et mourir*. Le vassal simple pouvoit fournir un remplaçant. On fait venir *lige* ou du latin *ligare*, *liga*, *ligamen*, etc., ou du frank *leude :* Vous êtes de *Tournay*, *laquelle est toute lige au roi de France*.

Tantôt le vassal étoit obligé à *plège* ou *plejure*, tantôt à service *de son propre corps*, à devenir caution ou champion pour son seigneur : c'étoit la continuation de la clientèle franke et de l'inscription au rôle *Vassaticum*.

Quand les rois *semonoient* pour le service du fief militaire leurs vassaux *directs*, les ducs, comtes, barons, chevaliers, châtelains, cela s'appeloit le *ban*; quand ils *semonoient* leurs vassaux directs et leurs vassaux *indirects*, c'est-à-dire les seigneurs et les vassaux des seigneurs, les possesseurs d'arrière-fiefs, cela s'appeloit l'*arrière-ban*. Ce mot est composé de deux mots de la vieille langue : *har*, camp, et *ban*, appel, d'où le mot de basse latinité *heribannum*. Il n'est pas vrai que l'arrière-ban soit le réitératif du ban.

« Les vassaux, hommes et cavaliers, estoient
« comme des digues, des remparts, des murs d'ai-
« rain, opposez aux ennemis; victimes dévouez à la
« fortune de l'Estat, possédans une vie flottante, in-
« certaine, le plus souvent ensevelie dans les ruines
« communes. » (*Du Franc-aleu.*)

Les vassaux devoient aide en monnoie à leur

seigneur en trois cas : lorsqu'il partoit pour la Terre-Sainte, lorsqu'il marioit sa sœur ou son fils aîné, lorsque ce fils recevoit les éperons de la chevalerie.

Il y avoit des fiefs *rendables* et *receptables :* le fief étoit rendable quand le vassal, en certain cas, remettoit les châteaux du fief au seigneur, en sortoit avec toute sa famille, et n'y rentroit que quarante jours après la guerre finie ; le fief étoit *receptable* quand le feudataire, sans sortir des châteaux qu'il tenoit, étoit obligé d'y donner asile à son seigneur. L'un et l'autre de ces fiefs étoient *jurables* à cause du serment réciproque.

L'investiture, qui remonte à l'origine de la monarchie, se faisoit pour le royaume, sous la première race, par la franciske, le hang ou angon ; sous la seconde race, par la couronne et le manteau ; sous la troisième, par le glaive, le sceptre et la main de justice.

L'investiture ou saisine du fief avoit lieu au moyen de quelque marque extérieure et symbolique, suivant la nature du fief ecclésiastique ou militaire, titré ou simple : on juroit sur une crosse, sur un calice, sur un anneau, sur un missel, sur des clefs, sur quelques grains d'encens, sur une lance, sur un heaume, sur un étendard, sur une épée, sur une cape, sur un marteau, sur un arc, sur une flèche, sur un gant, sur une étrille, sur une courroie, sur des éperons, sur des cheveux, sur une branche de laurier, sur un bâton, sur une bourse, sur un denier, sur un couteau, sur une broche, sur une coupe, sur une cruche remplie d'eau de mer, sur une paille, sur un fétu noué, sur un peu d'herbe, sur un morceau de bois, sur une poignée de terre. On trouve encore de vieux actes dans les plis desquels ces fragiles symboles sont conservés; le gage n'étoit rien, parce que la foi étoit tout. « *Le seigneur est* « *tenu à son homme comme l'homme à son seigneur,* «*fors que seulement en révérence.* » Une société à la fois libre et opprimée, innocente et corrompue, raisonnable et absurde, naïve, capricieuse, attachée au passé comme la vieillesse, forte, féconde, avide d'avenir comme la jeunesse, une société entière reposa sur de simples engagements, et n'eut d'autre loi d'existence qu'une parole.

La création des terres nobles dans le régime féodal étoit une idée politique la plus extraordinaire et en même temps la plus profonde : la terre ne meurt point comme l'homme; elle n'a point de passions; elle n'est point sujette aux changements, aux révolutions; en lui attribuant des droits, c'étoit communiquer aux institutions la fixité du sol; aussi la féodalité a-t-elle duré huit cents ans, et dure encore dans une partie de l'Europe. Supposez que certaines terres eussent conféré la liberté au lieu de donner la noblesse, vous auriez eu une république de huit siècles. Encore faut-il remarquer que la noblesse féodale étoit, pour celui qui la possédoit, une véritable liberté.

Le roturier ne put d'abord acquérir un fief, parce qu'il ne pouvoit porter la *lance* et l'*éperon*, marques du service militaire; ensuite on se relâcha de cette coutume : le roi dont les trésors s'épuisoient, le seigneur accablé de dettes, furent aises de laisser vendre et de vendre des terres nobles à de riches bourgeois; la terre transmit le privilége, et le roturier, investi du fief, fut à la troisième génération *demené* comme gentilhomme.

Tout feudataire pouvoit prendre les armes contre son seigneur pour déni de justice, et pour vengeance de famille; traditions de l'indépendance et des mœurs des Franks. La querelle se pouvoit terminer par le duel, par l'*assurement* (caution), ou par une sentence enregistrée à la justice seigneuriale du suzerain. « C'est la paix de Raolin d'Argées,
« de ses enfants et de leur lignage, d'une part; et
« de l'ermite de Stenay, de ses enfants, de leur
« lignage et de tous leurs consorts, d'autre part.
« L'ermite a juré sur les saints, lui huitième de ses
« amis, que bien ne lui fut de la mort de Raolin,
« mais beaucoup d'angoisse; a donné cent livres
« pour fonder une chapelle où l'on chantera pour le
« repos de l'âme du défunt; s'est engagé d'envoyer
« incessamment un de ses fils en Palestine. »

On peut remarquer dans ce traité de la fin du treizième siècle, les co-jurants des lois ripuaire et saxonne.

Si une veuve noble marioit sa fille orpheline sans le consentement du seigneur suzerain, ses meubles étoient confisqués : on lui laissoit deux robes, une pour les jours ouvrables, l'autre pour le dimanche, un lit, un palefroi, une charrette et deux roussins.

Une héritière de haut lignage étoit obligée de se

marier pour desservir le fief, comme on voit aujourd'hui les marchandes, qui perdent leur mari, épouser leur premier commis pour faire aller l'établissement. Si cette héritière avoit plus de soixante ans, elle étoit dispensée du mariage.

Les droits seigneuriaux ont été puisés dans les entrailles mêmes du fief. Dans l'origine ils étoient appelés *honneurs, faveurs,* comme reconnoissances faites au seigneur par le vassal, des aliénations et transmissions des fiefs d'une personne à l'autre. C'est ce que veut dire *lods* et *ventes* : *laudimia, laudæ, laudationes, lausus,* de louer, complaire, agréer. Ces droits étoient ou militaires, ou fiscaux, ou honorifiques.

Non-seulement le roi, grand chef féodal qui se sustentoit du revenu de ses domaines, levoit encore des taxes ; mais tous les seigneurs suzerains et non suzerains, ecclésiastiques, ou laïques, en levoient aussi de leur côté. Les droits de quint et requint, de lods et ventes, de my-lods, de ventrolles, de reventes, de reventons, de sixièmes, huitièmes, treizièmes, de resixièmes, de rachats et reliefs, de plait, de morte-main, de rettiers, de pellage, de couletage, d'affouage, de cambage, de cottage, de péage, de vilainage, de chevage, d'aubain, d'ostize, de champart, de mouture, de fours banaux, s'étoient venus joindre aux droits de justice, au casuel ecclésiastique, aux cotisations des jurandes, maîtrises et confréries, et aux anciennes taxes romaines : en inventions financières nous sommes fort inférieurs à nos pères. Il est probable que la masse entière du numéraire passoit chaque année dans les mains du fisc royal et particulier; car les marchands et les ouvriers, serfs encore, appartenoient à des corporations de villes ou à des maîtres; ils ne formoient pas une classe généralement indépendante; ils touchoient à peine un bas salaire; le prix de leurs denrées et le travail de leurs journées souvent n'étoient pas à eux.

Quant aux droits *honorifiques*, ils servoient de marques à une souveraineté locale : tels fiefs, par exemple, allouoient la faculté de prendre le cheval du roi, lorsque le roi passoit sur les terres du possesseur de ces fiefs. D'autres droits n'étoient que des divertissements rustiques que la philosophie a pris assez ridiculement pour des abus de la force : lorsqu'on apportoit un œuf garrotté dans une charrette traînée par quatre bœufs; lorsque les poissonniers, en l'honneur de la dame du lieu, sautoient dans un vivier à la Saint-Jean; lorsqu'on couroit la *quintaine* avec une lance de bois; lorsque, pour l'investiture d'un fief, il falloit venir baiser la serrure, le cliquet ou le verrou d'un manoir, marcher comme un ivrogne, faire trois cabrioles accompagnées d'un bruit ignoble et impur, c'étoit là des plaisirs grossiers, des fêtes dignes du seigneur et du vassal, des jeux inventés dans l'ennui des châteaux et des camps de paroisse, mais qui n'avoient aucune origine oppressive. Nous voyons tous les jours sur nos petits théâtres, dans ce siècle poli, des joies qui ne sont pas plus élégantes.

Si, ailleurs, les serfs étoient obligés de battre

l'eau des étangs quand la châtelaine étoit en couches; si le châtelain se réservoit le droit de markette (*cullagium, marcheta*); si des curés même réclamoient ce droit, et si des évêques le convertissoient en argent, c'est à la *servitude grecque et romaine* qu'il faut restituer ces abus : les rescrits des empereurs défendent aux maîtres de forcer leurs esclaves à des *choses infâmes*; soit ignorance, soit défaut de réflexion, on n'a pas vu ou l'on n'a pas voulu voir ce que l'*esclavage* avoit laissé dans le *servage*. Quant à la multitude et à la diversité des coutumes, elles s'expliquent naturellement par les règlements des différents chefs de cette nation armée, cantonnée sur le sol de la France.

Au milieu de la propriété mobile du fief, s'élevoit une propriété immobile, comme un rocher au milieu des vagues, et qui grossissoit par de quotidiennes adhérences : l'amortissement étoit la faculté d'acquérir accordée à des gens de main-morte. Une fois l'acquêt consommé au moyen d'un dédommagement ou d'un rachat pour la seigneurie dont l'acquêt relevoit, la propriété *mouroit*, c'est-à-dire qu'elle étoit retirée de la circulation, et que tous les droits de mutation se perdoient. Une terre ainsi tombée à des églises, à des abbayes, à des hôpitaux, à des ordres de chevalerie, représentoit, pour le fisc et pour le maître du fief, un capital enfoui et sans intérêts. De sorte qu'avec la main-mortable, le domaine inaliénable de la couronne, les substitutions, le retrait lignager féodal (c'est-à-dire le droit de retirer un bien de famille ou une terre mouvante d'un fief), il seroit résulté à la longue un fait incroyable dans la nature déjà si extraordinaire de la possession territoriale du moyen-âge : toutes les propriétés se seroient fixées sous la main de propriétaires héréditaires ; et, comme ces propriétés étoient privilégiées, l'impôt direct et foncier eût péri ; l'État se seroit trouvé réduit aux dons gratuits, la plus casuelle des taxes.

Le droit de justice tenoit une haute place dans la féodalité.

Chez les Grecs et les Romains la justice émanoit du peuple : ce peuple étant tombé sous le joug, la justice resta foible dans les tribunaux où, souveraine détrônée, elle put à peine cacher la liberté qui se réfugia auprès d'elle. Il ne s'éleva point au sein de ces tribunaux un grand corps de magistrature indépendante, appelé à prendre part aux affaires du gouvernement.

La justice, au contraire, parmi les nations de race germanique, découla de trois sources : la royauté, la propriété et la religion. Les rois, chez les Franks, comme chez les Germains leurs pères, étoient les premiers magistrats : *Principes qui jura per pagos reddunt.* Quand donc saint Louis et Louis XII rendoient la justice au pied d'un chêne, ils ne faisoient que siéger au tribunal de leurs aïeux. La justice prit dans son air quelque chose d'auguste, comme les générations royales qui la portoient dans leur sein et la faisoient régner.

Par la raison que les Franks lièrent la souveraineté et la noblesse au sol, ils y attachèrent la justice : fille de la terre, elle devint immuable comme elle. Tout seigneur qui possédoit des *propres* avoit droit de justice. L'axiome de l'ancien droit françois étoit : « La justice est patrimoniale. » Pourquoi cela? parce que le patrimoine étoit la souveraineté.

La religion ajouta une nouvelle grandeur à notre magistrature : la loi ecclésiastique mit la justice sur l'autel. Au défaut du public, un crucifix assistoit dans la salle d'audience à la défense de l'accusé et à l'arrêt du juge : ce témoin étoit à la fois le dieu, le souverain arbitre et l'innocent condamné.

Née du sol, appuyée sur le sceptre, l'épée et la croix, la justice régla tout. Chez les nations antiques le droit civil dériva du droit politique; chez les François le droit politique découla du droit civil : la justice étoit pour nous la liberté.

La justice seigneuriale se divisoit en deux degrés, haute et basse justice; toutes deux étoient du ressort du seigneur de trois châtellenies et d'une ville close, ayant droit de marchés, de péage, de lige-estage, c'est-à-dire du seigneur qui pouvoit obliger ses vassaux à faire la garde de son chastel.

Sénéchal et *bailli*, noms attribués aux juges : on appeloit *sénéchal-au-duc* un grand-officier des ducs de Normandie, chargé de l'expédition des affaires litigieuses dans l'intervalle des sessions de l'échiquier.

Le baron ne pouvoit être jugé que par ses pairs : il y avoit des pairs bourgeois pour les bourgeois. Saint Louis voulut que les hommes du baron ne fussent responsables ni des dettes qu'il avoit contractées, ni des crimes qu'il avoit commis. Même alors il y avoit des suicides, car les meubles revenoient par confiscation au seigneur sur les terres duquel l'homme s'étoit donné la mort. Un trésor trouvé appartient au seigneur de la terre, s'il est en argent; en or, il va au roi : « *Nul n'a la fortune d'or « s'il n'est roi.* »

La veuve noble avoit le *bail* et la garde de ses enfants : le bail étoit la jouissance des biens du mineur jusqu'à sa majorité : « *En vilenage il n'y a point « de bail de droit.* »

Le douaire se régloit à la porte du *moustier* où se contractoit le mariage : c'étoit le mariage *solennel*, un de ces actes que les Romains appeloient *légitimes.*

L'abominable législation sur les épaves, et les deux espèces d'aubains, *les mescrus et les méconnus*, consistoit à s'emparer des choses égarées, de la dépouille de la succession des étrangers.

Par le droit de *bâtardise*, quand les bâtards mouroient sans héritier, les biens échéoient au seigneur, sous la condition d'acquitter les legs et de payer le douaire à la femme.

Mais ceci doit être entendu des bâtards roturiers, serfs ou main-mortables de corps, incapables de succéder, ne pouvant ni se marier, ni acquérir, ni aliéner sans le congé du seigneur. Quant aux bâtards des nobles, il n'y avoit aucune différence entre eux et les enfants légitimes, lorsque le père les avoit reconnus : ils en étoient quittes pour croiser les armes paternelles d'une barre diagonale qui perpétuoit le souvenir du malheur ou de la honte de leur mère. Les bâtards étoient presque toujours des hommes remarquables, parce qu'ils avoient eu à lutter contre l'obstacle de leur berceau.

Dans quelques lieux le nouveau marié ne pouvoit avoir de commerce avec sa femme pendant les trois premières nuits de ses noces, à moins qu'il n'en eût obtenu la permission de son évêque. On tiroit la raison de cette coutume de l'histoire du jeune Tobie : on en auroit pu retrouver quelque chose dans les institutions de Lycurgue, si ce nom-là eût été connu des barons.

Les *déconfès* ou *intestats*, ceux qui mouroient sans confession ou sans faire de testament, avoient leurs biens envahis par le seigneur. La mort subite amenoit la même confiscation : l'homme mort soudainement ne s'étoit point confessé ; donc Dieu l'avoit jugé à lui seul, l'avoit atteint tout vivant de sa réprobation éternelle. Les *Établissements* de saint Louis remédioient à cette absurde iniquité : ils ordonnoient que les biens d'un *déconfès*, frappé assez vite pour n'avoir pu appeler prêtre, passeroient à ses enfants. On sait à quel point le clergé poussa les abus et la captation à l'égard des testaments : il falloit en mourant laisser quelque chose à l'Église, même un dixième de sa fortune, sous peine de damnation et de non-inhumation : une pauvre femme offrit un petit chat pour racheter son âme.

La procédure civile et criminelle se régloit sur l'état des personnes. L'assignation avoit un terme de quinze jours. Les preuves étoient au nombre de huit, parmi lesquelles figuroit le combat judiciaire.

La déposition des témoins devoit être secrète; mais saint Louis avoit voulu que cette déposition fût à l'instant communiquée aux parties.

L'appel aux justices royales étoit permis, non de droit, mais de *doléance*. Cet appel alloit directement au roi, qui étoit supplié de *dépiécer* le jugement. La pénalité étoit placée auprès du faux jugement, ou de la non-exécution de la loi.

La multiplication des cas de mort montre qu'on étoit déjà loin de l'esprit des temps barbares.

La cause de ce changement fut l'introduction de l'ordre moral dans l'ordre légal : la morale va au-devant de l'action ; la loi l'attend : dans l'ordre moral la mort saisit le crime; dans l'ordre légal, c'est le crime qui saisit la mort.

La sentence se prononçoit par la bouche de certains jurés nommés *jugeurs*. Ces jugeurs ne pouvoient être tirés de la classe des *vilains* et *coutumiers*. Toutefois on voit des bourgeois-jugeurs dans quelques procès des gentilshommes; l'accusé puisoit dans cet incident un moyen d'appel, pour incapacité de jugés.

L'accusation de meurtre, de trahison, ou de rapt, amenoit un cas extraordinaire : il étoit loisible à l'accusé de récriminer contre l'accusateur; tous les deux alloient en prison, deux procès commençoient pour un même fait, les deux parties étant à la fois plaignantes et demanderesses.

La caution étoit admise, excepté pour crime méritant peine capitale.

Le vol équipolloit l'assassinat; la maison du coupable étoit rasée, ses blés étoient ravagés, ses foins incendiés, ses vignes arrachées; on ne coupoit pas ses arbres; on les dépouilloit de leur écorce. Tuer un homme, ravir une femme, trahir son seigneur et son pays, ne constituoit pas un plus grand crime aux yeux de la loi que d'embler (voler) un cheval ou une jument. On arrachoit les yeux aux voleurs d'église et aux faux-monnoyeurs. Le vice qui fit la honte de l'antiquité requéroit la mutilation en première offense, la perte d'un membre en récidive, le feu au troisième délit. La femme convaincue du même vice en même progression perdoit successivement les deux lèvres, et arrivoit au bûcher. En *menues choses* le vol postuloit le retranchement d'une oreille ou d'un pied; le caractère des lois salique et ripuaire se retrouve dans ces dispositions. Le premier infanticide d'une mère impétroit au renvoi de cette malheureuse devant le tribunal de pénitence; si elle le commettoit une seconde fois, on la brûloit morte. La volonté n'étoit point punie, lorsqu'il n'y avoit point eu commencement d'exécution : c'est aujourd'hui le principe universel.

Le prisonnier, même innocent, étoit pendu quand il forçoit la porte de sa prison, parce que la société entière reposoit sur la parole baillée ou reçue. Le clerc, le croisé et le moine, compétoient des cours ecclésiastiques, qui ne condamnoient jamais à mort; on sent combien ce titre de *croisé* favorisoit alors la classe du servage et de la bourgeoisie. L'hérétique, le sorcier, le *maléficier*, étoient jetés aux fagots; la saisie des meubles punissoit l'usurier. Si une bête rétive ou méchante tuoit une femme ou un homme, et que le propriétaire de cette bête avouât l'avoir connue vicieuse, on le pendoit : la bête étoit quelquefois attachée auprès de son maître. Un cochon, atteint et convaincu d'avoir mangé un enfant, eut son procès fait, après quoi il fut exécuté par la main du bourreau : la loi s'efforçoit de montrer son horreur pour le meurtre, dans ces temps de meurtre. L'enfant coupable subissoit la peine capitale comme l'homme en âge de raison : on lui accordoit dispense d'âge pour mourir.

A la porte de chaque chef-lieu des seigneuries s'élevoit un gibet composé de quatre piliers de pierre d'où pendoient des squelettes cliquetants.

Tout ce qui concerne la famille, dot, tutelle, partage, donation, douaire, s'enchevêtroit, dans l'ancienne jurisprudence du moyen-âge, de l'état des hommes et des choses. A cette complication, que l'on retrouve en partie dans les lois romaines en raison de la clientèle et de l'esclavage, se joignoit la confusion introduite par la féodalité, à savoir, le franc-aleu, le fief et l'arrière-fief, les terres nobles et non nobles, les biens de main-morte, les diverses mouvances, les droits seigneuriaux et ecclésiastiques, les coutumes non-seulement des provinces, mais encore des cantons. Les mariages dans les familles royales et princières produisoient des compositions et des décompositions de fiefs; le sol changeant sans cesse de limites, avoit la mobilité de la vie et de la fortune des hommes.

Indépendamment des raisons d'ambition, de jalousie, d'intérêts commerciaux et politiques, il suffisoit du service d'un fief pour mettre à deux nations le fer à la main. Un homme-lige du roi refusoit de rendre hommage; cet homme-lige étoit ou Allemand, ou Flamand, ou Savoyard, ou Catalan, ou Navarrois, ou Anglois : on saisissoit ses biens, et l'Europe étoit en feu. Un procès civil ou criminel engendroit un procès politique qui se plaidoit et se jugeoit entre deux armées sur un champ de bataille. Jean, roi d'Angleterre, voit ses États confisqués par un arrêt de la cour des pairs de France; le Prince Noir est sommé de comparoître devant Charles V, afin de répondre aux accusations des barons de Gascogne : un huissier à verge est chargé d'appréhender au corps le vainqueur de Poitiers, et de signifier un exploit à la gloire.

Il me resteroit beaucoup à dire sur la féodalité, mais peut-être en ai-je déjà parlé trop long-temps ; je viens à la chevalerie.

CHEVALERIE.

La chevalerie, dont on place ordinairement l'institution à l'époque de la première croisade, remonte à une date fort antérieure. Elle est née du mélange des nations arabes et des peuples septentrionaux, lorsque les deux grandes invasions du Nord et du Midi se heurtèrent sur les rivages de la Sicile, de l'Italie, de l'Espagne, de la Provence, et dans le centre de la Gaule : cela nous donne une époque à peu près certaine, comprise entre l'année 700 et l'année 753.

Le caractère de la chevalerie se forma parmi nous de la nature sentimentale et fidèle du Teuton, et de la nature galante et merveilleuse du Maure, l'une et l'autre nature pénétrées de l'esprit et enveloppées de la forme du christianisme. L'opinion exaltée qui a tant contribué à l'émancipation du sexe féminin chez les nations modernes, nous vient des Barbares du nord ; les Germains reconnoissoient dans les femmes quelque chose de divin (*inesse quin etiam sanctum aliquid et providum putant*). La mythologie de l'*Edda* et les poésies des Scaldes décèlent le même enthousiasme chez les Scandinaves ; jusqu'au Soleil, dans ces poésies, est une femme, la brillante *Sunna*. Les lois gardent ces impressions délicates ; quiconque a coupé la chevelure d'une jeune fille, est condamné à payer soixante-deux sous d'or et demi ; l'ingénu qui a pressé la main ou le doigt d'une femme de condition libre est frappé d'une amende de quinze sous d'or, de trente s'il lui a pressé l'avant-bras, de trente-cinq s'il lui a pressé le bras au-dessus du coude, de quarante-cinq s'il lui a pressé le sein (*si mamillam strinxerit*).

De leur côté, les premiers Arabes professoient un grand respect pour les femmes, à en juger par le roman ou le poëme d'*Antar*, écrit ou recueilli par Asmaï le grammairien, sous le règne du kalife

Aroun-al-Rached. Antar, comme les chevaliers, est soumis à des épreuves; il aime constamment et timidement la belle Ibla; il court mainte aventure et fait des prouesses dignes de Roland; il a un cheval nommé Abjir, une épée appelée d'Hamy, mais les mœurs arabes sont conservées : les femmes boivent du lait de chamelle, et Antar, qui souffre qu'on le *frappe*, paît souvent les troupeaux [1]. Saladin étoit un chevalier tout aussi brave et moins cruel que Richard. On connoît les tournois, les combats et les amours des Maures de Cordoue et de Grenade.

Mais si Asmaï écrivoit l'histoire d'Antar pour le kalife Aroun-al-Rached, contemporain de Charlemagne, Charlemagne n'a point attendu, comme on l'a cru, le faux Turpin pour être transformé en chevalier lui et ses pairs.

Le roman publié sous le nom de Turpin, archevêque de Reims, fut composé par un certain moine Robert, sur la fin du onzième siècle, au moment de la première croisade. Ce moine se proposoit d'animer les chrétiens à la guerre contre les infidèles, par l'exemple de Charlemagne et de ses douze pairs. C'est sur cette chronique que les Anglois ont calqué l'histoire de leur roi Artus et des chevaliers de la Table Ronde.

---

[1] Voyez, dans la *Revue françoise* de juillet 1830, un article très ingénieux de M. de l'Écluse, sur *Antar*. Il paroit que le savant orientaliste, M. Hammer de Vienne, a fait une traduction françoise de ce roman-poëme, dont l'impression à Paris seroit confiée aux soins de M. Trébutien, à qui nous devons les *Contes inédits des Mille et Une Nuits.*

Le prétendu Turpin n'étoit lui-même qu'un imitateur, fait qui me semble avoir échappé jusqu'ici à tous les historiens. Soixante-dix ans après la mort de Charlemagne, le moine de Saint-Gall écrivit la vie de Karle-le-Grand, véritable roman du genre de celui d'*Antar*. N'est-ce pas une chose curieuse de trouver la chevalerie tout juste à la même époque chez les Franks et les Arabes ? Le moine de Saint-Gall tenoit ses autorités, pour la législation ecclésiastique, de Wernbert, célèbre abbé de Saint-Gall ; et pour les actions militaires, du père de ce même Wernbert. Le père de l'abbé Wernbert se nommoit Adalbert, et avoit suivi son seigneur Gherold à la guerre contre les Huns (Avares), les Saxons et les Esclavons. Le romancier dit naïvement : « Adal-
« bert étoit déjà vieux, il m'éleva quand j'étois en-
« core très petit ; et souvent, malgré mes efforts
« pour lui échapper, il me ramenoit et me con-
« traignoit d'écouter ses récits. »

Le vieux soldat raconte donc au futur jeune moine que les Huns habitoient un pays entouré de neuf cercles. Le premier renfermoit un espace aussi grand que la distance de Constance à Tours : ce cercle étroit étoit construit en troncs de chênes, de hêtres, de sapins, et de pierres très dures ; il avoit vingt pieds de largeur et autant de hauteur : il en étoit ainsi des autres cercles. Le terrible Charlemagne renverse tout cela ; ensuite il marche contre des Barbares qui ravageoient la France orientale ; il les extermine et fait couper la tête à tous les enfants qui dépassoient la hauteur d'une épée. Charlemagne est trahi par un de ses bâtards, petit nain bossu, confiné au monastère de Saint-Gall. Karle avoit dans ses armées des héros à la manière de Roland : Cisher valoit à lui seul une armée; on l'eût pu croire de la race Enachim, tant il étoit grand; il montoit un énorme cheval, et quand le cheval refusoit de passer la Doire enflée par les torrents des Alpes, il le traînoit après lui dans les flots en lui disant : « Par monseigneur Gall, de gré ou de « force, tu me suivras. » Cisher fauchoit les Bohémiens comme l'herbe d'une prairie. « Que m'impor- « tent, s'écrioit-il, les Wenèdes, ces grenouillettes ? « j'en porte sept, huit et même neuf enfilés au bout « de ma lance, en murmurant je ne sais quoi. »

Karle attaque Didier en Italie. Didier demande à Ogger si Karle est dans l'armée qu'il aperçoit : « Non, dit Ogger; quand vous verrez les moissons « s'agiter d'horreur dans les champs, le sombre Pô « et le Tessin inonder les murs de la ville de leurs « flots noircis par le fer, vous pourrez croire à l'ar- « rivée de Karle. » Alors s'élève au couchant un nuage qui change le jour en ténèbres : Karle, cet homme de fer, avoit la tête couverte d'un casque de fer, et les mains garnies de gantelets de fer; sa poitrine de fer et ses épaules étoient couvertes d'une armure de fer; sa main gauche élevoit en l'air une lance de fer, sa main droite étoit posée sur son invincible épée; ses cuissards étoient de fer, ses bottines de fer, son bouclier de fer; son cheval avoit la couleur et la force du fer; le fer couvroit les champs et les chemins, et ce fer, si dur, étoit porté par un peuple dont le cœur étoit plus dur que le fer. Et tout le peuple de la cité de Didier de s'écrier : « O fer ! Ah ! que de fer ! » *O ferrum ! Heu ferrum !*

Une autre fois, Karle, accoutré d'une casaque de peau de brebis, va à la chasse avec les grands de Pavie, vêtus de robes faites de peaux d'oiseaux de Phénicie, de plumes de coucous, de queues de paons mêlées à la pourpre de Tyr et ornées de franges d'écorce de cèdre. On voit Charlemagne, dans l'histoire, armer son second fils Louis chevalier en lui ceignant l'épée.

Le moine de Saint-Gall, qui se dit bégayant et édenté, mentionne aussi le lion tué par Pepin-le-Bref. Le vétéran Adalbert, redisant les exploits de Charlemagne à un enfant qui devoit les écrire lorsqu'à son tour il seroit devenu vieux, ne ressemble pas mal à quelque grenadier de Napoléon, racontant la campagne d'Égypte à un conscrit : tant la fable et l'histoire sont mêlées dans la vie des hommes extraordinaires !

Ernold Nigel ou le Noir, dans son poëme sur Hlovigh-le-Débonnaire, décrit le siége de Barcelonne; et c'est encore un ouvrage de chevalerie. Hlovigh ceint l'épée que Karle-le-Grand portoit à son côté. Les Maures, rangés sur les remparts, défendent la ville; Zadun, leur chef, se dévoue pour les sauver; il se glisse le long des murailles pour aller hâter les secours des Sarrasins de Cordoue; il est pris. Mené à Louis, il crie aux siens : « Ouvrez « vos portes ! » et leur fait en même temps un signe convenu pour les engager à se défendre. La ville est forcée : dans le butin envoyé à Karle se trouvent des cuirasses, de riches habits, des casques ornés de crinières, un cheval parthe avec son harnois et son frein d'or. L'armure de fer des chevaliers n'est point (comme on l'a cru encore mal à propos) du onzième siècle; elle ne vient ni des Franks, ni des Arabes; elle vient des Perses, de qui les Romains l'empruntèrent : on a vu la description qu'en fait Ammien Marcellin en parlant du triomphe de Constance à Rome; on retrouve pareillement cette armure dans l'escadron de grosse cavalerie que Constantin culbuta lorsqu'il descendit des Alpes pour aller attaquer Maxence.

Les combats singuliers et les fêtes chevaleresques, la construction de ces monuments appelés *gothiques,* qui virent prier les chevaliers des croisades, coïncident aussi avec l'avénement des rois de la seconde race. Hlovigh-le-Débonnaire envoie l'évêque Ebbon prêcher la foi chez les Danois. Ebbon amène à Hlovigh, Hérold, roi de ces peuples. Hlovigh se rend à Ingelheim aux bords du Rhin : « Là s'élève sur cent colonnes un palais « superbe......... Non loin du palais est une « île que le Rhin environne de ses eaux profondes, « retraite tapissée d'une herbe toujours verte, et « que couvre une sombre forêt; » chasse superbe où Judith, femme de Hlovigh, magnifiquement parée, monte un noble palefroi.

Béro et Samilon, deux guerriers de nation gothique, combattent en champ clos devant Hlovigh, auprès du château d'Aix, dans un lieu entouré de murailles de marbre, orné de terrasses gazonnées et plantées d'arbres. « Les champions, d'une haute « taille, sont montés sur des coursiers rapides; tous « deux attendent le signal qui doit être donné par « le roi. Dans l'arène paroît Gundold, qui se fait « accompagner d'un cercueil, selon son usage dans « ces occasions. » Béro est vaincu; les jeunes Franks l'arrachent à la mort, et Gundold renvoie son cercueil sous l'appentis d'où il l'avoit tiré.

Miratur Gundoldus enim, feretrumque remittit
Absque onere tectis, venerat unde, suum [1].

L'architecture dite lombarde, de l'époque des Karlovingiens, en Italie, n'étoit que l'invasion de l'architecture orientale ou néogrecque dans l'architecture romaine. Hakem, au huitième siècle, bâtit la mosquée de Cordoue, type primitif de l'architecture sarrasine occidentale. Au commencement du neuvième siècle, le palais d'Ingelheim avoit des centaines de colonnes, des toitures de formes variées, des milliers de réduits, d'ouvertures et de portes : *centum perfixa columnis.... tectaque multimoda : mille aditus, reditus, millenaque claustra domorum.* L'église présentoit de grandes portes d'airain, et de plus petites enrichies d'or : *Templa Dei.... œrati postes, aurea ostiola.* Hérold, sa femme, ses enfants et ses compagnons contem-

[1] Les savants Bénédictins ne peuvent s'empêcher de s'écrier, dans une note, avec toute la joie naïve de l'érudition : « Gratiæ sint Nigello qui veterum ritus nobis ediscerit! »

ploient avec étonnement le dôme immense de l'église : *miratur Herold, conjunx miratur, et omnes proles et socii culmina tanta Dei*. Voilà donc clairement aux huitième et neuvième siècles les mœurs, les aventures, les chants, les récits, les champions, les nains, les fêtes, les armes, l'architecture de l'époque vulgaire de la chevalerie; les voilà en même temps et à la fois d'une manière spontanée, chez les Maures et chez les chrétiens : voilà Charlemagne et le kalife Aroun, Cisher et Antar, et leurs historiens contemporains, Asmaï et le moine de Saint-Gall.

Les romanciers du douzième siècle qui ont pris Charlemagne, Roland et Ogier pour leurs héros, ne se sont donc point trompés historiquement; mais on a eu tort de vouloir faire des chevaliers un *corps* de chevalerie. Les cérémonies de la réception du chevalier, l'éperon, l'épée, l'accolade, la veille des armes, les grades de page, de damoiseau, de poursuivant, d'écuyer, sont des usages et des institutions militaires qui remplaçoient d'autres usages et d'autres institutions tombés en désuétude; mais ils ne constituoient pas un corps de troupes homogène, discipliné, agissant sous un même chef dans une même subordination.

Les ordres religieux chevaleresques ont été la cause de cette confusion d'idées; ils ont fait supposer une chevalerie historique *collective*, lorsqu'il n'existoit qu'une chevalerie historique *individuelle*. Au surplus cette chevalerie individuelle fut délicate, vaillante, généreuse, et garda l'empreinte des deux climats qui la virent éclore ; elle eut le vague et la rêverie du ciel noyé des Scandinaves, l'éclat et l'ardeur du ciel pur de l'Arabie. La chevalerie historique produisit en outre une chevalerie romanesque qui se mêla aux réalités, retentit par un extrême écho jusque dans le règne de François Ier, où elle donna naissance à Bayard, comme elle avoit enfanté Du Guesclin auprès du trône de Charles V. Le héros de Cervantes fut le dernier des chevaliers : tel est l'attrait de ces mœurs du moyen-âge et le prestige du talent, que la satire de la chevalerie en est devenue le panégyrique immortel.

Pour être reçu chevalier, dans l'origine, il falloit être noble de père et de mère, et âgé de vingt et un ans. Si un gentilhomme qui n'étoit pas de *parage* se faisoit armer chevalier, *on lui tranchoit les éperons dorés sur le fumier*. Les fils des rois de France étoient chevaliers sur les fonts de baptême : saint Louis arma ses frères chevaliers ; Du Guesclin, second parrain du second fils de Charles V, le duc d'Orléans, tira son épée et la mit nue dans la main de l'enfant nu : *Nudo tradidit ensem nudum*. Bayard, *sans paour et sans reprouche*, conféra la chevalerie à François Ier. Le roi lui dit : « Bayard, mon ami, « je veux qu'aujourd'hui sois fait chevalier par vos « mains. . . . . Avez vertueusement, en plusieurs « royaumes et provinces, combattu contre plusieurs « nations. . . . . Je délaisse la France, en laquelle « on vous connoît assez. . . . . . Dépêchez-vous. » — Alors prit son épée Bayard et dit : « Sire, autant « vaille que si estois Roland, ou Olivier, Gaudefroy

« ou Baudouyn son frère. » — Et puis après si cria haultement, l'espée en la main dextre : « Tu es bien « heureuse d'avoir aujourd'hui à un si beau et « puissant roy donné l'ordre de la chevalerie. Certes, « ma bonne espée, vous serez moult bien comme « relique gardée, et sur toutes aultres honorée ; et ne « vous porteray jamais, si ce n'est contre Turcs, « Sarrasins ou Mores. » — Et puis feit deux saults, et après remit au fourreau son espée. ».

Les chevaliers prenoient les titres de *don*, de *sire*, de *messire* et de *monseigneur*. Ils pouvoient manger à la table du roi ; eux seuls avoient le droit de porter la lance, le haubert, la double cotte de mailles, la cotte d'armes, l'or, le vair, l'hermine, le petit-gris, le velours, l'écarlate : ils mettoient une girouette sur leur donjon ; cette girouette étoit en pointe comme les pennons pour les simples chevaliers, carrée comme les bannières pour les chevaliers bannerets. On reconnoissoit de loin le chevalier à son armure : les barrières des lices, les ponts des châteaux s'abaissoient devant lui ; les hôtes qui le recevoient poussoient quelquefois le dévouement et le respect jusqu'à lui abandonner leurs femmes.

La dégradation du chevalier félon étoit affreuse : on le faisoit monter sur un échafaud ; on y brisoit à ses yeux les pièces de son armure ; son écu, le blason effacé, étoit attaché et traîné à la queue d'une cavale, monture dérogeante : le héraut d'armes accabloit d'injures l'ignoble chevalier. Après avoir récité les vigiles funèbres, le clergé prononçoit les malédictions du psaume 108. Trois fois on demandoit le nom du dégradé, trois fois le héraut d'armes répondoit qu'il ignoroit ce nom, et n'avoit devant lui qu'une foi-mentie. On répandoit alors sur la tête du patient un bassin d'eau chaude ; on le tiroit en bas de l'échafaud par une corde ; il étoit mis sur une civière, transporté à l'église, couvert d'un drap mortuaire, et les prêtres psalmodioient sur lui les prières des morts.

La chevalerie se conféroit sur la brèche, dans la mine et la tranchée d'une ville assiégée, sur un champ de bataille au moment d'en venir aux mains. Le besoin de soldats s'accroissant à mesure que les nobles périssoient, le serf fut admis à la chevalerie ; des lettres de Philippe de Valois déclarent gentilhomme le fils d'un serf qui avoit été armé chevalier : les François ont toujours attribué la noblesse à la charrue et à l'épée, et placé au même rang le laboureur et le soldat. Dans la suite, au milieu des grandes guerres contre les Anglois, on créa tant de chevaliers que ce titre s'avilit. François Ier ajouta aux deux classes de chevaliers *bannerets* et *bacheliers*, une troisième classe composée de magistrats et de gens de lettres ; ils furent appelés *chevaliers ès lois*. Enfin, il ne resta de la chevalerie qu'un nom honorifique écrit dans les actes, ou porté par les cadets de familles.

L'éducation militaire m'amène maintenant à parler de l'éducation civile dans les siècles dont nous nous occupons.

ÉDUCATION.

L'éducation chez les Perses, les Grecs et les Romains, étoit persane, grecque et romaine ; je veux dire qu'on enseignoit aux enfants ce qui regarde la patrie ; on ne les instruisoit que des lois, des mœurs, de l'histoire et de la langue de leurs aïeux. Lorsqu'à l'époque d'une civilisation avancée les Romains se prirent d'admiration pour la Grèce et vinrent aux écoles d'Athènes, ce n'étoit que la louable curiosité de quelques patriciens oisifs.

Le monde moderne a présenté un phénomène dont il n'y a aucun exemple dans le monde ancien : les enfants des Barbares se séparèrent de leur race par l'éducation ; confinés dans des colléges, ils apprirent des langues que leurs pères ne parloient point, et qui cessoient d'être parlées sur terre ; ils étudièrent des lois qui n'étoient pas celles de leur nation ; ils ne s'occupèrent que d'une société morte, sans rapport avec la société vivante de leur temps. Les vaincus, sortis d'un autre sang et perpétuant le souvenir de ce qu'ils avoient été, renfermèrent avec eux les fils de leurs vainqueurs comme des otages.

Il se forma au milieu des générations brutes un peuple d'intelligence hors de la sphère où se mouvoit la communauté matérielle, guerrière et politique. Plus l'esprit autour des écoles étoit simple, grossier, naturel, illettré, plus dans l'intérieur de ces écoles il étoit raffiné, subtil, métaphysique et savant. Les Barbares avoient commencé par égorger les prêtres et les moines; devenus chrétiens, ils tombèrent à leurs pieds. Ils s'empressèrent de contribuer à la fondation des colléges et des universités : admirant ce qu'ils ne comprenoient pas, ils crurent ne pouvoir accorder aux étudiants trop de priviléges. Une véritable république, ayant ses tribunaux, ses coutumes et ses libertés, s'établit pour les enfants au centre même de la monarchie des pères.

L'Université de Paris, fille aînée de nos rois, bien qu'elle ne descendît pas de Charlemagne, n'étoit pas la seule en France; vingt autres existoient sur son modèle; celle de Montpellier devint célèbre; on y professa le droit romain aussitôt que les exemplaires des *Pandectes* furent devenus moins rares par la découverte et les copies du manuscrit d'Amalfi. L'Angleterre, l'Écosse, l'Irlande, l'Allemagne, l'Italie, l'Espagne, le Portugal, possédoient les mêmes corps enseignants. On voit dans les hagiographes et les chroniqueurs que le même écolier, afin d'embrasser les diverses branches des sciences, étudioit successivement à Paris, à Oxford, à Mayence, à Padoue, à Salamanque, à Coïmbre. L'Université de Paris avoit une poste à son usage, long-temps avant que Louis XI eût fait un pareil établissement.

On sent quelle activité les institutions universitaires, dégagées des lois nationales, devoient donner aux esprits, combien elles devoient accroître le trésor commun des idées : or, tout arrive par les idées; elles produisent les faits, qui ne leur servent que d'enveloppe.

Une multitude de colléges s'élevèrent auprès des universités. Sous Philippe-le-Bel, qui fonda l'université d'Orléans, on vit s'établir le collége de la reine de Navarre, celui du cardinal Le Moyne, et celui de Montaigu, archevêque de Narbonne. Depuis le règne de Philippe-de-Valois jusqu'à la fin du règne de Charles V, on compte l'érection du collége des Lombards pour les écoliers italiens, des colléges de Tours, de Lisieux, d'Autun, de l'*Ave Maria*, de Mignon ou Grandmont, de Saint-Michel, de Cambrai, d'Aubusson, de Bonnecour, de Tournai, de Bayeux, des Allemands, de Boissy, de Dainville, de Maître-Gervais, de Beauvais. (*Hist. de l'Univ.*, t. III, liv. 3. *Antiq. de Paris, Trés. des Ch.*) A François Ier est dû l'établissement du Collége royal, avec les trois chaires de langues hébraïque, grecque et latine : on avoit commencé à enseigner le grec dans l'Université de Paris sous Charles VIII; on y expliquoit alors les dialogues de Platon. Henri II, Charles IX, Henri III, augmentèrent les chaires savantes d'une chaire de philosophie grecque et latine, d'une chaire de langue arabe et d'une chaire de chirurgie. Louis XIII, Louis XIV et Louis XV ajoutèrent au Collége royal des chaires pour l'étude du droit canon, pour celle des langues syriaque, turque et persane, pour l'enseignement de la littérature françoise, de l'astronomie, de la mécanique, de la chimie, de l'anatomie, de l'histoire naturelle, du droit de la nature et des gens. Le collége des Quatre-Nations rappelle le nom de Mazarin. Tout se formoit par grandes masses ou par grands corps dans l'ancienne monarchie : clergé, noblesse, tiers-état, magistrature, éducation.

Ces universités et ces colléges furent autant de foyers où s'allumèrent comme des flambeaux les génies dont la lumière pénétra les ténèbres du moyen-âge : nuit féconde, puissant chaos dont les flancs portoient un nouvel univers. Lorsque la barbarie envahit la civilisation, elle la fertilise par sa vigueur et sa jeunesse; quand, au contraire, la civilisation envahit la barbarie, elle la laisse stérile; c'est un vieillard auprès d'une jeune épouse : les peuples civilisés de l'ancienne Europe se sont renouvelés dans le lit des sauvages de la Germanie; les peuples sauvages de l'Amérique se sont éteints dans les bras des peuples civilisés de l'Europe.

Saint Bernard, Abailard, Scott, Thomas d'Aquin, Bonaventure, Albert, Roger Bacon, Henry de Gand, Hugues de Saint-Cher, Alexandre de Hallays, Alain de l'Ille, Yves de Triguer, Jacques de Voragines, Guillaume de Nangis, Jean de Mun, Guillaume Duranty, Jean Adam, Guillaume Pelletier, Barthélemi Glaunwil et Pierre Bercheur, Albert de Saxe, Froissard, Nicolas Oresme, (Jacques de Dondis, Nicolas Flamel, Accurse, Barthole, Gracien, Pierre d'Ailly, Nicolas Clémengis, Gerson, Thomas Connecte, Benoît Gentian, Jean de Courtecuisse, Vincent Ferrier, Juvénal des Ursins, Pic de la Mirandole, Chartier, Martuel d'Auvergne, François Villon et Robert Gaguin, forment la chaîne de ces hommes qui nous amènent des premiers jours du moyen-âge au temps de la renaissance des lettres. Leur célébrité fut grande, et les surnoms par lesquels on les distingua prouvent l'admiration naïve de leurs siècles. Albert fut surnommé le Grand; Thomas d'Aquin, l'Ange de l'école; Roger Bacon, le Docteur admirable; Henry de Gand, le Docteur solennel; Henry de Suze, la Splendeur du droit; Alexandre de Hallays, le Docteur irréfragable; Alain de l'Ille, le Docteur universel; Bonaventure, le Docteur séraphique; Scott, le Docteur subtil; Gilles de Rome, le Docteur très fondé.

Ces hommes, avec des talents divers, formoient des écoles, avoient des disciples comme les anciens philosophes de la Grèce. Albert inventa une machine parlante; Roger Bacon découvrit peut-être la poudre[1], le télescope et le microscope; Jacques de Dondis composa une horloge céleste ou une sphère mouvante. Saint Thomas d'Aquin est un génie tout-à-fait comparable aux plus rares génies philosophiques des temps anciens et modernes; il tient de Platon et de Malebranche pour la spiritualité, d'Aristote et de Descartes pour la clarté et la logique. Les Scottistes et les Thomistes, les Réalistes et les Nominaux ressuscitèrent les deux sectes de la forme et de l'idée. Vers l'an 1050, les écrits d'Aristote avoient été apportés par les Arabes en Espagne, et de l'Espagne ils passèrent en France. Bérenger, Abailard, Gilbert de la Porée, firent revivre la doctrine

---

[1] Connue d'ailleurs de la Chine, ainsi que la boussole, l'imprimerie, le gaz, etc.; ces découvertes matérielles devoient naturellement avoir lieu chez une société à longue vie, comme celle des Chinois.

du Stagyrite ; mais, les Pères grecs et latins ayant depuis long-temps frappé d'anathème cette doctrine, un concile, tenu à Paris en 1209, condamna au feu les écrits dans lesquels elle étoit renfermée. L'interdiction dura plus de quatre-vingts ans : on se relâcha ensuite, et en 1447 le triomphe d'Aristote fut tel, qu'on n'enseigna plus d'autre philosophie que la sienne. Un siècle après, Ramus, qui osa s'élever contre sa logique, fut la victime du fanatisme scolastique. Il fallut attendre Gassendi et Descartes pour triompher du précepteur d'Alexandre.

Duranti, Barthole, Alciat, et plus tard Cujas, furent les lumières du droit. On se fera une idée de l'influence que ces hommes exerçoient sur leur temps, en rappelant les effets de leurs leçons : la classe où Albert-le-Grand enseignoit ne suffisant plus à la multitude des auditeurs, il se vit obligé de professer en plein air, sur la place qui prit le nom de Maître-Albert. Foulques écrit à Abailard : « Rome t'envoyoit ses enfants à instruire ; et celle « qu'on avoit entendue enseigner toutes les sciences « montroit, en te passant ses disciples, que ton savoir « étoit encore supérieur au sien. Ni la distance, ni la « hauteur des montagnes, ni la profondeur des val- « lées, ni la difficulté des chemins parsemés de dan- « gers et de brigands, ne pouvoient retenir ceux qui « s'empressoient vers toi. La jeunesse angloise ne se « laissoit effrayer ni par la mer placée entre elle et « toi, ni par la terreur des tempêtes, et à ton nom « seul, méprisant les périls, elle se précipitoit en « foule. La Bretagne reculée t'envoyoit ses habitants

« pour les instruire; ceux de l'Anjou venoient te
« soumettre leur férocité adoucie. Le Poitou, la
« Gascogne, l'Ibérie, la Normandie, la Flandre, les
« Teutons, les Suédois, ardents à te célébrer, van-
« toient et proclamoient sans relâche ton génie. Et
« je ne dis rien des habitants de la ville de Paris et
« des parties de la France les plus éloignées comme
« les plus rapprochées, tous avides de recevoir tes
« leçons, comme si, près de toi seul, ils eussent pu
« trouver l'enseignement [1]. »

La foule des maîtres et des écoliers de l'Université étoit telle, quand ils alloient en procession à Saint-Denis, que les premiers rangs du cortége entroient dans la basilique de l'abbaye, lorsque les derniers sortoient de l'église des Mathurins de Paris. Appelée à donner son vote sur la question de l'extinction du schisme, l'Université fournit dix mille suffrages; elle proposa d'envoyer à un enterrement vingt-cinq mille écoliers pour en augmenter la pompe. On voit ce grand corps figurer dans toutes les crises politiques de la monarchie, et particulièrement sous les règnes de Charles V, de Charles VI et de Charles VII. Factieux ou fidèle, il lâchoit ou retenoit les flots populaires, tandis que des esprits novateurs, élevés à ses leçons, agitoient les questions religieuses, poussoient, par la hardiesse de leurs doctrines, par leurs déclamations contre les vices du clergé et des grands, à ces réformes dont

---

[1] Cette élégante traduction est d'une femme. *OEuvres de madame* GUIZOT.

Arnaud de Brescia avoit donné l'exemple en Italie, et Wickleff en Angleterre.

Cette vie des universités et des colléges occupe une place considérable dans le tableau des mœurs générales, qui me reste à peindre.

MŒURS GÉNÉRALES DES XII°, XIII° ET XIV° SIÈCLES.

L'histoire moderne doit prendre soin de détruire un mensonge, non des chroniqueurs qui sont unanimes sur la corruption des bas siècles, mais de l'ignorance et de l'esprit de parti des temps où nous vivons : on s'est figuré que si le moyen-âge étoit barbare, du moins la morale et la religion faisoient le contre-poids de sa barbarie; on se représente les anciennes familles, grossières sans doute, mais assises dans une sainte union à l'âtre domestique avec toute la simplicité de l'âge d'or. Rien de plus contraire à la vérité.

Les Barbares s'établirent au milieu de la société romaine dépravée par le luxe, dégradée par l'esclavage, pervertie par l'idolâtrie. Les Franks, très peu nombreux, relativement à la population gallo-romaine, ne purent assainir les mœurs; ils étoient eux-mêmes fort corrompus quand ils entrèrent en Gaule.

C'est une grande erreur que d'attribuer l'innocence à l'état sauvage; tous les appétits de la nature se développent sans contrôle dans cet état : la civilisation seule enseigne les qualités morales. La profession des armes, qui inspire certaines vertus, ne produit point la tempérance : Sainte-Palaye est obligé de convenir que les chevaliers ne se recommandoient guère par la rigidité des mœurs.

De la société romaine et de la société barbare résulta une double corruption; on reconnoît très bien les vices de l'une ou de l'autre société, comme on distingue à leur confluent les eaux de deux fleuves qui s'unissent : la rapine, la cruauté, la brutalité, la luxure animale, étoient frankes; la bassesse, la lâcheté, la ruse, la turpitude de l'esprit, la débauche raffinée, étoient romaines.

Et ces remarques ne se doivent pas entendre de quelques années, de quelques règnes : elles s'appliquent aux siècles qui précèdent le moyen-âge, depuis le règne de Khlovigh jusqu'à celui de Hugues Capet; et aux siècles du moyen-âge, depuis le règne de Hugues Capet jusqu'à celui de François Ier.

Le christianisme chercha, autant qu'il le put, à guérir la gangrène des temps barbares; mais l'esprit de la religion étoit moins suivi que la lettre; on croyoit plus à la croix qu'à la parole du Christ; on adoroit au Calvaire; on n'assistoit point au sermon de la Montagne. Le clergé se déprava comme la foule. Si l'on veut pénétrer à fond l'état intérieur de cette époque, il faut lire les conciles et les chartes d'abolition (lettres de grâce accordées par les rois); là se montrent à nu les plaies de la société. Les conciles reproduisent sans cesse les plaintes contre la licence des mœurs, et la recherche des remèdes à y apporter ; les chartes d'abolition gardent les détails des jugements et des crimes qui motivoient les lettres-royaux. Les capitulaires de Charlemagne et de ses successeurs sont remplis de dispositions pour la réformation du clergé.

On connoît l'épouvantable histoire du prêtre Anastase enfermé vivant avec un cadavre, par la vengeance de l'évêque Caulin (Grégoire de Tours). Dans les canons ajoutés au premier concile de Tours, sous l'épiscopat de saint Perpert, on lit : « Il « nous a été rapporté que des prêtres, ce qui est « horrible (*quod nefas*), établissoient des auberges « dans les églises, et que le lieu où l'on ne doit en- « tendre que des prières et des louanges de Dieu « retentit du bruit des festins, de paroles obscènes, « de débats et de querelles. »

Baronius, si favorable à la cour de Rome, nomme le dixième siècle le siècle de fer, tant il voit de désordres dans l'Église. L'illustre et savant Gherbert, avant d'être pape sous le nom de Sylvestre II, et n'étant encore qu'archevêque de Reims, disoit : « Déplorable Rome ! tu donnas à nos ancêtres les « lumières les plus éclatantes, et maintenant tu n'as « plus que d'horribles ténèbres....... Nous avons vu « Jean Octavien conspirer, au milieu de mille pros- « tituées, contre le même Othon qu'il avoit pro- « clamé empereur. Il est renversé, et Léon le Néo- « phyte lui succède. Othon s'éloigne de Rome, et « Octavien y rentre ; il chasse Léon, coupe les « doigts, les mains et le nez au diacre Jean, et

« après avoir ôté la vie à beaucoup de personnages
« distingués, il périt bientôt lui-même...... Sera-t-il
« possible de soutenir encore qu'une si grande
« quantité de prêtres de Dieu, dignes par leur vie et
« leur mérite d'éclairer l'univers, se doivent sou-
« mettre à de tels monstres, dénués de toute connois-
« sance des sciences divines et humaines ? »

Il nous reste une satire d'Adalbéron, évêque de Laon ; c'est un dialogue entre le poëte et le roi Robert. « Adalbéron représente les juges obligés de
« porter le capuchon ; les évêques dépouillés réduits
« à suivre la charrue ; et les siéges épiscopaux, quand
« ils viennent à vaquer, occupés par des mariniers
« et des pâtres. Un moine est transformé en sol-
« dat ; il porte un bonnet de peau d'ours ; sa robe,
« naguère longue, est écourtée, fendue par-devant
« et par derrière ; à sa ceinture étroite est suspendu
« un arc, un carquois, des tenailles, une épée. Il
« n'y avoit autrefois, parmi les ministres du Sei-
« gneur, ni bourreaux, ni aubergistes, ni gardeurs
« de cochons et de boucs ; ils n'alloient point au
« marché public ; ils ne faisoient point blanchir les
« étoffes. »

Adalbéron, étendant son sujet, remarque que le noble et le serf ne sont pas soumis à la même loi, que le noble est entièrement libre. Le roi prend la défense de la condition servile : « Cette classe, dit-
« il, ne possède rien sans l'acheter par un dur tra-
« vail. Qui pourroit compter les peines, les courses
« et les fatigues qu'ont à supporter les serfs ? Il n'y
« a aucune fin à leurs larmes. » Adalbéron répond

« que la famille du Seigneur est divisée en trois
« classes : l'une prie, l'autre combat, la troisième
« travaille. »

Adalbéron avoit vu finir la seconde race et commencer la troisième ; il avoit joué un rôle dans les trahisons qui se pratiquent à la chute et au renouvellement des empires. Peut-être avoit-il été lié intimement avec Emma, femme de Lother, quoiqu'il fût évêque ; il étoit d'une grande famille de Lorraine ; il avoit étudié sous Gherbert ; il n'aimoit pas les moines, et il entroit dans la querelle des évêques nobles contre les religieux plébéiens. On retrouve en lui cette partie de la société intelligente qui ne fut jamais barbare.

Saint Bernard ne montre pas plus d'indulgence aux vices de son siècle ; saint Louis fut obligé de fermer les yeux sur les prostitutions et les désordres qui régnoient dans son armée. Pendant le règne de Philippe-le-Bel, un concile est convoqué exprès pour remédier au débordement des mœurs. L'an 1351 les prélats et les ordres mendiants exposent leurs mutuels griefs à Avignon, devant Clément VII. Ce pape, favorable aux moines, apostrophe les prélats : « Parlerez-vous d'humilité, vous,
« si vains et si pompeux dans vos montures et vos
« équipages ? Parlerez-vous de pauvreté, vous si
« avides que tous les bénéfices du monde ne vous
« suffiroient pas ? Que dirai-je de votre chasteté ?...
« Vous haïssez les mendiants ; vous leur fermez vos
« portes, et vos maisons sont ouvertes à des syco-
« phantes et à des infâmes (*lenonibus et truffatoribus*). »

La simonie étoit générale; les prêtres violoient presque partout la règle du célibat; ils vivoient avec des femmes perdues, des concubines et des chambrières; un abbé de Noreïs avoit dix-huit enfants. En Biscaye on ne vouloit que des prêtres qui eussent des *commères*, c'est-à-dire des femmes supposées légitimes.

Pétrarque écrit à l'un de ses amis : « Avignon est « devenu un enfer, la sentine de toutes les abomina- « tions. Les maisons, les palais, les églises, les chaires « du pontife et des cardinaux, l'air et la terre, tout « est imprégné de mensonge; on traite le monde fu- « tur, le jugement dernier, les peines de l'enfer, les « joies du paradis, de fables absurdes et puériles. » Pétrarque cite à l'appui de ses assertions des anec- dotes scandaleuses sur les débauches des cardinaux. Et lui-même, abbé, chaste et fidèle amant de Laure, étoit entouré de bâtards : *Ebbe allora un figliuolo naturale, e, dopo alcuni anni, una figliuola; ma protestò che, non ostante queste licenze, egli non amò mai altra che Laura.* (Saggi.)

Dans un sermon prononcé devant le pape, en 1364, le docteur Nicolas Oresme prouva que l'Ante- christ ne tarderoit pas à paroître, par six raisons, tirées de la perte de la doctrine, de l'orgueil des prélats, de la tyrannie des chefs de l'Église, et de leur aversion pour la vérité.

Les sirventes, qui n'épargnoient ni les papes, ni les rois, ni les nobles, ne ménageoient pas plus le clergé que les sermons. « Dis donc, seigneur évê- « que, tu ne seras jamais sage qu'on ne t'ait rendu

« eunuque. — Ah! faux clergé, traître, menteur,
« parjure, débauché! Saint Pierre n'eut jamais
« rentes, ni châteaux, ni domaines; jamais il ne
« prononça excommunication. Il y a des gens d'église
« qui ne brillent que par leur magnificence, et qui
« marient à leurs neveux les filles qu'ils ont eues de
« leur mie. » (RAYNOUARD, *Troubadours*.)

« Une vile multitude, qui ne combattit jamais,
« enlève aux nobles leur tour et leur chastel : le
« bouc attaque le loup. »—« Notre évêque vend une
« bière mille sous à ses amis décédés. » — « C'est le
« pape qui règne; il rampe aux pieds du monarque
« puissant, il accable le roi malheureux. »

Toute la terre féodale se ressembloit; mêmes censures en Angleterre :

> An other abbai is ther bi,
> For soth a gret nunnerie, etc.

« Auprès d'une abbaye se trouve un couvent de
« nonnes, au bord d'une rivière douce comme du
« lait. Aux jours d'été les jeunes nonnes remontent
« cette rivière en bateau, et quand elles sont loin
« de l'abbaye, le diable se met tout nu, se couche
« sur le rivage, et se prépare à nager. Agile, il enlève
« les jeunes moines, et revient chercher les nonnes.
« Il enseigne à celles-ci une oraison : le moine, bien
« disposé, aura douze femmes à l'année, et il de-
« viendra bientôt le père abbé. » Je supprime de grossières obscénités en vieux anglois.

Le *credo* de Pierre, laboureur (Piter Plowman), est une satire amère contre les moines mendiants :

> I fond in a freture a Frere on a benche, etc.

« J'ai rencontré, assis sur un banc, un Frère
« affreux ; il étoit gros comme un tonneau ; son
« visage étoit si plein qu'il avoit l'air d'une vessie
« remplie de vent, ou d'un sac suspendu à ses deux
« joues et à son menton. C'étoit une véritable oie
« grasse qui faisoit remuer sa chair comme une
« boue tremblante. »

Les châtelains et les châtelaines chantoient, aimoient, se gaudissoient, et par moments ne croyoient pas trop en Dieu. Le vicomte de Beaucaire menace son fils Aucassin de l'enfer, s'il ne se sépare de Nicolette, sa mie. Le damoiseau répond qu'il se soucie fort peu du paradis, rempli de moines fainéants demi-nus, de vieux prêtres crasseux et d'ermites en haillons. Il veut aller en enfer, où les grands rois, les paladins, les barons, tiennent leur cour plénière; il y trouvera de belles femmes qui ont aimé des ménestriers et des jongleurs, amis du vin et de la joie. (LE GRAND D'AUSSI, RAYNOUARD, *Hist. de Phil. Aug.*, CAPEFIGUE, etc.) Un troubadour demande un *pater*, pour que Dieu accorde à tous ceux qui aimèrent, comme le fils du châtelain d'Aupais, le plaisir qu'il eut une nuit avec Ogine. La dame, comtesse de Die, écrit au troubadour Rambaud, comte d'Orange : « Mon bel ami, viens
« ce soir occuper dans ma couche la place de mon
« mari. » La comtesse de Die étoit présidente de la cour d'amour. Guillaume, comte de Poitiers, fonda à Niort une maison de débauche, sur le modèle d'une abbaye : chaque *religieuse* avoit une cellule, et formoit des vœux de plaisirs ; une prieure et

une abbesse gouvernoient la communauté, et les vassaux de Guillaume furent invités à doter richement le monastère. Il y avoit des *maréchaux de prostituées*.

On voit un comte d'Armagnac, Jean V, épouser publiquement sa sœur, et vivre avec elle dans son château, en tout honneur de baronnage. Les fureurs lubriques du maréchal de Rais ne sont ignorées de personne.

Ces nobles de la gaie science n'étoient pas toujours si courtois et si damoiseaux qu'ils ne se transformassent en brigands sur les grands chemins et dans les forêts. Les bourgeois de Laon appelèrent à leur secours Thomas de Coucy, seigneur du château de Marne. Thomas, tout jeune encore, pilloit les pauvres et les pèlerins qui se rendoient à Jérusalem, et qui revenoient de la Terre-Sainte. Afin d'obtenir de l'argent de ses captifs, il les accrochoit de sa propre main, *testiculis appendebat propria aliquotiens manu* (GUIBERTI, *de vita sua*); une rupture s'opérant par le poids du corps, les intestins sortoient à travers l'ouverture. Thomas pendoit encore d'autres malheureux par les pouces, et leur mettoit de grosses pierres sur les épaules pour ajouter à leur pesanteur naturelle; il se promenoit en dessous de ces gibets vivants, et achevoit, à coups de bâton, les victimes qui ne possédoient rien, ou qui refusoient de payer. Ayant un jour jeté un lépreux au fond d'un cachot, le nouveau Cacus fut assiégé dans son antre par tous les lépreux de la contrée.

Un seigneur de Tournemine, assigné dans son

manoir d'Auvergne par un huissier appelé *Loup*, lui fit couper le poing, disant que jamais loup ne s'étoit présenté à son château sans qu'il n'eût laissé sa pate clouée à la porte.

Régnault de Pressigny, seigneur de Marans près de La Rochelle, rançonneur de bourgeois, voleur de grands chemins, détrousseur de passants, se plaisoit à crever un œil, et à arracher la barbe à tout moine traversant les terres de sa seigneurie. Quand il envoyoit au supplice les malheureux qui refusoient de se racheter, et que ceux-ci en appeloient à la justice du roi, Pressigny, qui apparemment savoit le latin, leur répondoit en équivoquant sur les mots, qu'ils se plaignoient à tort de ne pas mourir dans les règles, qu'ils mouroient *jure aut injuria*.

Le moyen-âge offre un tableau bizarre qui semble être le produit d'une imagination puissante, mais déréglée. Dans l'antiquité, chaque nation sort pour ainsi dire de sa propre source; un esprit primitif, qui pénètre tout et se fait sentir partout, rend homogènes les institutions et les mœurs. La société du moyen-âge étoit composée des débris de mille autres sociétés: la civilisation romaine, le paganisme même, y avoient laissé des traces; la religion chrétienne y apportoit ses croyances et ses solennités; les Barbares franks, goths, bourguignons, anglo-saxons, danois, normands, retenoient les usages et le caractère propres à leurs races. Tous les genres de propriété se mêloient, toutes les espèces de lois se confondoient: l'aleu, le fief, la main-mortable, le Code, le Digeste, les lois salique, gombette, wisigothe, le droit coutumier. Toutes les formes de liberté et de servitude se rencontroient : la liberté monarchique du roi, la liberté aristocratique du noble, la liberté individuelle du prêtre, la liberté collective des communes; la liberté privilégiée des villes, de la magistrature, des corps de métiers et des marchands; la liberté représentative de la nation; l'esclavage romain, le servage barbare, la servitude de l'aubain. De là ces spectacles incohérents, ces usages qui se paroissent contredire, qui ne se tiennent que par le lien de la religion. On diroit des peuples divers n'ayant aucun rapport les uns avec les autres, étant seulement convenus de vivre sous un commun maître autour d'un même autel.

Jusque dans son apparence extérieure, la France offroit alors un tableau plus pittoresque et plus national qu'elle ne le présente aujourd'hui. Aux monuments nés de notre religion et de nos mœurs, nous avons substitué, par une déplorable affectation de l'architecture bâtarde romaine, des monuments qui ne sont ni en harmonie avec notre ciel, ni appropriés à nos besoins; froide et servile copie, laquelle a porté le mensonge dans nos arts, comme le calque de la littérature latine a détruit dans notre littérature l'originalité du génie frank. Ce n'étoit pas ainsi qu'imitoit le moyen-âge; les esprits de ce temps-là admiroient aussi les Grecs et les Romains; ils recherchoient et étudioient leurs ouvrages; mais, au lieu de s'en laisser dominer, ils les maîtrisoient, les façonnoient à leur guise, les rendoient françois, et ajoutoient à leur beauté par cette métamorphose pleine de création et d'indépendance.

Les premières églises chrétiennes dans l'Occident ne furent que des temples retournés : le culte païen étoit extérieur, la décoration du temple fut extérieure ; le culte chrétien étoit intérieur, la décoration de l'église fut intérieure. Les colonnes passèrent du dehors au dedans de l'édifice, comme dans les basiliques où se tinrent les assemblées des fidèles quand ils sortirent des cryptes et des catacombes. Les proportions de l'église surpassèrent en étendue celles du temple, parce que la foule chrétienne s'entassoit sous la voûte de l'église, et que la foule païenne étoit répandue sous le péristyle du temple. Mais lorsque les chrétiens devinrent les maîtres, ils changèrent cette économie, et ornèrent aussi du côté du paysage et du ciel leurs édifices.

L'architecture néogrecque, par une même émancipation de l'esprit humain, se montra en Orient avec le néoplatonisme ; il étoit naturel que les arts suivissent les idées, et surtout les idées religieuses auxquelles ils sont appliqués de préférence chez les peuples. Les premiers essais, ou plutôt les premiers jeux de cette architecture, se firent remarquer dans les temples de Daphné, de Balbek et de Palmyre : elle se développa en Syrie dans les monuments de sainte Hélène ; elle devenoit chrétienne à Jérusalem, à l'époque où le néoplatonisme devenoit chrétien au concile de Nicée. Justinien la

fit régner en bâtissant, sur les fondements de la Sainte-Sophie romaine de Constance, la Sainte-Sophie néogrecque d'Isidore de Milet. De là elle passa en Italie, et déploya son art dans l'église octogone de Saint-Vital à Ravenne : Charlemagne, au huitième siècle, reproduisit ce monument agrandi à Aix-la-Chapelle. « Il édifia églises et abbayes en
« divers lieux, en l'honneur de Dieu et au profit
« de son âme. Aucunes en commença et aucunes en
« parfit. Entre les autres fonda l'église de Aix-la-
« Chapelle, d'œuvre merveilleuse, en l'honneur de
« Notre-Dame Sainte-Marie......... Divers palais
« commença en divers lieux, d'œuvre coûteuse : un
« en fit auprès de la cité de Mayence, de lez une
« ville qui a nom Ingelheim; un autre en la cité,
« sur le fleuve de Vahalam. Si commanda dans tout
« son royaume, à tous les évêques et à tous ceux à
« qui les cures appartenoient, que toutes les égli-
« ses et toutes les abbayes qui étoient déchues par
« vieillesse fussent refaites et restaurées : et pour ce
« que cette chose ne fût mise en non chaloir, il leur
« mandoit expressément par ses messages qu'ils ac-
« complissent ses commandements. »

Trois siècles plus tard, l'architectonique nouvelle aborda une seconde fois aux rivages latins, et annonça son retour par l'édification de la cathédrale de Pise. Il y a des erreurs que la voix populaire consacre, et auxquelles la science est obligée de se soumettre : le néogrec, en Italie, fut appelé *l'architecture lombarde*, et en France, *l'architecture gothique*; et, ni les Lombards, ni les Goths, n'y avoient mis la main; Théodoric même se contenta d'imiter ou de réparer les masses du Forum et du Champ-de-Mars.

Tandis que l'architecture néogrecque, infidèle au Panthéon abandonné, s'emparoit des édifices chrétiens, elle envahissoit aussi les édifices mahométans. Les Arabes l'*orientalisèrent* pour le calife Aroun et les *Mille et une Nuits;* ils l'emmenèrent avec eux dans leurs conquêtes; elle arriva de la mosquée du Kaire en Égypte à celle de Cordoue en Espagne, à peu près au moment où les exarques de Ravenne l'introduisoient en Italie. Ainsi la puînée de l'Ionie parut dans l'Europe occidentale, portant d'une main l'étendard du prophète, et de l'autre celui du Christ: l'Alhambra à Grenade, et Saint-Marc à Venise, témoignent de son inconstance et des merveilles de ses caprices. Plus d'ordres distincts, plus d'architraves ou architraves brisées: au lieu de portique un portail; au lieu de fronton une façade; au lieu de frise, de corniche et d'entablement, une balustrade.

Enfin, avec le treizième siècle rayonna cette architecture à ogives, qui se plut surtout dans les pays de la domination franke, saxonne et germanique; au-delà des Pyrénées et des Alpes, elle rencontra les préjugés et les chefs-d'œuvre de l'architecture mozarabique, du style bâtard romain, et du primitif dorique de la Grande-Grèce. L'architecture à ogives fut une conquête des croisades de Philippe-Auguste et de saint Louis.

A la colonnette écourtée, aux grosses colonnes à

chapiteaux historiés, succédèrent les minces et longues colonnes en faisceaux, ramifiées à leurs sommets, s'épanouissant en fusées, projetant dans les airs leurs délicates nervures qui devenoient comme la fragile charpente des combles. Au plein cintre des arches, aux voussures en anse de panier, se substituèrent les ogives, arceaux en forme d'arête dont l'origine est peut-être persane ; et le patron la feuille du mûrier indien, si toutefois l'ogive n'est pas le simple tracé d'un crayon facile. L'ogive ne se sépare pas tellement du néogrec qu'on ne l'y retrouve comme cent autres traits.

Le cercle, figure géométrique rigoureuse, ne laisse rien à l'arbitraire ; l'ellipse, courbe flexible, se renfle ou se redresse au gré de celui qui l'emploie : l'ogive, dont le foyer n'est que la rencontre des deux ellipses d'un triangle curviligne, se pouvoit donc élargir et rétrécir depuis le plus court diamètre jusqu'au diamètre le plus long ; propriété qui laissoit un jeu immense au goût de l'artiste, et qui explique la variété du gothique. Pas un seul monument dans cet ordre ne ressemble à l'autre, et dans chaque monument aucun détail n'est invinciblement symétrique ; l'ornement même est quelquefois calculé pour ne pas produire son effet naturel : de petites figures logées dans des niches, ou dans les moulures concentriques des portes, y sont arrangées de manière qu'on les prendroit pour des arabesques, des volutes, des enroulements, des astragales, et non pour des dispositions de la statuaire.

18.

En imitant les constructions sarrasines, les architectes chrétiens les exhaussèrent et les dilatèrent ; ils plantèrent mosquées sur mosquées, colonnes sur colonnes, galeries sur galeries ; ils attachèrent des ailes aux deux côtés du chœur, et des chapelles aux ailes. Partout la ligne spirale remplaça la ligne droite ; au lieu du toit plat ou bombé, se creusa une voûte étroite fermée en cercueil ou en carène de vaisseau ; les tours ouvragées dépassèrent en hauteur les minarets.

La chrétienté élevoit à frais communs, au moyen des quêtes et des aumônes, ces cathédrales dont chaque État en particulier n'étoit pas assez riche pour payer la main-d'œuvre, et dont aucune n'est achevée. Dans ces vastes et mystérieux édifices se gravoient en relief ou en creux, comme avec un emporte-pièce, les parures de l'autel, les monogrammes sacrés, les vêtements et les choses à l'usage des ministres : les bannières, les croix de divers agencements, les calices, les ostensoirs, les dais, les chapes, les capuchons, les crosses, les mitres dont les formes se retrouvent dans le gothique, conservoient les symboles du culte en produisant des effets d'art inattendus ; assez souvent les gouttières étoient taillées en figures de démons obscènes ou de moines vomissants. Cette architecture du moyen-âge offroit un mélange du tragique et du bouffon, du gigantesque et du gracieux, comme les poëmes et les romans de la même époque.

Les plantes de notre sol, les arbres de nos bois, le trèfle et le chêne, décoroient aussi les églises, de même que l'acanthe et le palmier avoient embelli les temples du pays et du siècle de Périclès. Au dedans une cathédrale étoit une forêt, un labyrinthe dont les mille arcades, à chaque mouvement du spectateur, s'intersectoient, se séparoient, s'enlaçoient de nouveau en chiffres, en cerceaux, en méandres; cette forêt étoit éclairée par des rosaces à jour incrustées de vitraux peints, qui ressembloient à des soleils brillants de mille couleurs sous la feuillée: en dehors cette même cathédrale avoit l'air d'un monument auquel on auroit laissé sa cage, ses arcs-boutants et ses échafauds; et, afin que les appuis de la nef aérienne n'en déparassent pas la structure, le ciseau les avoit taillades; on n'y voyoit plus que des arches de ponts, des pyramides, des aiguilles et des statues.

Les ornements qui n'adhéroient pas à l'édifice se marioient à son style: les tombeaux étoient de forme gothique, et la basilique, qui s'élevoit comme un grand catafalque au-dessus d'eux, sembloit s'être moulée sur leur forme. On admire encore à Auch un de ces chœurs en bois de chêne si communs dans les abbayes, et qui répétoient les ornements de l'architecture. Tous les arts du dessin participoient de ce goût fleuri et composite: sur les murs et sur les vitraux étoient peints des paysages, des scènes de la religion et de l'histoire nationale.

Dans les châteaux les armoiries coloriées, encadrées dans des losanges d'or, formoient des plafonds semblables à ceux des beaux palais du *cinque cento* de l'Italie. L'écriture même étoit dessinée;

l'hiéroglyphe germanique, substitué au jambage rectiligne romain, s'harmonioit avec les écussons et les pierres sépulcrales. Les tours isolées qui servoient de vedettes sur les hauteurs ; les donjons enserrés dans les bois, ou suspendus sur la cime des rochers comme l'aire des vautours ; les ponts pointus et étroits jetés hardiment sur les torrents ; les villes fortifiées que l'on rencontroit à chaque pas, et dont les créneaux étoient à la fois des remparts et des ornements; les chapelles, les oratoires, les ermitages placés dans les lieux les plus pittoresques au bord des chemins et des eaux ; les beffrois, les flèches des paroisses de campagne, les abbayes, les monastères, les cathédrales ; tous ces édifices que nous ne voyons plus qu'en petit nombre et dont le temps a noirci, obstrué, brisé les dentelles ; tous ces édifices avoient alors l'éclat de la jeunesse ; ils sortoient des mains de l'ouvrier : l'œil, dans la blancheur de leurs pierres, ne perdoit rien de la légèreté de leurs détails, de l'élégance de leurs réseaux, de la variété de leurs guillochis, de leurs gravures, de leurs ciselures, de leurs découpures, et de toutes les fantaisies d'une imagination libre et inépuisable.

Veut-on savoir à quel point la France étoit couverte de ces monuments? les treize volumes de la *Gallia Christiana*, qui n'est pas achevée, donnent mille cinq cents abbayes ou fondations monastiques. Le pouillé général fournit un total de trente mille quatre cent dix-neuf cures, dix-huit mille cinq cent trente-sept chapelles, quatre cent vingt chapitres ayant églises, deux mille huit cent soixante-douze prieurés, neuf cent trente et une maladreries ; et le pouillé est fort incomplet. Jacques Cœur comptoit dix-sept cent mille clochers en France, et la *Satire Ménippée* reproduit le même calcul.

Ce n'est pas trop de donner un château, chastel, ou chastillon, par douze clochers. Tout seigneur qui possédoit trois châtellenies, et une *ville close* avoit droit de justice : or on comptoit en France soixante-dix mille fiefs ou arrière-fiefs, dont trois mille étoient titrés (voy. plus haut, pag. 226). Une moyenne proportionnelle fournit, sur ces soixante-dix mille fiefs, sept mille justices hautes ou basses, et suppose par conséquent sept mille *villes closes* ou fortifiées; somme totale approximative des monuments (tant églises que chapelles, villes, châteaux, etc.), un million huit cent soixante-douze mille neuf cent vingt-six, sans parler des basiliques, des monastères renfermés dans les cités, des palais royaux et épiscopaux, des hôtels de ville, des halles publiques, des ponts, des fontaines, des amphithéâtres, aquéducs et temples romains encore existants dans le midi de la France. Voilà, certes, un sol bien autrement orné qu'il ne l'est aujourd'hui. L'architecture religieuse, civile et militaire gothique, pyramidoit et attiroit de loin les yeux; la moderne architecture civile, et la nouvelle architecture militaire appropriée aux nouvelles armes, ont tout rasé : nos monuments se sont abaissés et nivelés comme nos rangs.

Notre temps laissera-t-il des témoins aussi multipliés de son passage que le temps de nos pères ? Qui bâtiroit maintenant des églises et des palais dans tous les coins de la France ? nous n'avons plus la royauté de race, l'aristocratie héréditaire, les grands corps civils et marchands, la grande propriété territoriale, et la foi qui a remué tant de pierres. Une liberté d'industrie et de raison ne peut élever que des bourses, des magasins, des manufactures, des bazars, des cafés, des guinguettes; dans les villes des maisons économiques, dans les campagnes des chaumières, et partout de petits tombeaux. Dans cinq ou six siècles, lorsque la religion et la philosophie solderont leurs comptes, lorsqu'elles supputeront les jours qui leur auront appartenu, que l'une et l'autre dresseront le pouillé de leurs ruines, de quel côté sera la plus large part de vie écoulée, la plus grosse somme de souvenirs ?

La population en mouvement autour des édifices du moyen-âge est décrite dans les chroniques et peinte dans les vignettes; elle égaloit presque la population d'aujourd'hui. J'estime, d'après des calculs dont je ne puis insérer les preuves dans une analyse, que la surface du sol françois, tel qu'il existe maintenant, étoit couverte par vingt-cinq millions d'hommes : ce chiffre se déduit des rôles de l'impôt, de la levée des hommes d'armes, du recensement des habitants des villes, et du dénombrement des masses communales quand elles étoient appelées sous leurs bannières.

Le pays étoit riche et bien cultivé; c'est ce que

démontrent l'immensité et la variété des taxes royales et seigneuriales que j'ai sommairement indiquées.

Lorsque Édouard III, après avoir rendu hommage à Philippe de Valois, retourna en Angleterre, « la « reine Philippe de Hainaut le reçut, disent les chro- « niques, moult joyeusement, et lui demanda des « nouvelles du roi Philippe son oncle et de son « grand lignage de France : le roi son mari lui en « recorda assez et du grand état qu'il avoit trouvé, « et des honneurs qui étoient en France, auxquelles « de faire, ni de l'entreprendre à faire, nul autre « pays ne s'accomparaige. » Il est certain que la guerre, quand elle n'extermine pas totalement les peuples, les multiplie: elle influe sur les institutions plus que sur les hommes : la féodalité, qui dut sa naissance et son pouvoir à la guerre, fut renversée par elle sous le règne de Philippe de Valois, du roi Jean, de Charles V, de Charles VI et de Charles VII.

Les diverses classes de la société et les différentes provinces, dans le moyen-âge, se distinguoient les unes par la forme des habits, les autres par des modes locales : les populations n'avoient pas cet aspect uniforme qu'une même manière de se vêtir donne à cette heure aux habitants de nos villes et de nos campagnes. La noblesse, les chevaliers, les magistrats, les évêques, le clergé séculier, les religieux de tous les ordres, les pèlerins, les pénitents gris, noirs et blancs, les ermites, les confréries, les corps de métiers, les bourgeois, les paysans, offroient une variété infinie de costumes; nous voyons encore quelque chose de cela en Italie. Sur ce point il s'en faut rapporter aux arts : que peut faire le peintre de notre vêtement étriqué, de notre petit chapeau rond et de notre chapeau à trois cornes ?

Du douzième au quatorzième siècle, le paysan et l'homme du peuple portèrent la jaquette ou la casaque grise liée aux flancs par un ceinturon. Le sayon de peau ou le *péliçon*, dont est venu le surplis, étoit commun à tous les états. La pelisse fourrée et la robe longue orientale enveloppoient le chevalier quand il quittoit son armure ; les manches de cette robe couvroient les mains ; elle ressembloit au cafetan turc d'aujourd'hui : la toque ornée de plumes, le capuchon ou chaperon, tenoient lieu du turban. De la robe ample on passa à l'habit étroit, puis on revint à la robe qui fut blasonnée sous Charles V. Les hauts-de-chausses, si courts et si serrés qu'ils en étoient indécents, s'arrêtoient au milieu de la cuisse ; les deux bas-de-chausses étoient dissemblables ; on avoit une jambe d'une couleur et une jambe de l'autre. Il en étoit de même du hoqueton mi-parti noir et blanc, et du chaperon mi-parti bleu et rouge. « Et si étoient leurs robes « si étroites à vêtir et à dépouiller, qu'il sembloit « qu'on les écorchât. Les autres avoient leurs robes « relevées sur les reins comme femmes : si avoient « leurs chaperons découpés menument tout en tour. « Et si avoient leurs chausses d'un drap et l'autre de « l'autre. Et leur venoient leurs cornettes et leurs

« manches près de terre, et sembloient mieux être
« jongleurs qu'autres gens. Et pour ce ne fut pas
« merveilles si Dieu voulut corriger les mesfaits des
« François par son fléau. » L'étalage du luxe est
odieux sans doute au milieu de la misère publique ;
mais le goût de la parure distingua notre nation
alors même qu'elle étoit encore sauvage dans les
bois de la Germanie. Un François met ses plus
beaux habits pour marcher à l'échafaud ou à
l'ennemi comme pour aller à un festin ; ce qui
l'excuse, c'est qu'il ne tient pas plus à sa vie qu'à
son vêtement.

Par-dessus la robe, dans les jours de cérémonie,
on attachoit un manteau tantôt court, tantôt long.
Le manteau de Richard Ier étoit fait d'une étoffe à
raies, semé de globes et de demi-lunes d'argent, à
l'imitation du système céleste (Winisauf). Des
colliers pendants servoient également de parure
aux hommes et aux femmes.

Les souliers pointus et rembourrés à la *poulaine*
furent long-temps en vogue. L'ouvrier en découpoit le dessus comme des fenêtres d'église ; ils
étoient longs de deux pieds pour le noble, ornés à
l'extrémité de cornes, de griffes ou de figures
grotesques ; ils s'allongèrent encore, de sorte qu'il
devint impossible de marcher sans en relever la
pointe et l'attacher au genou avec une chaîne d'or
ou d'argent. Les évêques excommunièrent les
souliers à la poulaine, et les traitèrent de *péché
contre nature ;* Charles V déclara qu'ils étoient *contre
les bonnes mœurs,* et *inventés en dérision du Créateur*.

En Angleterre, un acte du parlement défendit aux cordonniers de fabriquer des souliers ou des bottines dont la pointe excédât deux pouces. Les larges babouches carrées par le bout remplacèrent la chaussure à bec. Les modes varioient autant que de nos jours; on connoissoit le chevalier ou la dame qui le premier ou la première avoit imaginé une *haligote* (mode) nouvelle : l'inventeur des souliers à la poulaine étoit le chevalier Robert-le-Cornu (W. MAMLSBURY).

Les gentilfames usoient sur la peau d'un linge très-fin ; elles étoient vêtues de tuniques montantes enveloppant la gorge, armoiriées à droite de l'écu de leur mari, à gauche de celui de leur famille. Tantôt elles portoient leurs cheveux ras, lissés sur le front et recouverts d'un petit bonnet entrelacé de rubans; tantôt elles les bâtissoient en pyramide haute de trois pieds; elles y suspendoient ou des barbettes, ou de longs voiles, ou des banderoles de soie tombant jusqu'à terre et voltigeant au gré du vent: au temps de la reine Isabeau, on fut obligé d'élever et d'élargir les portes pour donner passage aux coiffures des châtelaines (MONSTRELET). Ces coiffures étoient soutenues par deux cornes recourbées, charpente de l'édifice: du haut de la corne, du côté droit, descendoit un tissu léger que la jeune femme laissoit flotter, ou qu'elle ramenoit sur son sein comme une guimpe, en l'entortillant à son bras gauche. Une femme en plein *esbatement* étaloit des colliers, des bracelets et des bagues; à sa ceinture enrichie d'or, de perles et de pierres précieuses, s'attachoit une escarcelle brodée : elle galopoit sur un palefroi, portoit un oiseau sur le poing, ou une canne à la main. « Quoi de plus ridicule, » dit Pétrarque dans une lettre adressée au pape en 1366, « que de voir les hommes le ventre sanglé ! en bas, « de longs souliers pointus; en haut, des toques « chargées de plumes; cheveux tressés allant de ci, « de là, par-derrière, comme la queue d'un animal ; « retapés sur le front avec des épingles à tête d'i-« voire ! » Pierre de Blois ajoute qu'il étoit du bel usage de parler avec affectation. Et quelle langue parloit-on ainsi ? la langue du Wallace et du roman de Rou, de Ville-Hardouin, de Joinville et de Froissard.

Le luxe des habits et des fêtes passoit toute croyance ; nous sommes de mesquins personnages auprès de ces Barbares des treizième et quatorzième siècles. On vit dans un tournoi mille chevaliers vêtus d'une robe uniforme de soie nommée *cointise*, et le lendemain ils parurent avec un accoutrement nouveau aussi magnifique (MATHIEU PARIS). Un des habits de Richard II, roi d'Angleterre, lui coûta trente mille marcs d'argent (KNYGHTON). Jean Arundel avoit cinquante-deux habits complets d'étoffe d'or (HOLLINGSHED CHRON.).

Une autre fois, dans un autre tournoi, défilèrent d'abord un à un soixante superbes chevaux richement caparaçonnés, conduits chacun par un écuyer d'honneur et précédés de trompettes et de ménestriers ; vinrent ensuite soixante jeunes dames montées sur des palefrois, superbement vêtues, chacune menant en lesse, avec une chaîne d'argent, un chevalier armé de toutes pièces. La danse et la musique faisoient partie de ces *baudors* (réjouissances). Le roi, les prélats, les barons, les chevaliers, sautoient au son des vielles, des musettes et des *chiffonies*.

Aux fêtes de Noël arrivoient de grandes mascarades: l'infortuné Charles VI, déguisé en sauvage et enveloppé dans un linceul imprégné de poix, pensa devenir victime d'une de ces folies : quatre chevaliers masqués comme lui furent brûlés.

Les représentations théâtrales commençoient partout : en Angleterre, des marchands drapiers représentèrent la Création ; Adam et Ève étoient tout nus. Des teinturiers jouèrent le Déluge : la femme de Noé, qui refusoit d'entrer dans l'arche, donnoit un soufflet à son mari. (*Histoire de la poésie angloise,* WHARTON.)

La balle, le mail, le palet, les quilles, les dés, affoloient tous les esprits : il reste un compte d'Édouard II pour payer à son barbier une somme de cinq schellings, laquelle somme il avoit empruntée de lui pour jouer à croix ou pile.

La chasse étoit le grand déduit de la noblesse: on citoit des meutes de seize cents chiens. On sait que les Gaulois dressoient les chiens à la guerre et qu'ils les couronnoient de fleurs. On abandonnoit aux roturiers l'usage des filets. Les chasses royales coûtoient autant que les tournois : une de ces chasses se lie tristement à notre histoire.

Le Prince Noir étoit descendu en Angleterre, menant avec lui le roi Jean son prisonnier. Édouard avoit fait préparer à Londres une réception magnifique, telle qu'il l'eût ordonnée pour un potentat puissant qui le fût venu visiter. Lui-même, au milieu des princes de son sang, de ses grands barons, de ses chevaliers, de ses veneurs, de ses fauconniers, de ses pages, des officiers de sa couronne, des hérauts d'armes, des meneurs de destriers, se mit à la tête d'une chasse brillante dans une forêt qui se trouvoit sur le chemin du roi captif.

Aussitôt que les piqueurs envoyés à la découverte lui annoncèrent l'approche de Jean, il s'avança vers lui à cheval, baissa son chaperon, et saluant son hôte malheureux : « Cher cousin, lui dit-il, soyez le « bienvenu dans l'île d'Angleterre. » Jean baissa son chaperon à son tour, et rendit à Édouard son salut. « Le roi d'Angleterre, disent les chroniques, fit au roi de France moult grand honneur et révérence, l'invita au vol d'épervier, à chasser, à déduire et à prendre tous ses ébattements. » Jean refusa ces plaisirs avec gravité, mais avec courtoisie; sur quoi Édouard, le saluant de nouveau, lui dit : « Adieu, « beau cousin ! » et faisant sonner du cor, il s'enfonça avec la chasse dans la forêt. Cette générosité un peu fastueuse ne consoloit pas plus le roi Jean que l'humble petit cheval du prince de Galles; en faisant trop voir la prospérité d'un monarque, elle montroit trop la misère de l'autre.

Quant au repas, on l'annonçoit au son du cor chez les nobles; cela s'appeloit *corner l'eau*, parce qu'on se lavoit les mains avant de se mettre à table. On dînoit à neuf heures du matin, et l'on soupoit à cinq heures du soir. On étoit assis sur des *banques* ou bancs, tantôt élevés, tantôt assez bas, et la table montoit et descendoit en proportion. Du banc est venu le mot *banquet*. Il y avoit des tables d'or et d'argent ciselées; les tables de bois étoient couvertes de nappes doubles appelées *doubliers;* on les plissoit comme *rivière ondoyante qu'un petit vent frais fait doucement soulever*. Les serviettes sont plus modernes. Les fourchettes, que ne connoissoient point les Romains, furent aussi inconnues des François jusque vers la fin du quatorzième siècle ; on ne les trouve que sous Charles V.

On mangeoit à peu près tout ce que nous mangeons, et même avec des raffinements que nous ignorons aujourd'hui; la civilisation romaine n'avoit point péri dans la cuisine. Parmi les mets recherchés je trouve le *dellegrout*, le *maupigyrnum*, le *karumpie*. Qu'étoit-ce ? On servoit des pâtisseries de formes obscènes, qu'on appeloit de leurs propres noms. Les ecclésiastiques, les femmes et les jeunes filles rendoient ces grossièretés innocentes par une pudique ingénuité [1]. La langue étoit alors toute nue; les traductions de la Bible de ces temps sont aussi crues et plus indécentes que le texte. *L'instruction du chevalier Geoffroy Latour-Landry, gentil-*

---

[1] *Alias fingunt oblonga figura, alias spherica et orbiculari, alias triangula quadrangulaque; quædam ventricolæ sunt : quædam pudenda muliebria, aliæ virilia (si diis placet) repræsentant : adeo degeneravere boni mores ut etiam christianis obscœna et pudenda in cibis placeant. Sunt etenim quos. . . . . saccharatos appellitent.* (De Re cibaria ; lo. Bruyerino Campegio Lugdunensi auctore, lib. VI, c. VII, p. 402, prima editio. Lugduni, 1560.)

homme angevin, à ses filles, donne la mesure de la liberté des enseignements et des mots.

On usoit en abondance de bière, de cidre et de vins de toutes les sortes. Il est fait mention du cidre sous la seconde race. Le clairet étoit du vin clarifié mêlé à des épiceries; l'hypocras, du vin adouci avec du miel. Un festin donné par un abbé, en 1310, réunit six mille convives devant trois mille plats.

Les repas royaux étoient mêlés d'intermèdes. Au banquet que Charles V offrit à l'empereur Charles IV, s'avança un vaisseau mû par des ressorts cachés : Godefroy de Bouillon se tenoit sur le pont, entouré de ses chevaliers. Au vaisseau succéda la cité de Jérusalem avec ses tours chargées de Sarrasins; les chrétiens débarquèrent, plantèrent les échelles aux murailles, et la ville sainte fut emportée d'assaut.

Froissard va nous faire encore mieux assister au repas d'un haut baron de son siècle.

« En cet état que je vous dis le comte de Foix vi-
« voit. Et quand dans sa chambre à mi-nuit venoit
« pour souper en la salle, devant lui avoit douze
« torches allumées que douze varlets portoient, et
« icelles douze torches étoient tenues devant sa
« table, qui donnoient grand'clarté en la salle, la-
« quelle salle étoit pleine de chevaliers et de écuyers;
« et toujours étoient à foison tables dressées pour
« souper qui souper vouloit. Nul ne parloit à lui à sa
« table s'il ne l'appeloit. Il mangeoit par coutume
« foison de volaille, et en spécial les ailes et les cuisses
« tant seulement, et guère aussi ne buvoit. Il prenoit
« en toute menestrandie (musique) grand ébatte-

« ment, car bien s'y connoissoit. Il faisoit devant lui
« ses clercs volontiers chanter chansons, rondeaux,
« et virelais. Il séoit à table environ deux heures, et
« aussi il véoit volontiers étranges entremets, et
« iceux vus, tantôt les faisoit envoyer par les tables
« des chevaliers et des écuyers.

« Brièvement et ce tout considéré et avisé, avant
« que je vinsse en sa cour, je avois été en moult de
« cours de rois, de ducs, de princes, de comtes et
« de hautes dames; mais je n'en fus oncques en nulle
« qui mieux me plût, ni qui fût sur le fait d'armes
« plus réjouie comme celle du comte de Foix étoit.
« On véoit en la salle et ès chambres et en la cour
« chevaliers et écuyers d'honneur aller et marcher,
« et d'armes et d'amour les oyoit-on parler. Toute
« honneur étoit là-dedans trouvée. Nouvelles dequel
« royaume ni dequel pays que ce fût là-dedans on
« y apprenoit; car de tous pays, pour la vaillance
« du seigneur, elles y appleuvoient et venoient. »

Ce comte, si célèbre par sa courtoisie, n'en avoit
pas moins tué de sa propre main son fils unique :
« Le comte s'enfelonna (s'irrita), et, sans mot dire,
« il se partit de sa chambre et s'en vint vers la pri-
« son où son fils étoit; et tenoit à la male heure un
« petit long coutel, et dont il appareilloit ses ongles
« et nettoyoit. Il fit ouvrir l'huis de la prison et vint
« à son fils, et tenoit l'alemelle (lame) de son coutel
« par la pointe, que il n'y en avoit pas hors de ses
« doigts la longueur de l'épaisseur d'un gros tour-
« nois. Par mautalent (malheur), en boutant ce tant
« de pointe dans la gorge de son fils, il l'assena ne

« sçais en quelle veine et lui dit : « Ha traitour (traî-
« tre) ! pourquoi ne manges-tu point ? » Et tantôt
« s'en partit le comte sans plus rien dire ni faire, et
« rentra en sa chambre. L'enfès (enfant) fut sang
« mué et effrayé de la venue de son père, avecques
« ce que il étoit foible de jeûner, et qu'il vit ou sentit
« la pointe du coutel qui le toucha à la gorge, comme
« petit fut en une veine, il se tourna d'autre part, et
« là mourut. »

Froissard est à la peine pour excuser le crime de son hôte, et ne réussit qu'à faire un tableau pathétique.

On avoit été obligé de frapper la table de lois somptuaires : ces lois n'accordoient aux riches que deux services et deux sortes de viande, à l'exception des prélats et des barons, qui mangeoient de tout en toute liberté ; elles ne permettoient la viande aux négociants et aux artisans qu'à un seul repas ; pour les autres repas, ils se devoient sustenter de lait, de beurre et de légumes.

Le carême, d'une rigueur excessive, n'empêchoit pas les réfections clandestines. Une femme avoit assisté nu-pieds à une procession, et *faisoit la marmiteuse plus que dix. Au sortir de là, l'hypocrite alla dîner avec son amant, d'un quartier d'agneau et d'un jambon. La senteur en vint jusqu'à la rue. On monta en haut. Elle fut prise, et condamnée à se promener par la ville avec son quartier à la broche, sur l'épaule, et le jambon pendu au col.* (BRANTOME.)

Les voyageurs trouvoient partout des hôtelleries. Chevauchant avec messire Espaing de Lyon, maître Jehan Froissard va d'auberge en auberge, s'enquérant de l'histoire des châteaux qu'il aperçoit le long de la route, et que lui raconte le bon chevalier son compagnon. « Et nous vînmes à Tarbes, « et nous fûmes tout aises à l'hostel de l'Étoile, et y « séjournâmes tout séjour ; car c'est une ville trop « bien aisée pour séjourner chevaux : de bons foins, « de bonnes avoines et de belle rivière... puis vînmes « à Orthez. Le chevalier descendit à son hostel, et je « descendis à l'hostel de la Lune. »

On rencontroit sur les chemins des basternes ou litières, des mules, des palefrois et des voitures à bœufs : les roues des charrettes étoient à l'antique. Les chemins se distinguoient en chemins *péageaux* et en *sentiers*; des lois en régloient la largeur ; le chemin péageau devoit avoir quatorze pieds. (Mss. SAINTE-PALAYE); les sentiers pouvoient être ombragés, mais il falloit élaguer les arbres le long des voies royales, excepté les *arbres d'abris* (*Capitulaires*). Le service des fiefs creusa cette multitude infinie de chemins de traverse dont nos campagnes sont sillonnées.

Les bains chauds étoient d'un usage commun, et portoient le nom d'étuves : les Romains nous avoient laissé cet usage, qui ne se perdit guère que sous la monarchie absolue, époque où la France devint sale. On crioit dans les rues de Paris sous Philippe-Auguste :

>Seigneur, voulez-vous vous baigner?
>Entrez donc sans délaïer ;
>Les bains sont chauds, c'est sans mentir.

C'étoit le temps du merveilleux en toute chose : l'aumônier, le moine, le pèlerin, le chevalier, le troubadour, avoient toujours à dire ou à chanter des aventures. Le soir, autour du foyer à bancs, on écoutoit ou le roman de Lancelot du Lac, ou l'histoire lamentable du châtelain de Coucy, ou l'histoire moins triste de la reine Pédauque, « largement « pattée, comme sont les oies, et comme jadis à « Toulouse les portoit (les pates) la reine Pédauque » (RABELAIS) ; ou l'histoire du *gobelin* Orton, grand nouvelliste qui venoit dans le vent, et qui fut tué dans une grosse truie noire (FROISSARD).

La belle Mélusine étoit condamnée à être moitié serpent tous les samedis, et fée les autres jours, à moins qu'un chevalier ne consentît à l'épouser en renonçant à la voir le samedi. Raimondin, comte de Forez, ayant trouvé Mélusine dans un bois, en fit sa femme ; elle eut plusieurs enfants, entre autres un fils qui avoit un œil rouge et un œil bleu : Mélusine bâtit le château de Lusignan. Mais enfin Raimondin s'étant mis en tête de voir sa femme un samedi, lorsqu'elle étoit demi-serpent, elle s'envola par une fenêtre, et elle demeurera fée jusqu'au jour du jugement dernier. Lorsque le manoir de Lusignan change de maître, ou qu'il doit mourir quelqu'un de la famille seigneuriale, Mélusine paroît trois jours sur les tours du château, et pousse de grands cris. Tels étoient la Psyché du moyen-âge et ce château de Lusignan, que Charles-Quint admira, et dont Brantôme déplore la ruine.

Avec ces contes on écoutoit encore ou le sirvente

du trouvère contre un chevalier félon, ou la vie d'un pieux personnage. Ces vies de saints, recueillies par les Bollandistes, n'étoient pas d'une imagination moins brillante que les relations profanes : incantations de sorciers, tours de lutins et de farfadets, courses de loups-garous, esclaves rachetés, attaques de brigands; voyageurs sauvés, et qui, à cause de leur beauté, épousent les filles de leurs hôtes (*saint Maxime*); lumières qui pendant la nuit révèlent au milieu des buissons le tombeau de quelque vierge; châteaux qui paroissent soudainement illuminés (*saint Viventius, Maure et Brista*).

Saint Déicole s'étoit égaré; il rencontre un berger, et le prie de lui enseigner un gîte : « Je n'en connois « pas, dit le berger, si ce n'est dans un lieu arrosé de « fontaines, au domaine du puissant vassal Weis-« sart. » — « Peux-tu m'y conduire ? » répondit le saint. « Je ne puis quitter mon troupeau, » répliqua le pâtre. Déicole fiche son bâton par terre ; et quand le pâtre revint, après avoir conduit le saint, il trouva son troupeau couché paisiblement autour du bâton miraculeux. Weissart, terrible châtelain, menace de faire mutiler Déicole; mais Berthilde, femme de Weissart, a une grande vénération pour le prêtre de Dieu. Déicole entre dans la forteresse; les serfs empressés le veulent débarrasser de son manteau; il les remercie, et suspend ce manteau à un rayon de soleil qui passoit à travers la lucarne d'une tour (BOLL., t. II, p. 202).

Chercher à dérouler avec méthode le tableau des mœurs de ce temps, seroit à la fois tenter l'impossible, et mentir à la confusion de ces mœurs. Il faut jeter pêle-mêle toutes ces scènes telles qu'elles se succédoient sans ordre ou s'enchevêtroient dans une commune action, dans un même moment : il n'y avoit d'unité que dans le mouvement général qui entraînoit la société vers un perfectionnement éloigné, par la loi naturelle de l'existence humaine.

D'un côté la chevalerie, de l'autre le soulèvement des masses rustiques ; tous les dérèglements de la vie dans le clergé et toute l'ardeur de la foi. Les *Gallois* et *Galloises*, sorte de pénitents d'amour, se chauffoient l'été à de grands feux, et se couvroient de fourrures ; l'hiver ils ne portoient qu'une *cotte simple*, et ne mettoient dans leurs cheminées que des verdures. *Plusieurs transissoient de pur froid et mouroient tout roydes de lez leurs amyes, et aussi leurs amyes de lez eulx en parlant de leurs amourettes*[1]. Lors de la *Vaudoisie d'Arras*, les hommes et les femmes, retirés dans les bois, après avoir trouvé un certain démon, se livroient à une prostitution générale. Les Turlupins pratiquoient les mêmes désordres.

Des moines libertins se veulent venger d'un évêque réformateur qui venoit de mourir ; pendant la nuit ils tirent du cercueil le cadavre du prélat, le dépouillent de son linceul, le fouettent, et en sont quittes pour payer chaque année quarante sous d'amende. Les Cordeliers avoient renoncé à *toute espèce de propriétés:* le pain quotidien qu'ils man-

[1] Latour, *Hist. du Poitou;* Sainte-Palaye, *Mém. sur l'anc. chev.*, v{e} partie, dans les notes, pag. 387.

geoient étoit-il une propriété ? Oui, disoient les religieux d'une autre robe; donc le Cordelier qui mange viole la constitution de son ordre; donc il est en état de péché mortel, par la seule raison qu'il vit, et qu'il faut manger pour vivre. L'empereur et les Gibelins se déclarèrent pour les Cordeliers, le pape et les Guelfes contre les Cordeliers. De là une guerre de cent ans; et le comte du Mans, qui fut depuis Philippe de Valois, passe les Alpes pour défendre l'Église contre les Visconti et les Cordeliers [1].

On couroit au bout du monde, et l'on osoit à peine, dans le nord de la France, hasarder un voyage d'un monastère à un autre, tant la route de quelques lieues paroissoit longue et périlleuse ! Des Gyrovagues ou moines errants (pendants des chevaliers errants), cheminant à pied ou chevauchant sur une petite mule, prêchoient contre tous les scandales; ils se faisoient brûler vifs par les papes auxquels ils reprochoient leurs désordres, et noyer par les princes dont ils attaquoient la tyrannie. Des gentilshommes s'embusquoient sur les chemins et dévalisoient les passants, tandis que d'autres gentilshommes devenoient en Espagne, en Grèce, en Dalmatie, seigneurs des immortelles cités dont ils ignoroient l'histoire. Cours d'amour où l'on raisonnoit d'après toutes les règles du scottisme, et dont des chanoines étoient membres; troubadours et ménestrels vaguant de châteaux en châteaux,

---

[1] *Spicil.*, tom. 1, p. 73; *Hist. des ouvr. des sav.*, an 1700, p. 72; *Lettre sur le péché imaginaire*, p. 22 et suiv.

déchirant les hommes dans les satires, louant les dames dans les ballades; bourgeois divisés en corps de métiers, célébrant des solennités patronales où les saints du paradis étoient mêlés aux divinités de la fable ; représentations théâtrales; fêtes des fous ou des cornards; messes sacriléges ; soupes grasses mangées sur l'autel; l'*Ite missa* répondu par trois braiements d'âne; barons et chevaliers s'engageant dans des repas mystérieux à porter la guerre dans un pays, faisant vœu sur un paon ou sur un héron d'accomplir des faits d'armes pour leurs mies; Juifs massacrés et se massacrant entre eux, conspirant avec les lépreux pour empoisonner les puits et les fontaines; tribunaux de toutes les sortes, condamnant, en vertu de toutes les espèces de lois, à toutes les sortes de supplices, des accusés de toutes les catégories, depuis l'hérésiarque écorché et brûlé vif, jusqu'aux adultères attachés nus l'un à l'autre et promenés au milieu du peuple; le juge prévaricateur substituant à l'homicide riche condamné un prisonnier innocent; des hommes de loi commençant cette magistrature qui rappela, au milieu d'un peuple léger et frivole, la gravité du sénat romain : pour dernière confusion, pour dernier contraste, la vieille société civilisée à la manière des anciens, se perpétuant dans les abbayes; les étudiants des universités faisant renaître les disputes philosophiques de la Grèce; le tumulte des écoles d'Athènes et d'Alexandrie se mêlant au bruit des tournois, des carrousels et des pas d'armes. Placez enfin, au-dessus et en dehors de cette société si agitée, un autre principe de mouvement, un tombeau objet de toutes les tendresses, de tous les regrets, de toutes les espérances, qui attiroit sans cesse au-delà des mers les rois et les sujets, les vaillants et les coupables; les premiers pour chercher des ennemis, des royaumes, des aventures; les seconds pour accomplir des vœux, expier des crimes, apaiser des remords.

L'Orient, malgré le mauvais succès des croisades, resta long-temps pour les François le pays de la religion et de la gloire; ils tournoient sans cesse les yeux vers ce beau soleil, vers ces palmes de l'Idumée, vers ces plaines de Rama où les infidèles se reposoient à l'ombre des oliviers plantés par Baudouin, vers ces champs d'Ascalon qui gardoient encore les traces de Godefroi de Bouillon et de Tancrède, de Philippe-Auguste et de Couci, de saint Louis et de Sargine, vers cette Jérusalem un moment délivrée, puis retombée dans ses fers, et qui se montroit à eux comme à Jérémie, insultée des passants, noyée dans ses pleurs, privée de son peuple, assise dans la solitude.

Tels furent ces siècles d'imagination et de force qui marchoient avec tout cet attirail au milieu des événements historiques les plus variés, au milieu des hérésies, des schismes, des guerres féodales, civiles et étrangères; ces siècles doublement favorables au génie ou par la solitude des cloîtres quand on la recherchoit, où par le monde le plus étrange et le plus divers quand on le préféroit à la solitude. Pas un seul point de la France où il ne se passât quelque fait nouveau; car chaque seigneurie laïque ou ecclésiastique étoit un petit État qui gravitoit dans son orbite et avoit ses phases : à dix lieues de distance les coutumes ne se ressembloient plus. Cet ordre de choses, extrêmement nuisible à la civilisation générale, imprimoit à l'esprit particulier un mouvement extraordinaire : aussi toutes les grandes découvertes appartiennent-elles à ces siècles. Jamais l'individu n'a tant vécu : le roi rêvoit l'agrandissement de son empire; le seigneur, la conquête du fief de son voisin; le bourgeois, l'augmentation de ses priviléges; le marchand, de nouvelles routes à son commerce. On ne connoissoit le fond de rien; on n'avoit rien épuisé; on avoit foi à tout; on étoit à l'entrée et comme au bord de toutes les espérances, de même qu'un voyageur sur une montagne attend le lever du jour dont il aperçoit l'aurore. On fouilloit le passé ainsi que l'avenir; on découvroit avec la même joie un vieux manuscrit et un nouveau monde; on marchoit à grands pas vers des destinées ignorées, mais dont on avoit l'instinct, comme on a toute sa vie devant soi dans la jeunesse. L'enfance de ces siècles fut barbare, leur virilité pleine de passion et d'énergie; et ils ont laissé leur riche héritage aux âges civilisés qu'ils portèrent dans leur sein fécond.

HISTOIRE DE FRANCE.

HISTOIRE
DE FRANCE.

PHILIPPE VI, DIT DE VALOIS.

De 1328 à 1350.

Jusqu'au règne de Philippe de Valois, les contentions entre la France et l'Angleterre n'avoient annoncé rien d'antipathique et de violent; mais sous ce règne elles devinrent une rivalité nationale, et cette rivalité divisa le monde: commencée sur la terre, elle s'y perpétua pendant deux siècles pour se prolonger ensuite sur la mer : la terre manqua aux Anglois, et non la haine; ils continuèrent à gronder avec l'Océan contre ces rivages dont nous les avons rejetés.

Les deux peuples se séparèrent sans retour; les liens de parenté et de famille se brisèrent; l'Angleterre cessa d'être normande. Édouard III bannit des tribunaux la langue françoise; l'idiome dédaigné du Saxon vaincu fut adopté par les vainqueurs, en inimitié de leur ancienne patrie. Le caractère commerçant des insulaires se développa : leurs laines se convertissoient en trésors aux marchés de la Flandre : elles s'améliorèrent encore par les troupeaux que le duc de Lancaster tira de l'Espagne et du Portugal : elles devinrent l'aliment des subsides dont Édouard III avoit besoin dans la guerre qu'il entretint contre nous. Heureusement la France n'est pas marchandise que l'on troque pour des sacs de laine : à tous les traités de partage du royaume de saint Louis, que le prince anglois fit avec son compère Artevelle, le brasseur de bière, il ne manqua que la signature de Du Guesclin.

Le mal que fait un injuste ennemi profite à la nation opprimée, et c'est une belle loi de la Providence ; les premiers symptômes de l'émancipation nationale éclatèrent dans les états réunis à Paris pendant la captivité du roi Jean ; les *Grandes Compagnies* et la *Jacquerie* furent des fléaux qui ajoutèrent néanmoins force au droit. Partout où les hommes ressaisissent leur indépendance naturelle, cette indépendance, en reprenant ensuite le frein des lois, fait faire un pas à la liberté politique. Quand la pensée a été élargie de prison, ne fût-ce que pour un moment, elle en garde le souvenir ; les idées une fois nées ne s'anéantissent plus ; elles peuvent être accablées sous les chaînes, mais, prisonnières immortelles, elles usent les liens de leur captivité.

A mesure que la liberté commune croissoit, le pouvoir régulier croissoit. La justice royale pénétroit dans les justices particulières ; les empiétements de la loi ecclésiastique s'arrêtèrent, et il lui fallut subir l'appel comme d'abus. La guerre nationale détruisit, par la composition des grandes armées, les guerres particulières : on pourroit presque dire que la poudre, en changeant la nature des armes, fit sauter en l'air le vieil édifice de la féodalité.

Mais tous ces progrès de la civilisation, toutes ces révolutions dans les esprits, dans les mœurs, dans les lois, ne s'opérèrent que graduellement au milieu de tous les désastres. Il fallut que les François reçussent les trois leçons de Crécy, de Poitiers et d'Azincourt, pour apprendre à délivrer leur patrie. Le règne de Philippe VI, dit de Valois, ouvre cette scène de notre histoire.

SOMMAIRE.

La veuve de Charles-le-Bel accouche d'une fille. — Une assemblée de préfets et de seigneurs adjuge la couronne à Philippe de Valois. — Examen des prétentions d'Édouard III à la couronne de France. — Premiers actes de l'administration de Philippe. — Recherches des financiers. — Jeanne de France, qui avoit épousé Philippe, comte d'Évreux, est proclamée reine de Navarre. — La Champagne et la Brie sont abandonnées à Philippe en échange des comtés d'Angoulême et de Mortain, avec deux rentes assignées sur le trésor du roi et sur les domaines de la couronne. — Sacre du roi. — Philippe est surnommé *le Fortuné*. — Louis, comte de Flandre, vient rendre foi et hommage à Philippe, et implorer son secours contre les communes de Flandre. — Guerre de Flandre. — Philippe va prendre l'oriflamme à Saint-Denis. — Couleurs nationales ; qu'elles n'ont pas toujours été les mêmes ; leur histoire ; que le blanc étoit la couleur des Anglois, et le rouge celle des François jusqu'au règne de Philippe de Valois : à cette époque Édouard III, prétendant à la couronne de France, prit les couleurs françoises, et les François abandonnèrent ces couleurs lorsqu'ils les virent portées par les Anglois. — L'oriflamme n'étoit dans l'origine que la bannière de saint Denis : elle disparut sous Charles VII, et fut remplacée par la cornette blanche. — Victoire de Cassel. — Édouard est sommé de rendre hommage à Philippe, comme duc de Guienne et comte de Ponthieu — Il vient à Amiens et prête solennellement cet hommage. — Conflit entre les juridictions seigneuriales et ecclésiastiques. — Discours de Pierre de Cugnières. — Édouard confirme l'hommage qu'il avoit rendu au roi à Amiens. — Projet de croisades. — Le pape songe à passer en Italie : le saint-siége à Avignon étoit un bien pour la France, un mal pour la chrétienté. — Le duc de Normandie, fils du roi, âgé de quatorze ans, épouse Bonne de Luxembourg, fille de Jean, roi de Bohême. — Le projet de croisade échoue. — Histoire du procès de Robert d'Artois, troisième du nom, et de Mahaud, comtesse d'Artois, sa tante. — Robert, convaincu d'avoir fait forger de faux titres et de s'en être servi, se retire auprès du duc de Brabant. — Il refuse de comparoître en cour de justice. — Le parlement le condamne à mort ; le roi commue la peine en un bannissement perpétuel. — Robert, déguisé en marchand, se réfugie en Angleterre. — David Bruce, roi d'Écosse, cherche un asile auprès de Philippe. — Communes de Flandre. — Jacques d'Artevelle. — Édouard, qui cherchoit des torts à Philippe et qui méditoit la guerre, intrigue avec Artevelle. — Les deux monarques cherchent des alliés de part et d'autre. — Vœu du héron.

FRAGMENTS.

VOEU DU HÉRON.

Quoique Édouard nourrît depuis long-temps le dessein d'attaquer la France, la grandeur de l'entreprise, les embarras intérieurs de son gouvernement l'effrayoient et l'arrêtoient. Peut-être même ne se fût-il jamais déterminé à prendre les armes, sans les sollicitations de Robert d'Artois, qui, retiré depuis deux ans en Angleterre, souffloit au cœur de l'ambitieux Édouard la haine dont lui, Robert, étoit dévoré : le banni se servit, pour déterminer son hôte, d'un moyen extraordinaire.

A cette époque de nos annales le roman est tellement mêlé à l'histoire, et l'histoire au roman, qu'on les peut à peine séparer : de jeunes bacheliers anglois paroissent à la cour du comte de Hainaut, un œil couvert de drap, *ayant voué entre dames de leur pays que jamais ne verroient que d'un œil jusqu'à ce que ils auroient fait aucunes prouesses de leur corps au royaume de France*. Messire Gauthier de Mauny avoit dit *à aucuns de ses plus privés, qu'il avoit promis en Angleterre, devant les dames et seigneurs, qu'il seroit le premier qui entreroit en France, et qu'il y prendroit chastel ou forte ville, et y feroit aucunes apertises d'armes*. Souvent les barons et les chevaliers juroient par un saint ou par une dame, au pied d'un rempart ennemi, d'emporter ce rempart dans un certain nombre de jours, dût leur serment leur être funeste ou à leur patrie. Ces faits, attestés par toutes les chroniques, ne diffèrent point de ceux qu'on lit dans les romans; ils rappellent aussi les serments que faisoient les Barbares du Nord, lorsqu'ils se condamnoient à porter une longue barbe ou un anneau de fer, jusqu'à ce qu'ils eussent tué un Romain. La querelle de l'Angleterre et de la France dans le quatorzième siècle ranima l'esprit chevaleresque; les deux nations descendirent au champ clos, dont elles ne sont plus sorties. Comme les imaginations étoient remplies des chansons des troubadours et des aventures des croisades, les mœurs se teignirent de ces couleurs, et les reflétèrent. On sent partout, avec la chevalerie historique, l'imitation de la chevalerie romanesque à laquelle la vie de château, les chasses, les tournois, les croyances religieuses et les entreprises d'amour étoient d'ailleurs extrèmement favorables. Il y a tout à la fois quelque chose de vrai et de faux, de naturel et d'artificiel dans les mœurs de ces temps, que l'on doit, si l'on peut, saisir et peindre.

Sainte-Palaye regarde donc le vœu du héron comme un fait réel rimé; alors on chantoit encore l'histoire, comme jadis dans la Grèce : nous avons en vers *le Combat des Trente* et la première *Histoire de Du Guesclin*. Au commencement de l'automne de l'année 1338, et comme dit le poëte historien, *lorsque l'été va à déclin, que l'oiseau gai a perdu la voix, que les vignes sèchent, que meurent les roses, que les arbres se dépouillent, que les chemins se jonchent de feuilles*, Édouard étoit à Londres en son palais, environné de ducs, de comtes, de pages, de dames, de jeunes filles et de jeunes hommes; *il tenoit la tête inclinée en pensers d'amours*. Robert d'Artois, retiré en Angleterre, étoit allé à la chasse, *parce qu'il se souvenoit du très gentil pays de France dont il étoit banni*. Il portoit un petit faucon qu'il avoit nourri, *et tant vola le faucon par rivières, qu'il prit un héron*. Robert retourne à Londres, fait rôtir le héron, le met entre deux plats d'argent, s'introduit dans la salle du festin du roi, suivi *de deux maîtres de vielle*, d'un *quistreneus* (joueur de guitare), et *de deux pucelles, filles de deux marquis; elles chantoient accompagnées du son des vielles et de la guitare*. Robert s'écrie : *Ouvrez les rangs; laissez passer les preux que l'amour a surpris : Voici viande à preux, à ceux qui sont soumis à dames amoureuses qui tant ont beau visage. . . . . . . Le héron est le plus couard des oiseaux; il a peur de son ombre. Je donnerai le héron à celui d'entre vous qui est le plus poltron; à mon avis c'est Édouard, déshérité du noble pays de la France, dont il étoit l'héritier légitime; mais le cœur lui a failli, et pour sa lâcheté il mourra privé de son royaume.* Édouard rougit de colère et de *mal talent*, le cœur lui frémit; il jure par le Dieu du paradis et par sa douce mère, qu'avant que six mois soient passés il défiera le roi de *Saint-Denis* (Philippe).

Robert *jeta un rire et dit tout en basset: A présent j'ai mon avis* (désir), *et par mon héron commencera grant guerre.*

Robert reprend le héron toujours entre les deux plats d'argent; il traverse la salle du banquet, suivi des deux ménestriers qui *vielloient doucement*, du joueur de guitare et des deux damoiselles qui chantoient ces paroles: « Je vais à la verdure, car Amour « me l'apprend. » Robert présente le héron au comte de Salisbury, qui étoit assis *de lez amye* qui fut gentille et courtoise et de beau maintien; elle étoit fille du comte Derby, et Salisbury l'aimoit loyalement. Robert prie le comte de Salisbury de jurer sur le héron. Salisbury répondit: « Pourrois-je tenir un « vœu parfaitement? Je sers la dame la plus belle « qui soit au firmament, et si la vierge Marie étoit « ici, mettant à part sa divinité, je ne saurois la dis- « tinguer de celle que j'aime. Je l'ai requise d'amour, « mais elle se défend: elle me donne pourtant un

« gracieux espoir que j'aurai merci. Je prie qu'elle
« me prête un doigt de sa main, et qu'elle le mette
« sur mon œil droit. — Par ma foi, s'écria la dame,
« j'en prêterai deux.—Et lui ferma l'œil droit avec
« deux doigts.—Est-il bien clos, belle ? dit le che-
« valier très gracieusement. — Oui, répond-elle,
« —A donc, s'écria de bouche et de cœur Salisbury,
« je veux et promets à Dieu tout-puissant, et à
« sa douce mère qui resplendit de beauté, que
« jamais cet œil ne sera ouvert ou par la longueur de
« temps, ou par vent, douleur ou martyre, avant
« que je ne sois entré en France, que je n'y aie porté
« la flamme et combattu les gens de Philippe en ai-
« dant Édouard. A présent advienne qu'advienne.
« . . . . Et quand li quens Salebrin (le
« comte de Salisbury) eut fait son vœu, il demeura
« l'œil clos en la guerre. »

SOMMAIRE.

Édouard déclare qu'il va prendre les armes pour se faire rendre
les terres saisies autrefois en Guienne. — Philippe emploie les
forces destinées pour la croisade à la défense de son royaume.
— Premières hostilités d'une guerre qui devoit durer cent
vingt-six ans. — Trêve. — Édouard, pressé par Artevelle, s'em-
barque à Douvres, arrive à Anvers, où les princes de sa con-
fédération étoient assemblés. — Il achète de Louis de Bavière
le titre de vicaire de l'empire. — Déclaration solennelle de
guerre. — Exploits de Gauthier de Mauny. — Invasion de la
Picardie. — Les deux armées se rencontrent à Vironfosse, et se
séparent sans combattre. — Chevaliers du Lièvre. — Artevelle
presse le roi d'Angleterre de prendre le titre de roi de France
pour dégager la foi des Flamands. — Seconde campagne dans

la Guienne et dans le Hainaut. — Combat naval de l'Écluse. — La flotte françoise est détruite.

FRAGMENTS.

PERTE DES FRANÇOIS AU COMBAT NAVAL DE L'ÉCLUSE. GODEMAR DU FAY. CAUSES DES MÉPRISES DANS CES GUERRES DU QUATORZIÈME SIÈCLE.

Notre perte en hommes fut évaluée à trente mille matelots et soldats : les Génois seuls, au nombre de dix mille, demandèrent et obtinrent la vie. Des trois amiraux qui commandoient la flotte, deux moururent glorieusement.

Cette action navale sembla nous prédire l'avenir Que de sang françois a coulé sur les flots depuis cette bataille à l'embouchure de la Meuse jusqu'au combat livré dans les parages du Nil ! L'Arabe, du milieu de ses sables, le Flamand du bord de ses marais, ont contemplé nos derniers et nos premiers désastres, nos marins emportés dans des tourbillons de feu ou abîmés dans les eaux. Le caractère des peuples est quelquefois indépendant de leur sol et de leur position géographique; la France, flanquée de deux mers, n'a jamais su régner long-temps sur ces mers. Rome aussi, fille de la mer, ne dut point l'empire à Neptune. Nous n'avons eu de flottes redoutables qu'à de longs intervalles et pour un moment, sous Charlemagne, Louis XIV et Louis XVI. Vainqueurs dans les actions particulières où nos capitaines se battent comme dans une affaire d'honneur, nous succombons dans les actions générales où il faut obéissance et discipline : cet esprit d'insubordination et de jalousie qui semble attaché à notre pavillon, éclate dès notre premier combat naval entre les amiraux chargés de s'opposer au passage d'Édouard. Nous n'avons point ou presque point participé à ces grandes découvertes qui ont changé la face du globe et les rapports des nations. Dans nos colonies, nous sommes devenus chasseurs, aventuriers, planteurs, jamais marins. Nous n'avons guère paru sur les flots qu'en chevaliers pour conquérir l'Angleterre et la Palestine, pour donner un monarque à Londres, un roi à Jérusalem, un empereur à Constantinople, un duc à Athènes, et un prince à cette Lacédémone que notre dernier triomphe maritime devoit délivrer à Navarin. Si la Méditerranée paroît nous être plus soumise que l'Océan, c'est que cette mer qui baigne des rivages immortels semble nous être dévolue par le droit de notre gloire.

Personne, dans le premier moment, n'avoit osé apprendre à Philippe la destruction de sa flotte ; il n'en fut instruit que par un de ces misérables qui représentoient alors au pied du trône la liberté sous le travestissement de l'esclave ; hommes qui se sauvoient du mépris par l'insolence, et à qui l'on permettoit de tout dire, parce qu'ils pouvoient tout souffrir : le fou du roi apprit donc par une bouffonnerie la mort de trente mille François. Philippe ne s'emporta point contre la mémoire de sujets aussi fidèles, et, remettant sa vie entre les mains de Dieu, il songea à la défense du royaume.

Il prévit qu'Édouard attaqueroit Tournay. Cette

place avoit pour commandant Godemar Du Fay, écuyer de Tournaisis ou gentilhomme de Bourgogne, que Philippe avoit nommé *souverain capitaine* et *régent* de tout le pays dépendant de Douay, de Lille et de Tournay. C'étoit un officier brave et expérimenté, qui sauva alors la France pour la perdre au passage de Blanche-Taque ; soit qu'il y ait un terme à la fidélité et à l'honneur, soit que les talents s'épuisent, soit que le héros devienne semblable au vulgaire des hommes quand il ne meurt pas au jour de sa renommée. Philippe augmenta la garnison de Tournay ; il y *envoya droite fleur de chevalerie;* lui-même rassembla sous les murs d'Arras une brillante armée ; il y eut beaucoup de petits faits d'armes et d'aventures. Des méprises déplorables advenoient souvent dans ces rencontres, entre des combattants dont les familles avoient des branches établies en France, dans la Grande-Bretagne et dans les Pays-Bas : tous ces ennemis étoient des François. Les Anglois du quatorzième siècle parloient notre langue, avoient les mêmes mœurs et la même religion que nous ; ils n'étoient pas encore assez éloignés du temps de la conquête pour avoir oublié leur origine ; ils se faisoient gloire d'être Normands, de retrouver sur notre sol leurs aînés. Les provinces que la couronne d'Édouard (lui-même fils d'une princesse de France) possédoit en Guienne et en Picardie, multiplioient ces liens des deux peuples ; la haine que nos voisins insulaires ont conçue contre nous n'a commencé qu'avec ces guerres, véritables guerres civiles.

SOMMAIRE.

Cartel envoyé par Édouard à *Philippe de Valois*, et daté de l'*an premier de notre règne de France*. — Philippe le refuse comme roi, par écrit, et l'accepte verbalement comme chevalier. — Jeanne de Valois, sœur du roi de France, négocie une trêve ; elle est prolongée pendant deux ans. — Affaire de Bretagne. — Histoire de cette province. — Le comte de Montfort fait hommage du duché de Bretagne à Édouard. — La cour des pairs adjuge ce duché à Charles de Blois.

FRAGMENTS.

GUERRE DE BRETAGNE. LES BRETONS.

L'exécution de cet arrêt enveloppa le royaume dans les destinées d'une de ses provinces, ouvrit la France aux Anglois, et lui donna dans la personne de Du Guesclin un libérateur.

La Bretagne, jusqu'alors peu connue dans notre histoire, formoit, à l'extrémité occidentale de la France, un état différent du reste du royaume par le génie, les mœurs et la langue d'une partie de ses habitants. Cette longue presqu'île, d'un aspect sauvage, a quelque chose de singulier : dans ses étroites vallées, des rivières non navigables baignent des donjons en ruines, de vieilles abbayes, des huttes couvertes de chaume où les troupeaux vivent pêle-mêle avec les pâtres. Ces vallées sont séparées entre elles, ou par des forêts remplies de houx grands comme des chênes, ou par des bruyères semées de pierres druidiques autour desquelles plane l'oiseau marin, et paissent des vaches maigres avec de petites brebis. Un voyageur à pied peut cheminer plusieurs jours sans apercevoir autre chose que des landes, des grèves, et une mer qui blanchit contre une multitude d'écueils : région solitaire, triste, orageuse, enveloppée de brouillards, couverte de nuages, où le bruit des vents et des flots est éternel.

Il faut que ce pays et ses habitants aient frappé de tous temps l'imagination des hommes. Les Grecs et les Romains y placèrent les restes du culte des Druides, l'île de Sayne et ses vierges, la barque qui passoit en Albion les âmes des morts au milieu des tempêtes et des tourbillons de feu; les Franks y trouvèrent Murman, et mirent Roland à la garde de ses *marches;* enfin, les romanciers du moyen-âge en firent le pays des aventures, la patrie d'Artus, d'Yseult aux mains blanches, et de Tristan le Léonois. Sur les bruyères et dans les vallées de la Bretagne, vous rencontrez quelques laboureurs couverts de peaux de chèvre, les cheveux longs, épars et hérissés; ou vous voyez danser au pied d'une croix, au son d'une cornemuse, d'autres paysans portant l'habit gaulois, le sayon, la casaque bigarrée, les larges braies, et parlant la langue celtique.

D'une imagination vive, et néanmoins mélancolique, d'une humeur aussi mobile que leur caractère est obstiné, les Bretons se distinguent par leur bravoure, leur franchise, leur fidélité, leur esprit d'indépendance, leur attachement pour la religion, leur amour pour leur pays. Fiers et susceptibles, sans ambition, et peu faits pour les cours, ils ne sont avides ni d'honneurs ni de places. Ils aiment la gloire, pourvu qu'elle ne gêne en rien la simplicité de leurs habitudes ; ils ne la recherchent qu'autant qu'elle consent à vivre à leur foyer comme un hôte obscur et complaisant qui partage les goûts de la famille. Dans les lettres, les Bretons ont montré de l'instruction, de l'esprit, de l'originalité, de la grâce, de la finesse, témoin Hardouin, Sévigné, Sainte-Foix, Duclos. Ils ont donné à la France le plus grand peintre de mœurs après Molière, Le Sage ; ils ont aujourd'hui l'abbé de Lamennais ; dans les sciences, ils revendiquent Descartes ; dans les armes, leurs guerriers ont quelque chose d'à part qui les distingue au premier coup d'œil des autres guerriers : sous Charles V, Du Guesclin et ses compagnons, Clisson, Beaumanoir, Tinteniac; sous Charles VII, Tanneguy-Duchastel; sous Henri III, Lanoue, également respecté des ligueurs et des huguenots; sous Louis XIV, Duguay-Trouin; sous Louis XVI, Lamotte-Piquet et Du Coëdic ; pendant la révolution, Charette, d'Elbée, La Rochejacquelein et Moreau. Tous ces soldats eurent des traits de ressemblance ; et, par un genre d'illustration peu commun, ils furent peut-être encore plus estimés de l'ennemi qu'admirés de leur patrie.

SOMMAIRE.

Prise de Rennes par Charles de Blois.

FRAGMENTS.

SIÉGE DE HENNEBON. JEANNE, COMTESSE DE MONTFORT. AVENTURE DE GAUTHIER DE MAUNY ET DE LA CERDA.

Charles de Blois, dans l'espoir de terminer promptement la guerre, après la reddition de Rennes, se hâta d'investir Hennebon, la plus forte place de la Bretagne, et où Jeanne, comme on l'a dit, s'étoit renfermée. Les assiégeants poussèrent vivement les attaques. La comtesse de Montfort, armée de pied en cap, chevauchoit de rue en rue, animoit, prioit, gourmandoit les soudoyers, ordonnoit aux femmes de dépaver les cours et les passages, de porter les pierres aux créneaux, avec des pots de chaux vive, pour les jeter sur l'ennemi. Cependant le beffroi sonne. Guillaume Cadoudal, qui s'étoit retiré à Hennebon après la prise de Rennes, Yves de Tréziguidy, le sire de Landremans, le châtelain de Guingamp, les deux frères de Guerich, Henri et Olivier de Spinefort, soutiennent les efforts des assaillants. La comtesse monte au haut d'un donjon pour surveiller le combat : elle s'aperçoit que le camp de Charles est désert; que seigneurs, chevaliers, communiers, étoient tous à l'assaut. Elle descend de la tour, s'élance sur son palefroi, sort par une poterne éloignée avec trois cents lances, et vient mettre le feu aux tentes des ennemis. Ceux-ci, apercevant derrière eux les tourbillons de flammes et de fumée, abandonnent l'escalade et accourent pour éteindre les flammes. La nouvelle Clorinde veut regagner la forteresse; mais la voie, au retour, lui est fermée : elle pousse son cheval sur le chemin d'Aurai, tenant à la main l'épée et le flambeau, instruments de sa victoire; Louis d'Espagne la poursuit sans pouvoir l'atteindre. Recueillie dans les murs d'Aurai, Jeanne rassemble cinq ou six cents aventuriers : on la croyoit perdue à Hennebon, quand le cinquième jour, au soleil levant, elle reparoît sous les remparts. Elle heurte avec son escadron à la porte d'une des tours, qu'on lui ouvre; elle rentre dans la ville assiégée, bannières au vent, trompettes sonnantes, à la confusion des soldats émerveillés.

Charles de Blois divise alors son armée : avec le duc de Bourbon et Robert Bertrand, maréchal de France, il court assiéger Aurai, laissant Louis d'Espagne avec le vicomte de Rohan devant Hennebon.

Louis, de la maison de La Cerda, brave Espagnol qui combattit pour la France sur terre et sur mer, fit venir douze machines de guerre, et commença à battre les murailles du château. Les habitants et les soudoyers s'épouvantèrent et demandèrent à capituler. L'évêque de Léon, renfermé dans la ville, appela son neveu Henri de Léon, qui, après avoir trahi Montfort, servoit dans l'armée du comte de Blois; ils convinrent de la reddition de la place. En vain la comtesse de Montfort conjuroit les assiégés d'attendre, leur promettant qu'avant trois jours ils recevroient le secours d'Angleterre, espérance qu'elle-même n'avoit pas. Elle passa la nuit dans l'inquiétude et les larmes : elle voyoit perdu le fruit de son courage et de ses sacrifices, son mari prisonnier, son fils dépouillé, errant, fugitif; elle se voyoit elle-même livrée à son ennemi, et recevant des fers des mains de celui à qui elle avoit disputé la souveraineté de la Bretagne. Le lendemain l'évêque de Léon fit dire à Henri, son neveu, de s'approcher des portes. Déjà celui-ci s'avançoit pour recevoir la ville au nom de Charles de Blois, lorsque Jeanne, qui regardoit la mer par une fenêtre grillée du château, s'écria dans un transport de joie : « Voilà le secours! » Deux fois elle jette le même cri. On monte aux créneaux, aux donjons, au beffroi; tous les yeux se tournent vers la mer : elle étoit couverte d'une multitude de grands et de petits vaisseaux qui entroient dans le port à pleines voiles. Le miraculeux secours plonge d'abord la foule dans le silence de l'étonnement; puis elle le salue des plus vives clameurs. L'accommodement est rompu; l'évêque de Léon seul se retire auprès de Charles de Blois; Mauny débarque avec son armée.

La comtesse fait tapisser des chambres et des salles, et préparer un festin à ses hôtes. Elle descend du château, *s'avance au devant d'eux à joyeuse chère, et vient baiser messire Gauthier de Mauny et ses com-*

pagnons les uns après les autres, deux fois ou trois, comme vaillante dame. Cependant Louis d'Espagne ordonne de redoubler l'attaque : durant toute la nuit qui suivit l'arrivée des Anglois, il frappa les murs avec les plus fortes machines, tandis qu'au dedans on n'entendoit que le bruit de la fête. Le surlendemain Mauny fit une sortie, brisa les engins, et incendia une partie du camp françois. L'armée s'ébranla pour le repousser. Quand Mauny vit venir la chevauchée, *que jamais*, s'écria-t-il, *je ne sois baisé de dame, ni de douce amie, si jamais je rentre en chastel ou forteresse, jusqu'à tant que j'aie renversé un de ces venants!* Embrassant sa targe, il se précipite l'épée au poing sur les hommes d'armes de La Cerda, les charge, les met en fuite, *en fait verser plusieurs les jambes contremont*, et rentre dans la forteresse après avoir accompli son vœu de chevalier.

Louis d'Espagne, n'espérant plus pouvoir emporter Hennebon, leva le siége, rejoignit Charles de Blois devant Aurai, et s'empara ensuite de Dinan et de Guérande. Après avoir saccagé cette dernière ville, il monte sur quelques vaisseaux marchands qu'il trouve dans le port, et ravage les côtes de la Basse-Bretagne. Descendu auprès de Quimperlé, il s'avance dans les terres. Mauny accourt, forme trois corps de ses troupes, et marche sur les pas de Louis. Inférieur en forces, Louis veut retourner au rivage, et rencontre le premier corps des Anglois qu'il défait; mais, environné par les deux autres corps et par des paysans bretons qui l'assaillent à coups de fronde, il est blessé. Il se débarrasse de la foule, laissant sur la place un neveu qu'il aimoit tendrement, et la plupart de ses soldats. Arrivé presque seul au bord de la mer, il trouve sa flotte entre les mains des archers de Mauny. Il se jette dans une barque avec quelques compagnons. Mauny le suit sur la mer, toujours près de le saisir, ne le pouvant jamais atteindre. Louis s'échoue au port de Rhedon, saute à terre, emprunte de petits chevaux, et fuit de nouveau. A peine est-il débarqué que Mauny survient et se met à sa poursuite. La Cerda se sauve enfin dans les murs de Rennes avec la réputation d'un des meilleurs généraux et un des plus aventureux chevaliers de ce siècle.

Mauny regagna ses vaisseaux pour retourner à Hennebon; les vents contraires le forcèrent à faire côte aux environs de la Roche-Prion : *Seigneurs*, dit-il à ses amis, *tout travaillé que je suis, j'irois volontiers assaillir ce fort chastel, si j'avois compagnie.* Les chevaliers répondirent : *Sire, allez-y hardiment, et nous vous suivrons jusqu'à la mort.* Gérard de Maulain, qui défendoit la place, soutient l'assaut; il blesse grièvement Jean de Bouteiller et Mathieu Dufresnoy qui avoient eu le plus de part à l'affaire de Quimperlé.

Or Gérard de Maulain avoit un frère, René de Maulain, capitaine d'un autre petit fort, appelé *Favet*, à une lieue de là : René ayant appris ce qui se passoit à la Roche-Prion, se met en campagne avec quarante hommes pour secourir son frère, rencontre les chevaliers blessés, les enlève, et court les renfermer dans son donjon. Mauny quitte l'assaut pour aller à la *recousse*; brûlant de délivrer Bouteiller et Dufresnoy, il essaie d'emporter le fort de Favet : nouveau siége, nouveau combat. Gérard de Maulain sort à son tour de la Roche-Prion, et vient rendre à son frère le service qu'il en avoit reçu. Mauny craint d'être enveloppé, abandonne Favet, et commence sa retraite. Chemin faisant, il aperçoit un autre castel au milieu d'une forêt. L'infatigable chevalier l'attaque, l'emporte, et va retrouver dans Hennebon la comtesse de Montfort, qui le *festoya, baisa* et *accola* de grand courage.

Cependant Charles de Blois avoit pris Aurai, Vannes et Carhaix : il assiége de nouveau dans Hennebon sa rivale. La place avoit été fortifiée. Les habitants se moquoient des machines qui d'abord leur avoient fait tant de peur : à chaque pierre qui partoit des balistes, ils essuyoient en *gabant* sur les créneaux l'endroit où le coup avoit porté. Ils crioient du haut des murs aux assaillants : « Allez chercher « vos compagnons qui reposent aux champs de « Quimperlé. »

Ces railleries rendoient furieux La Cerda, qui, non encore guéri de ses blessures, avoit rejoint Charles de Blois. Louis étoit Espagnol ; ses ressentiments étoient terribles; il regrettoit amèrement le neveu qu'il avoit perdu à Quimperlé : résolu de se venger, il prie Charles de Blois, pour seule récompense de ses services, de lui accorder ce qu'il lui demanderoit. Du caractère le plus humain, d'une vertu si éminente qu'il fut honoré comme un saint après sa mort, Charles n'aimant pas la guerre, quoique né intrépide, poussé seulement aux combats par l'ambition de sa femme, Charles ne pouvoit deviner le *guerdon* que Louis alloit requérir : il lui donne imprudemment sa parole devant une foule de seigneurs.

Alors Louis d'Espagne lui dit : *Je vous prie que vous fassiez ici tantôt venir les deux chevaliers qui sont en votre prison du chastel de Favet; c'est à savoir messire Jean le Bouteiller et messire Hubert Dufresnoy, et me les donniez pour en faire ma volonté. C'est le don que je vous demande. Ils m'ont chassé, déconfit et blessé. Si ne m'en sais autrement venger, fors que je leur ferai les têtes couper devant leurs compagnons qui céans sont renfermés.*

Messire Charles, qui de ce fut moult ébahy, lui dit : « *Certes, les prisonniers vous donnerai volontiers, puisque demandez les avez, mais ce seroit grand' cruauté et blâme à vous si vous faisiez deux si vaillants hommes mourir, et auroient nos ennemis cause de faire ainsi aux nôtres, quand tenir les pourroient; car nous ne savons ce qui peut nous advenir de jour en jour. Pourquoi, cher sire et beau cousin, je vous prie que vous veuilliez être mieux avisé.* »

Louis déclara que si Charles ne tenoit pas sa parole il quitteroit à l'instant son service. La parole d'un chevalier étoit inviolable, et Charles, désespéré, fut obligé d'envoyer chercher les deux prisonniers. Il se les fit amener dans sa tente, et chercha encore, mais vainement, à détourner Louis de son dessein.

21.

La nouvelle de ce qui se préparoit dans le camp françois parvint aux assiégés : Mauny fut saisi de douleur. Il assemble aussitôt un conseil; les chevaliers délibèrent; ils proposent une chose et puis une autre; ils ne savent quel parti prendre pour sauver Bouteiller et Dufresnoy. Gauthier parle le dernier : « *Compagnons, dit-il, ce seroit grand honneur à nous si nous pouvions délivrer nos frères d'armes. Si nous tentons l'aventure et que nous y succombions, le roi Édouard nous en louera, et ainsi feront tous pruds hommes qui pourront à l'avenir entendre parler de nous. Faisons donc notre devoir, chers seigneurs. On peut bien exposer sa vie pour sauver celle de si vaillants chevaliers.* » Alors Mauny explique le projet qu'il a conçu. Tous jurent de l'exécuter.

Il fut résolu qu'une partie de la garnison, commandée par Amaury de Clisson, attaqueroit de front le camp des François, tandis que Mauny avec une troupe d'hommes choisis, pénétrant par derrière jusqu'aux tentes du duc de Bretagne, enlèveroit Bouteiller et Dufresnoy. On prend les armes. Clisson fait ouvrir la principale porte de la ville avec grands cris et bruits de trompettes, et fond sur les assiégeants : ceux-ci appellent au secours ; les François se portent au lieu du combat. Cependant Mauny, sorti par une issue secrète, fait le tour du camp et parvient aux pavillons de Charles de Blois; quelques valets, qui les gardoient, prennent la fuite. Mauny fouille les tentes, et trouve les prisonniers : il les fait monter sur de vigoureux destriers amenés exprès, s'éloigne à toute bride, rentre dans Hennebon après avoir mis à fin une des plus nobles et des plus touchantes aventures dont l'amitié, l'honneur et la chevalerie aient conservé la mémoire. On crut que Charles de Blois avoit prêté les mains à l'enlèvement de Bouteiller et de Dufresnoy; car on soupçonne la vertu d'avoir commis une bonne action, aussi facilement qu'on accuse le vice de s'être rendu coupable d'un crime.

SOMMAIRE.

La comtesse de Montfort envoie des ambassadeurs solliciter de nouveaux secours en Angleterre. — Ils trouvent Édouard occupé de la guerre d'Écosse. — Caractère et mœurs des Écossois. — Robert d'Artois descend en Bretagne avec la comtesse de Montfort. — Il est blessé dans la ville de Vannes qu'il avoit prise, et vient mourir à Londres. — Descente d'Édouard sur les côtes du Morbihan. — Suspension d'armes convertie en trève. — Trève prolongée pour trois ans, et rompue presque aussitôt. — Tournoi à l'occasion du mariage du second fils de Philippe de Valois. — Clisson et dix autres chevaliers bretons sont arrêtés sur soupçon de trahison, et mis à mort.

FRAGMENTS.

AMOURS D'ÉDOUARD III ET DE LA COMTESSE DE SALISBURY.

On n'avoit point encore vu le sang de la noblesse couler sur l'échafaud, sang que Louis XI et le cardinal de Richelieu répandirent depuis largement. Les gentilshommes, qui composoient alors comme cavaliers la force de l'armée, ressentirent pour Philippe un éloignement que son adversité seule put vaincre : à Crécy ils oublièrent l'affront fait à leur corps, ne virent que l'honneur et leur roi malheureux : s'ils ne vainquirent pas, ils moururent. Philippe, appliquant la loi comme grand-juge sans expliquer ses motifs, parut un tyran, tandis qu'il n'étoit, dans la législation du temps, qu'un prince sévère. Aujourd'hui les tribunaux peuvent seuls ôter la vie aux coupables, et dans les causes criminelles un roi de France ne s'est réservé que le droit de pardonner.

Un mari outragé fut, comme autrefois dans Rome, l'occasion d'un événement tragique. Le roi d'Angleterre avoit marié Guillaume de Montagu, qui fut depuis comte de Salisbury, à Catherine, ou Alix, fille de lord Granfton, une des plus belles femmes de son siècle. Il paroît qu'Édouard fut dès lors frappé de la beauté d'Alix, si l'on en juge par le début du poëme du *Vœu du héron*. Édouard *ne pensoit point aux combats, mais en pensers d'amours il tenoit le chef enclin*. Les soins de la guerre occupèrent bientôt Édouard : sa passion naissante s'étoit presque éteinte, lorsqu'un événement la réveilla.

Les Écossois avoient envahi le nord de l'Angleterre. Des chevaliers de Suède et de Norwége, les petits princes des Hébrides et des Orcades, les Highlanders conduits par le roi David Bruce, avoient ravagé le plat pays, insulté Newcastle, et emporté Durham d'assaut.

Édouard, averti de ces dévastations par Jean de Neville, qui s'étoit échappé de Newcastle, ordonne à tous ses vassaux, depuis l'âge de quinze ans jusqu'à celui de soixante, de prendre les armes, et de venir le trouver sur les frontières du Yorkshire. Après le sac de Durham, David avoit marché le long de la rivière de Thyn, vers le pays de Galles, et s'étoit avoisiné du château de Salisbury. Ce château avoit été donné à Montagu, alors prisonnier en France, en récompense de ses services. La châtelaine sa femme se trouvoit enfermée dans le manoir, où commandoit Guillaume de Montagu, son neveu.

Les Écossois, ayant passé une nuit au pied du donjon, décampèrent le lendemain sans l'attaquer, mais le jeune Montagu sortit avec quarante cavaliers, tomba sur l'arrière-garde des ennemis, tua et blessa plus de deux cents hommes, se saisit de six-vingts chevaux, chargés du butin fait à Durham, et les conduisit dans ses tours dont il referma les portes. L'armée d'Écosse revient sur ses pas; le château est escaladé, les assiégés repoussent les assiégeants. La nuit approchant, David ordonne de suspendre l'assaut jusqu'au retour du soleil, et de se loger aux environs. « *Lors pouvoit-on voir appareiller et frémir et quérir pièce de terre pour loger, les assaillants retraire, les navrés rapporter et rappareiller, et les morts rassembler.* » Le lendemain, nouvelle attaque plus furieuse que celle de la veille. « *Là étoit la comtesse de Salisbury, qu'on tenoit pour la plus belle dame et la plus sage du royaume d'Angleterre. Icelle comtesse réconfortoit moult ceux du dedans, et, par le regard d'une telle dame et de son doux admonestement, un homme doit bien valoir deux au besoin.* » Le second assaut n'eut pas plus de succès que le premier. Les Écossois se retirèrent au tomber du jour, résolus de faire un nouvel effort au lever de l'aube.

Cependant les assiégés, dans les plus vives alarmes, accablés de fatigues et de blessures, craignoient d'être emportés au dernier assaut. Montagu assemble ses chevaliers, pour prendre conseil ; il savoit, par la déclaration de quelques prisonniers, qu'Édouard étoit arrivé à Warwick ; il auroit désiré l'instruire de l'extrémité où il étoit réduit ; mais comment sortir du château ? Les passages étoient soigneusement gardés. D'ailleurs tous les chevaliers vouloient rester pour défendre Alix, et, quand ils la regardoient baignée de larmes, aucun d'eux ne se pouvoit résoudre à l'abandonner.

Le jeune châtelain dit à ses compagnons : « *Seigneurs, je vois bien votre loyauté et bonne volonté. Je veux, pour l'amour de madame et de vous, mettre mon corps en aventure, et faire moi-même le message. De cette parole furent madame la comtesse et les compagnons moult joyeux.* »

Montagu, ayant fait ses préparatifs, sortit seul au milieu de la nuit dans le plus grand silence ; une pluie abondante qui survint le favorisa ; il passa au travers des gardes ennemies sans être aperçu. Il étoit déjà assez loin, lorsqu'au jour naissant il rencontra deux Écossois qui conduisoient deux bœufs et une vache ; il tua les bœufs et blessa les deux soldats : « Allez, dit-il, apprendre à votre roi que Guillaume de Montagu a traversé son camp, et qu'il va chercher à Warwick le roi d'Angleterre. » Bruce, ne jugeant pas à propos d'attendre Édouard, leva le siége et se retira.

Édouard arriva à midi à l'endroit même d'où les Écossois étoient partis quelques heures auparavant : pressé peut-être par une passion mal éteinte, il avoit fait une extrême diligence, afin de secourir la noble dame, qu'il n'avoit pas vue depuis qu'elle s'étoit mariée au comte de Salisbury.

Sitôt qu'Alix oüit la venue du roi, elle fit ouvrir toutes les portes du château, et *s'avança hors tant richement vêtue, que chacun s'en émerveilloit. Et ne se pouvoit-on lasser de la regarder, et remirer sa grande noblesse avec la grande beauté et le gracieux parler et maintien qu'elle avoit. Quand elle fut venue au roi, elle s'inclina jusqu'à terre en le regraciant de son secours, et l'emmena au chastel pour le festoyer et l'honorer. Le roi ne se pouvoit tenir de la regarder, et bien lui étoit avis qu'oncques n'avoit vu si noble, si frisque, ni si belle dame. Si le blessa tantôt une étincelle de fine amour au cœur, qui lui dura par long-temps. Rentrèrent au château main à main, et le mena la dame premièrement en la salle, et puis en sa chambre, qui étoit si noblement parée qu'il appartenoit à telle dame. Et toujours regardoit le roi la gentille dame si fort, qu'elle en devenoit toute honteuse. Quand il l'eut grande pièce regardée, il s'en alla à une fenêtre pour s'appuyer, et commença fort à penser.*

La comtesse, ayant tout ordonné pour une fête, revint auprès du roi, qu'elle trouva plongé dans la même rêverie ; elle attribua cette tristesse au déplaisir qu'il sentoit d'avoir manqué l'ennemi, et chercha à le consoler. « *Ah! chère dame*, dit Édouard, *autre chose me touche et me gît au cœur. Le doux maintien, le parfait sens, la grâce, la grande noblesse, et la beauté que j'ai trouvées en vous, m'ont si fort surpris, qu'il convient que je sois de vous aimé.* » Lors dit la dame : « *Haa! cher sire, ne me veuillez mie moquer ni tenter. Je ne pourrois croire que si noble et gentil prince comme vous êtes eût pensé à déshonorer moi et mon mari, qui est si vaillant chevalier, qui tant vous a servi, et gît pour vous en prison.* »

Le banquet servi, le roi, après avoir lavé, s'assit à table entre ses chevaliers, dîna peu, et demeura toujours pensif. Après le repas il se retira à l'appartement qu'on lui avoit préparé. Il demeura toute la nuit en grand trouble : tantôt il lui sembloit odieux de chercher à tromper un gentilhomme qui l'avoit servi avec tant de fidélité ; *tantôt amour le contraignoit si fort, qu'il surmontoit honneur et loyauté*. Le lendemain il dit adieu à la comtesse, la conjurant de ne pas prendre de résolution contre lui ; elle, le suppliant d'abandonner ses desseins.

Peu de temps après, le comte de Salisbury, échangé contre le comte de Moray, Écossois, revint en Angleterre. Il étoit tranquille, car il ignoroit la passion du roi, qui n'avoit pas encore éclaté. De retour à Londres, Édouard fit publier un tournoi dans l'espoir d'y attirer la comtesse. Il commanda au comte d'amener sa femme à la cour, et le comte promit d'obéir. « *Si avez bien entendu*, dit l'historien qui nous raconte si agréablement cette aventure, *comment le roi d'Angleterre avoit si ardemment aimé et par amour la belle et noble dame, madame Alix, comtesse de Salisbury. Amour l'admonestoit nuit et jour, et tellement lui représentoit la beauté et le frisque arroi d'elle, qu'il ne s'en savoit conseiller et n'y faisoit que penser toujours.* » La châtelaine, invitée à se rendre au tournoi, n'osa refuser, dans la crainte de donner à son mari quelque soupçon des desseins du roi. Les fêtes durèrent quinze jours : on y vit briller le roi d'Angleterre lui-même, Guillaume II, comte de Hainaut, Jean de Hainaut son oncle, Robert d'Artois, les comtes Derby, de Salisbury, de Glocester, de Warwick, de Cornouailles et de Suffolk, et un grand nombre de chevaliers. Joutes, castilles, pas d'armes, danses de toute espèce, surpassèrent ce qu'on avoit vu jusqu'alors. Malheureusement Jean, fils aîné du comte de Beaumont, fut tué dans un dernier combat à la barrière. Alix parut vêtue d'une simple robe au milieu des dames chargées d'atours; elle n'en étoit que plus belle; et, en voulant éteindre, par cette modestie, l'amour du monarque, elle l'enflamma.

On croit que ce fut à l'une des danses de ces fêtes qu'Alix laissa tomber le ruban bleu qui rattachoit une espèce d'élégant bas de chausse qu'on portoit alors. Édouard le releva avec vivacité; les courtisans sourirent; le roi se retourna vers eux en disant : *Honni soit qui mal y pense.* Quelques années après le roi fit réparer le château de Windsor, *que le roi Arthus fit jadis faire et fonder, là où premièrement fut commencée la noble table ronde dont tant de vaillants hommes et chevaliers sortirent, et travaillèrent en armes et en prouesses par tout le monde.* L'esprit romanesque et l'ignorance des temps donnant crédit à ces fables, Windsor sembla propre à devenir le chef-lieu de l'établissement de l'ordre qu'Édouard vouloit créer en témoignage de sa passion; il fit bâtir une chapelle dédiée à saint Georges, et institua *l'ordre de la Jarretière*, qui parut aux chevaliers *une chose moult honorable, et où tout amour se nourriroit :* il est resté un des cinq grands ordres de l'Europe. Le monument fragile de la galanterie d'un roi d'Angleterre a résisté à toutes les tempêtes qui ont ébranlé le trône britannique. Cromwell fut un moment tenté de vendre ce qu'il est aujourd'hui pour l'honneur de porter un cordon emprunté au genou d'une femme. Qu'est-ce donc que les choses les plus graves de l'histoire, foi des autels, sainteté des mœurs, dignité de l'homme, indépendance, civilisation même, si elles doivent passer plus promptement que les statuts de la vanité et les chartes d'un caprice ? L'antiquité ignora les femmes dans les fastes des nations, si ce n'est comme épouse, mère et fille; elle mêla peu la société à des foiblesses que le christianisme s'efforçoit d'avertir de ses leçons; l'antiquité ignora de même ces domesticités décorées de l'aristocratie du moyen-âge, et nous les voyons expirer par le retour des peuples à la liberté.

Édouard a été accusé de n'avoir vaincu Alix que par la violence : quoi qu'il en soit, le comte de Salisbury crut Alix coupable. Clisson et les seigneurs bretons décapités avoient pris des engagements secrets avec la comtesse de Montfort et le roi d'Angleterre. En témoignage de leur foi, ils avoient envoyé leurs sceaux à Édouard, qui les donna en garde au comte de Salisbury. Le comte, profitant de l'occasion pour se venger du séducteur ou du ravisseur de sa femme, montra les sceaux à Philippe, et Philippe fit trancher la tête aux traîtres.

La preuve la plus frappante de l'infidélité des seigneurs bretons, c'est le ressentiment qu'Édouard témoigna de leur supplice. Si Clisson avoit toujours été ferme dans le parti du comte de Blois et de la France, pourquoi Édouard auroit-il été tant ému de sa mort? Il écrivit au pape pour s'en plaindre, qualifiant les condamnés de *Nobles attachés* à sa personne. Il prétendit punir par une guerre inique une sentence arbitraire; il se déclara le vengeur de ceux dont il n'étoit pas le roi, le réparateur d'un tort dont il n'étoit pas le juge.

SOMMAIRE.

Geofroy d'Harcourt, après une querelle avec le maréchal de Briquebec, passe en Angleterre et fait hommage à Édouard, comme roi de France, des terres que lui, Geofroy, possédoit en Normandie. — Portrait de Geofroy d'Harcourt, homme médiocre dans une haute fortune.—Philippe trahi de toutes parts devient sombre et cruel. — Il fait alliance avec le roi de Castille. — Jean de Hainaut, comte de Beaumont, lui revient. — Nouveaux impôts; gabelle. — Finances sous la troisième race, depuis Hugues Capet jusqu'à Philippe de Valois. — Noms des chefs de la maltôte conservés par l'histoire avec les noms les plus illustres de la chevalerie, pour montrer les larmes des peuples derrière la gloire des armes. — Édouard demande des secours pécuniaires à son parlement qui les lui accorde, moyennant quelques concessions; subsides propices à l'Angleterre et funestes à la France, qui contribuoient à la liberté d'un peuple et à l'asservissement de l'autre. — Hostilités en Guienne. — Prise d'Aiguillon par les Anglois. — Gauthier de Mauny retrouve le tombeau de son père à La Réole. — Prouesse d'Agos dans le château de cette ville. — Reprise des hostilités en Bretagne. — Quimper est emporté d'assaut. — Le carnage ne cesse que lorsqu'on eut trouvé un enfant à la mamelle *qui tétoit encore sa pauvre mère morte.* — Mort du comte de Montfort. — Portrait de ce seigneur. — Montfort ne manqua point à la fortune, mais la fortune lui manqua, et sa femme lui ravit la gloire. — Événements de la Flandre.

FRAGMENTS.

CHUTE D'ARTEVELLE.

Artevelle, usé dans les troubles populaires, las peut-être de ses orgies démocratiques, qui n'avoient plus pour lui l'attrait de la nouveauté, n'ayant point agi par la conviction d'une opinion forte, mais par l'entraînement d'une petite jalousie plébéienne contre l'inégalité des rangs, Artevelle ne pensoit plus qu'à mettre à l'abri ses trésors; il auroit pu dire à ses fils : « Cet or sent-il le sang ? » comme Vespasien demandoit à Titus si la pièce de monnoie qu'il lui présentoit sentoit l'impôt dont elle étoit provenue. Mais, pour rire en paix des victimes qu'il avoit faites et du peuple qu'il avoit trompé, il falloit qu'Artevelle changeât de position. Il lui restoit deux partis à prendre : s'emparer du pouvoir suprême, ou descendre de sa puissance tribunitienne et se perdre dans la foule. S'emparer du suprême pouvoir demandoit un génie qu'Artevelle n'avoit pas ; se démettre de la puissance tribunitienne, Artevelle ne l'osoit. Il n'y a pas sûreté à abdiquer le crime ; cette couronne-là laisse des marques sur le front qui l'a portée ; il en faut subir la terrible légitimité.

Artevelle, ne s'arrêtant ni à l'un ni à l'autre parti, eut recours à un expédient qui montroit ce qu'il y avoit de vulgaire dans la nature de cet homme : après avoir déchaîné la foule, il songea à lui donner un maître, mais non l'ancien prince du pays, qu'il haïssoit et qu'il croyoit avoir trop outragé. Il arrive souvent qu'un despote populaire, après s'être livré aux débauches de la liberté, se retire à l'abri sous le joug d'un autre tyran, pourvu que ce tyran soit de son choix, et qu'il ait participé à ses excès : Artevelle jeta les yeux sur Édouard qui avoit trempé dans tous ses complots, servi et approuvé toutes ses fureurs. Plus il étoit ignoble pour un monarque, selon les idées du temps, d'avoir été l'allié et le courtisan d'un marchand de bière, plus le monarque devoit entrer dans les projets de ce marchand. Artevelle machina de faire le jeune prince de Galles duc des Flamands, comme il avoit fait Édouard roi des François.

Pour négocier cette affaire, Édouard débarqua au port de l'Écluse vers le milieu du mois de juin de l'année 1345 ; il menoit avec lui son fils et *grande foison de barons et de chevaliers*. Les députés de Flandre se rendirent de leur côté à l'Écluse avec Artevelle ; ils ignoroient ce qu'on devoit traiter dans cette entrevue. On tint conseil à bord du grand vaisseau que montoit le roi d'Angleterre, et qui s'appeloit *Catherine*. Là Artevelle proposa de déshériter le comte Louis de Flandre et son jeune fils Louis, et de donner le comté de Flandre sous le nom de duché au prince de Galles, fils d'Édouard.

Il y a dans le cœur de l'homme un fonds de justice qui reparoît toutes les fois que les passions ne sont pas émues. Dans ce moment les députés de Flandre étoient de sang-froid ; ils s'indignèrent à cette proposition qui blessoit l'esprit de bonté des uns et le caractère de loyauté des autres. Ils répondirent qu'ils ne pouvoient prendre sur eux *une chose aussi pesante qui, au temps à venir, pourroit toucher à leur pays,* et qu'il falloit prendre l'avis des Communes de Flandre ; et ils se retirèrent.

Artevelle, se laissant devancer à Gand par les députés, commit une de ces fautes qui décident du sort d'un homme : s'il eût parlé le premier, peut-être eût-il entraîné les bourgeois ; mais son crédit commençoit à s'affoiblir. Un rival dangereux, Gérard Denis, chef des tisserands, s'élevoit sur les débris de sa fortune. Soit que ce nouveau tribun fût gagné par l'argent de la France, soit qu'il embrassât un parti généreux par son propre penchant, soit qu'il agît par esprit d'opposition à Artevelle, il ne manquoit jamais de repousser les propositions de ce dernier. Artevelle sentoit si bien ce que Gérard Denis avoit pour lui de fatal, qu'il étoit résolu de s'en défaire.

Les députés, arrivés à Gand, convoquent le peuple à la place du marché; ils rendent compte des conférences de l'Écluse. Le peuple, aussi ardent dans le bien que dans le mal, manifeste son mécontentement par ses murmures, alors Gérard Denis prend la parole :

« Bonnes gens, nous avons jusqu'ici combattu
« pour nos franchises : Artevelle, qui s'en disoit le
« défenseur, vous propose aujourd'hui de les trahir.
« Mais, si nous ne cessons d'être libres, à l'instant
« tout nous accuse. Comment nous justifierons-
« nous ? Que nous restera-t-il de nos sanglantes ré-
« bellions ? des crimes et des chaînes ! Cet homme
« qui vous a entraînés veut vous livrer à l'Angleterre.
« Prince pour prince, n'en avons-nous pas un né de
« notre sang, élevé parmi nous, que nous connois-
« sons, qui nous connoît, qui parle notre langue,
« pour lequel nous avons prié, dont nos enfants sa-
« vent le nom comme celui de leurs voisins, dont
« les pères vécurent et moururent avec les nôtres ?
« Parce que nous avons réduit nos anciens comtes à
« être voyageurs, notre pays seroit-il une propriété
« forfaite, et doit-il demeurer à l'Anglois par droit
« d'aubaine ? Ah ! pour Dieu, si nous voulons un
« maître, ne soyons pas trouvés en telle déloyauté
« de déshériter notre naturel seigneur, pour don-
« ner son lit au premier compagnon qui le demande »

A de semblables discours, Denis et ses partisans ajoutent ce qui devoit agir plus immédiatement sur la foule : depuis neuf ans passés qu'Artevelle gouvernoit la Flandre, il avoit amassé un trésor, tant des forfaitures et des amendes, que des revenus du domaine; cet amour de l'argent, passion des âmes communes, le perdit.

Artevelle, en quittant Édouard à l'Écluse, s'étoit rendu à Bruges, et ensuite à Ypres, qu'il fit entrer dans ses desseins. De là il revint à Gand. En chevauchant par les rues, accompagné de ses amis et de la garde étrangère qu'Édouard lui avoit donnée, il s'aperçut qu'il se tramoit contre lui quelque chose; car ceux qui avoient coutume de le saluer lui tournoient le dos et rentroient dans leurs maisons. Le peuple murmuroit et disoit: « Voyez « celui qui est trop grand maître, et qui veut or- « donner de la comté de Flandre. » Arrivé à son hôtel, il en fit barricader les portes et les fenêtres; car l'habitude qu'il avoit du peuple lui fit, aux premiers signes, prévoir la tempête. A peine s'étoit-il renfermé, que tout le quartier se souleva; la maison du brasseur est entourée et assaillie. Les serviteurs d'Artevelle lui demeurèrent fidèles, ce qui arrive rarement aux malheureux; ils se défendirent bien, tuèrent et blessèrent plusieurs hommes; mais enfin les portes sont brisées, et la foule se répand dans l'intérieur de l'hôtel, en poussant des hurlements. Alors Artevelle paroît à une fenêtre, la tête nue, et en posture de suppliant: « Bonnes gens, que vous faut-il? Qui vous meut? « Pourquoi êtes-vous si troublés sur moi? En quoi « puis-je vous avoir courroucés? » — « Où est le tré- « sor de Flandre? » s'écrièrent les attroupés. « Je « n'en ai rien pris, dit Artevelle. Revenez demain,

«je vous satisferai.» — «Non, non, vous ne nous
« échapperez pas ainsi : vous avez envoyé le tré-
« sor en Angleterre, et pour cela il vous faut
« mourir. »

A cette menace, Artevelle joignit les mains et
commença à pleurer. « Seigneurs, dit-il, je suis
« ce que vous m'avez fait. Vous me jurâtes jadis
« que vous me défendriez contre tout homme, et
« maintenant vous prétendez me tuer sans raison.
« Rappelez-vous le temps passé; considérez mes
« courtoisies. Je vous ai gouvernés en si grande
« paix que vous avez eu toutes choses à souhait,
« blé, avoine, et toutes autres marchandises. Vous
« voulez me rendre petit guerdon des grands biens
« que je vous ai faits. »

Il ne toucha pas le peuple par des larmes;
c'étoit le cerf pleurant aux veneurs. La foule cria
tout d'une voix : « Descendez, et ne nous sermon-
« nez pas de si haut. » Dans ces paroles, Artevelle
ouït son arrêt. Il ferme la fenêtre et se veut sauver
par une porte de derrière pour se réfugier dans
une église voisine; il espéroit trouver un asile aux
pieds de celui dont la miséricorde ne se lasse pas
comme la pitié des hommes. Mais déjà plus de
quatre cents forcenés remplissoient la maison :
Artevelle, tombé au milieu d'eux, est déchiré. Il
reçut la mort de la main de Gérard Denis, qui
paroissoit agir pour une cause meilleure, et qui
ne valoit peut-être pas mieux que lui. Dans une
république, le peuple étant législateur, juge et
souverain, peut faire la loi, prononcer l'arrêt, et

l'exécuter ; le massacre par la démocratie est inique, mais légal : Artevelle avoit consenti à un pareil gouvernement.

Édouard apprit à l'Écluse la fin de celui qui étoit, selon Froissard, *son grand ami et son cher compère.* Il fit voile pour l'Angleterre, menaçant la Flandre, et se déclarant toujours le vengeur de la mort des traîtres. Il n'avoit pas plus d'envie de se brouiller avec les Flamands que les Flamands avec lui. Ils allèrent en députation le trouver à Londres. « *Cher sire*, lui dirent-ils, *vous avez de beaux enfants, fils et filles. Le prince de Galles ne peut manquer d'être encore un grand seigneur, sans l'héritage de Flandre. Et vous avez une damoiselle à fille moins aînée, et nous un jeune damoisel, que nous nourrissons et gardons, et qui est héritier de Flandre ; si se pourroit encore bien faire un mariage d'eux deux.* » Ces paroles adoucirent la feinte douleur d'Édouard, et Artevelle fut oublié, comme tous ceux dont la renommée n'est fondée ni sur le génie ni sur la vertu.

TABLEAU

DES LANGUES TEUTONIQUE, CELTIQUE, etc.

Teutonique. Ulphilas [1].

MARK. CAP. I.
MARC. CAP. I.

AIWAGGELJO THAIRH MARKU ANASTODEITH.
EVANGELIUM PER MARCUM INCIPIT.

1. Anastodeins aiwaggeljons Jesuis Christaus sunaus Goths.
   Initium   evangelii   Jesu   Christi   filii   Dei.

2. Swe gamelith ist in Esaün praufetau. Sai ik insandja aggilu
   Sicut scriptum est in Esaia propheta. Ecce ego mitto angelum
meinana faura thus. Saei gamanweith wig theinana faura thus.
meum præ tibi. Qui parat viam tuam præ tibi.

Teutonique du serment des peuples de Charles et Louis.
An 842.

Oba Karl then eid then er sine no bruodher Ludhuwige gesuor gele
istit, ind Ludhowig min herro then er imo gesuor forbrih chit : obi hina
nes iou ven denne mag, noh ih, noh thero, noh hein thenibes, irrwenden
mag vuidhar Karle imo ce folus tine vuirdhit.

Si Charles garde le serment que son frère Louis a juré, et si monsei-
gneur Louis, de son côté, ne le tient, si je ne puis l'en détourner (Louis),
et que moi et nul autre ne le puisse, je ne lui donnerai aucune aide contre
Charles.

Teutonique de la chanson en l'honneur de Louis, fils
de Louis le Bègue. An 881.

Elnen kuning weiz ich,	*Regem novi,*
Heisset herr Ludwig,	*Vocatur dominus Ludovicus,*
Der gerne Gott dienet.	*Qui lubens Deo servit,*
Weil er ihms lohnet.	*Quippe qui eum præmiis afficit.*

[1] Voyez dans ce volume, page 29.

Teutonique saxon du commencement du huitième siècle.

ORAISON DOMINICALE.

Urin fader thic arth in heofnas;
Sic gehalgud thin noma;
To cymeth thin ryc;
Sic thin willa sue is in heofnas and in eortho;
Urin hlaf offirwistlio sel us to daig;
And forgese us scylda urna, sue we forgefan scyldgum urum,
And no inlead usig in custnung,
Ah gefrig usig from ifle.

Teutonique saxon du dixième siècle.

ORAISON DOMINICALE.

Thu vre Fader the eart on heofinum,
Cum thin ric;
Si thin willa on eorthan swa swa on heofinum;
Syle us to daeg urn daegthanlican hlaf;
And forgif us ure giltat, swa swa we forgifath tham the with us agyltath.

Suève ou scandinave de la plus ancienne Edda.

ODINN.	ODINUS.
Rap pv men nv Frigg.	*Da mihi consilium, Frigga!*
Allz mic fara tipir	*Si quidem cupio*
At vitia *Vafprupnis.*	*Invisere* Vasthrudnem :
Forvitni micla	*Aviditatem magnam*
Qvep ec mer a fornom starfom	*Profiteor esse mihi contendendi de antiquis litteris (mysteriis)*
Vip pann inn alsvinna iotunn.	*Cum omniscio isto gigante.*

Celtique.

ORAISON DOMINICALE.

Eyen taad rhuvn wytyn y neofoedodd
Santeiddier yr hemvu tan :
De vedy drynas daw :
Gnueler dy wollys arryddayar megis agyn y nefi
Eyn-bara beunydda vul dyro iniheddivu :
Aumuddew ynny eyn deledion ; megis agi maddevu in deledwir ninaw ;
Agna thowys ni in brofedigaeth :
Namyn gvvaredni rahg drug. Amen.

Langue erse.

ORAISON DOMINICALE.

Ar nathairne ata ar neamh.
Goma beannuigte hainmsa.
Gu deig do Rioghachdsa.
Dentar do Tholsi air dtalmhuin mar ata air neamh.
Tabhair dhuinn ar bhfcacha, amhuil mhathmuid dar bhfeicheamhnuibh.
Agas na leig ambuadhread sinn.
Achd saor sinu o olc.
Oir is leatta an Rioghachd an cumhachd agas an gloir gu scorraidh. Amen.

TABLE DES MATIÈRES.

ÉTUDES HISTORIQUES.

ÉTUDE SIXIÈME, ou sixième Discours sur la chute de l'empire romain, la naissance et les progrès du christianisme et l'invasion des Barbares.—*Première partie.* Mœurs des Barbares............................ Page 1

Seconde partie. Suite des mœurs des Barbares......... 43

ANALYSE RAISONNÉE

DE L'HISTOIRE DE FRANCE,

Depuis le règne de Khlovigh jusqu'à celui de Philippe VI, dit de Valois. — *Première race*.................. 81
Deuxième race............................... 113
Troisième race.............................. 152
    Hugues Capet. De 987 à 996.................. 155
    Robert. De 996 à 1031...................... 160
    Henri Ier. De 1031 à 1060................... *ibid.*
    Philippe Ier. De 1060 à 1108.................. 161
    Louis VI. De 1108 à 1137.................... 166
    Louis VII. De 1137 à 1180................... 171
    Philippe II. De 1180 à 1223.................. 172
    Louis VIII. De 1223 à 1226.................. 177
    Louis IX. De 1226 à 1272................... 178
    Philippe III. De 1272 à 1285................. 180

Philippe IV. De 1285 à 1314............. Page 181
Louis X. De 1314 à 1316..................... 195
Philippe V. De 1316 à 1322................... 203
Charles IV. De 1322 à 1328................... 209
Féodalité, Chevalerie, Éducation, mœurs générales des 12ᵉ, 13ᵉ et 14ᵉ siècles...................... 214
Chevalerie................................... 242
Éducation.................................... 254
Mœurs générales des 12ᵉ, 13ᵉ et 14ᵉ siècles........ 261

HISTOIRE DE FRANCE.

Philippe VI, dit de Valois. De 1328 à 1350........ 303

FIN DE LA TABLE.

www.ingramcontent.com/pod-product-compliance
Lightning Source LLC
Chambersburg PA
CBHW072007150426
43194CB00008B/1025